ERINNERUNGEN
III

Ein Neuanfang ist nicht immer leicht. Besonders, wenn man sich unvermittelt in einer ganz neuen Welt wieder findet.
Aber nur an Aufgaben kann man wachsen! Und das ist mir gelungen.

Georg Papke

ERINNERUNGEN
Teil III
EIN NEUANFANG
3. ergänzte Ausgabe

Verlag: BoD · Books on Demand GmbH,
In de Tarpen 42, 22848 Norderstedt, bod@bod.de
Druck: Libri Plureos GmbH, Friedensallee 273,
22763 Hamburg
ISBN: 978-3-7693-2618-5

GLIEDERUNG:

1.0 Angekommen

Nun war ich im Westen angekommen.

Gelandet bei meinen Eltern, die schon Jahre vorher hierher nach Baden-Württemberg geflüchtet waren. Sie lebten in dem kleinen Dorf Pliezhausen am Neckar nahe Reutlingen.

Die Reise war insgesamt für mich recht glatt und gut gelaufen, auch wenn es genügend Stolpersteine gegeben hatte.

Auch war **Freitag, der Dreizehnte**, für mich doch kein Unglückstag. Sondern – wenn man so will – sogar eher ein Glückstag, denn an dem Tag gelang mir der Entscheidende Schritt in die Freiheit.

Daran wollte ich auch künftig denken.

Schwimmen im nächsten Jahr durch das Schwarze Meer – was ich im schlimmsten Falle schon erwogen hatte - brauchte ich also nicht! Dafür musste ich mich jetzt hier *frei schwimmen!* Nun hieß es, sich zurecht zu finden. Gut, ich hatte hier wenigstens meine Familie, von den ich aber über 11 Jahre getrennt gelebt hatte, denn ich war schon mit 18 Jahren nach Weimar zum Studium gegangen, während meine Eltern damals noch in Mecklenburg wohnten.

Sie „*fingen*" mich nun zwar sofort auf, aber „*schwimmen*" musste ich schon selber.

Angekommen war ich nun, aber das nur physisch, denn ich hatte einen ungeheuren Nachholbedarf auf fachlichem Gebiet.

Hier war einfach alles anders.

Andere Materialien, auch andere Arbeitsbedingungen, andere Menschen und eine andere Umgebung.

Man konnte quasi aus dem Vollen schöpfen!

Anderes Geld – zu dem ich anfangs gar keinen Bezug hatte; immer noch rechnete ich 1:5!

Viele andere Menschen, die sich ganz anders verhielten, als ich es bisher gewohnt war.

Natürlich konnte ich zu Hause wohnen und mich auch von meiner Mutter etwas verwöhnen lassen. Doch das wollte ich nur für den Übergang gelten lassen.

Nun hieß es, sich zurecht zu finden. Doch es beschlich mich immer wieder ein ganz ungutes Gefühl. Vor lauter Dankbarkeit, dass ich der Diktatur entronnen war, glaubte ich mich immer und überall unterordnen zu müssen. Mit dieser demütigen Haltung passte ich so gar nicht in die rück-

sichtslose Ellenbogengesellschaft in Westdeutschland.
Na ja, würde ich wohl schon noch lernen –
hoffte ich.

2.00 Jochen und mein Trabi

Was war jetzt am wichtigsten?

Zuerst an Jochen schreiben, damit er das Päckchen öffnete. Alles Weitere stand ja darin.

Das war am Montag, dem 16.9. 63; ein Tag nach meiner Ankunft. Heute, Montag, wäre in Berlin mein erster Arbeitstag nach dem Urlaub gewesen. Ob die mich wohl schon vermissten?

Eine Woche nach meinem Brief hatte ich bereits Antwort von Jochen, dass er sich vor 3 Tagen einen Trabi zugelegt hätte. Seit August ihn aber schon zur Probe fahren würde. Bis Ende September müsse er noch 1.600 Mark zurückzahlen, weil er sich das Geld geborgt habe. Das werde er aber noch in dieser Woche begleichen, weil er gerade Geld bekommen hätte.

Dies war für mich eine verschlüsselte Botschaft, die mir sehr, sehr wichtig war. So war ich wenigstens meine Sorge los, dass mein Kredit bei meinem Arbeitskollegen in Berlin abgezahlt war. Bei Jochen war das Geld eigentlich immer etwas knapp. Seit er verheiratet war, sicher erst recht. Aber, was er versprach, das hielt er auch. Und Jochen war damit relativ billig zu einem

Trabi gekommen. Das war mir auch recht. Denn Jochen war ein Waisenkind, bei Stiefeltern aufgewachsen, wo er es nicht so prächtig hatte.

Mit meiner Schenkung hatte ich ihm auch mal etwas Gutes antun können.

3.00 Flüchtlingslager Gießen

Danach musste ich mich nun um mich und meine eigenen Papiere kümmern, ehe ich nach Arbeit suchen konnte.

Was hatte der Grenzbeamte gesagt, ich sollte nach Gießen ins Flüchtlings-Auffanglager gehen, damit ich ordnungsgemäß neue Papiere bekommen konnte.

Zwei Tage ruhte ich mich zu Hause erst mal aus, dann fuhr ich am 18.9.63 mit dem Zug nach Gießen.

Obwohl die Grenzen zwischen der DDR und Westdeutschland überall absolut dicht waren, gab es dort trotzdem erstaunlicherweise einige „Flüchtlinge".

In der Anmeldung saß eine ältere streng aussehende, aber nette Sekretärin. Sie nahm meine Personalien auf und schickte mich mit vielen Formularen, die ich auszufüllen hatte, in das nächste Wartezimmer.

Dort saßen schon ein paar junge Männer aus Sachsen in bunten Cowboy-Hemden und Jeans und plauderten fröhlich.

Da kam die Sekretärin von der Anmeldung ins Zimmer schaute mich an und sagte recht barsch: „Kommen Sie mit!"

Sie meinte es aber gut, denn sie nahm mich beiseite und riet mir, hier vorsichtig zu sein. Es gäbe hier eine Menge undurchsichtige Gestalten!

„Hören Sie zu, aber erzählen Sie hier niemandem Ihre Geschichte, es gibt jede Menge Spitzel," schärfte sie mir ein.

Wieso sagte sie es gerade mir? Sah ich so vertrauenswürdig aus?

Sie wird ihre Gründe gehabt haben.

Als ich wieder in den Warteraum kam saßen die jungen Männer aus Sachsen immer noch da und erzählten gerade wie sie über die Grenze gekommen waren.

Sie seien einfach nach Berlin gefahren, hätten in einer Kneipe ein paar Bier getrunken und dann am Abend zur Grenze und *„nieber gemacht"!*

Nah, wer das glaubt?!

Ich jedenfalls nicht, denn lange genug hatte ich in Berlin ganz nahe an der Sektorengrenze gewohnt - es waren keine 200 Meter!

Dort hätte ich es nie probiert! Wenn man auch nur in die Nähe der Grenze kam, blickte man sofort in mehrere Maschinenpistolen-Läufe. Das wusste ich noch zu genau von dem „Grenzbummel" mit meinem ehemaligen Studienkollegen Ohmi vor ein paar Wochen. Ich gab dazu aber keinen

Kommentar ab, sondern hörte immer nur interessiert zu.

Die Prozedur hier dauerte 2 Tage. Alle Geheimdienste von USA, Frankreich, England und BRD waren vertreten.

Jeder stellte ganz präzise Fragen zu meiner Flucht. Z.B. ob an einer bestimmten Stelle eine Türe oder ein Fenster im Gebäude gewesen sei, usw.!

Damit überprüften sie scheinbar meine Glaubwürdigkeit oder/und sie wollten damit ihre eigenen Informationen aktualisieren.

Am Ende wurde ich gebeten, meine Story nicht an die Presse zu verkaufen. Damit wollte man meinen Fluchtweg eventuell noch für andere Personen nutzen, so wie es mir schon in der Botschaft in Belgrad gesagt worden war. Zum Schluss wurde ich als neuer Bundesbürger verabschiedet und erhielt Papiere mit denen ich mir einen ordentlichen Ausweis in Tübingen ausstellen lassen konnte. Das war für mich schon wichtig, denn ich wollte keineswegs als illegaler Zuwanderer gelten.

4.00 Rückmeldung in Berlin

Als ich wieder in Reutlingen war, fiel mir das letzte Gespräch mit der ehemaligen Sekretärin Elfriede in Berlin ein. Sie hatte mir doch auf den Kopf zu gesagt, dass *ich dann aus Westdeutschland wenigstens mal schreiben sollte.*

Also schrieb ich.

Auf meinen Brief kam kurz darauf die Bitte, meine Reise ganz genau zu beschreiben und an eine Westberliner Adresse zu Bekannten von ihr zu schicken. Die kämen regelmäßig zur Leipziger Messe und könnten dann den Brief übergeben.

Ich schrieb einen laaaaaaangen Brief, mit allen Details meiner Flucht. Ganz besonders hatte ich auf die Tücken hingewiesen, wie z.B. den Spitzel in Belgrad. Das sollte ihnen nicht passieren.

Dann hörte ich aber nichts mehr aus Berlin.

5.00 Das Nachspiel

Bereits am 16.10.63, also genau einen Monat nach meinem Urlaub, erhielt ich Post von einem Kollegen meiner ehemaligen Baustelle. Es war Jürgen Schulze, genau der Kollege, den man immer für einen Spitzel gehalten hatte. Er schrieb mir:

„Nach meinem nicht regelmäßigen Erscheinen in Berlin habe man alle möglichen Spekulationen angestellt. Von krank, ertrunken, Pocken, bis Flucht über Istanbul oder Athen sei vermutet worden."

Aber auf Jugoslawien war man wohl nicht gekommen! Er schrieb, dass er nicht beauftragt sei, sondern aus eigenem Anlass schreibe. Eigentlich wollte er mir nur mein Baustellen-Notizbuch nachschicken.

Meine Adresse hätte er *„über 7 Ecken von meiner ehemaligen Freundin"* erhalten. Die kannte aber meine neue Adresse eigentlich gar nicht und er kannte wiederum mein ehemalige Freundin nicht! Es passte also nichts richtig zusammen. Ohne nachzuhelfen konnte diese Verbindung gar nicht zustande gekommen sein!

Wissen wollte er von mir, über welches Land ich geflüchtet sei. Und wo ich meinen

Trabi gelassen hätte. Also nach dem Trabi hatten sie doch gesucht! Damit meine Antwort nicht in der „Kaderleitung" landen sollte, könnte ich unter falschem Absender an ihn privat schreiben. Da war mir ganz klar, dass dahinter nur die Stasi stecken konnte. Also hieß es für mich weiter auf der Hut zu sein! Jedenfalls schrieb ich *nicht* zurück!

Natürlich hatte meine Flucht auch noch ein gehöriges Nachspiel für Jochen und Sofia in Berlin, das ich aber erst 1990 bei unserem ersten Wiedersehen in Weimar von Jochen persönlich erfuhr.

Die Stasi ging davon aus, dass er von meine Flucht gewusst haben müsste und deshalb verhörten sie ihn mehrfach. Als aber am Ende nichts heraus kam – denn er wusste ja wirklich nichts – ließ man ihn in Ruhe. Man legte ihm aber nahe, sofort jeden Kontakt zu mir abzubrechen. Andernfalls hätte es berufliche Konsequenzen für ihn. Er war zu dem Zeitpunkt Abteilungsleiter in einem Ausbaubetrieb und hatte Aussicht Betriebsleiter zu werden. Also brachen wir jeglichen Kontakt sofort vollständig ab.

Am 28.1.64 kam mir ein Gedanke – wohl ein Tipp von „meiner Großmutter." Ich schrieb an die VP-Inspektion Berlin-Mitte und bat um die offizielle Abmeldung. Ich würde dafür meinen Personalausweis zurückschicken. Natürlich erhielt ich darauf keine Antwort.

Aber auch die Gegenseite blieb weiterhin nicht untätig. Nach dem Brief meines Arbeitskollegen Schulze aus der Bauleitung war erst eine Weile Ruhe.

1967 oder 68 , wir wohnten schon in Pfullingen, klingelte das Telefon. Es meldete sich Iwan, der junge Bulgare, aus Berlin. Ob es aber wirklich Iwan war oder nur jemand in seinem Namen anrief, kann ich nicht mit Sicherheit sagen. Denn ich war gerade nicht zu Hause und Ruth, meine Frau, hatte das Gespräch entgegen genommen und den Anrufer einigermaßen abgewimmelt. Daraufhin meldete sich aber keiner mehr. Seither hatte ich aus der Richtung tatsächlich Ruhe.

6.00 Mein erster Job

6.01 Jobsuche

Inzwischen hatte mir mein Bruder 1000 DM geliehen, damit kaufte ich mir für 850 DM eine gebrauchtes Auto. Ich fand günstig einen alten VW Käfer, mit dem ich aber nie so recht warm wurde, weil ich doch Vorderrad-Antrieb vom Trabi gewohnt war.

Dann ging es an die Arbeitssuche.

Doch da gab es ein Problem. Ich hatte ja keine Papiere mitgenommen – wie sollte ich mich nun ausweisen, wie sollte ich beweisen, dass ich in Weimar mein Diplom gemacht hatte.

Da viel mir ein, ich hatte ja meinem Bruder Wolfgang bei seinem letzten Besuch im Sommer bei mir in Berlin einige Dokumentenfilme mitgegeben auf denen ich alle meine Dokumente fotografiert hatte.

Mit denen ging ich in Reutlingen zu einem Fotografen und ließ mir DIN A 4 -Abzüge machen. Eine andere Möglichkeit der Abzüge gab es damals wohl noch nicht.

Dazu erklärte ich beim Notar eidesstattlich, dass alle Unterlagen genau den Originalen entsprachen und nicht gefälscht seien.

Damit stellt ich mich dann bei verschiedenen Architekturbüros vor. Als ich dazu jeweils die Story von den fehlenden Originaldokumenten erzählte, hatte ich keine Probleme.

Meine Arbeitssuche ging schnell und verlief positiv, denn Arbeitskräfte waren gerade Mangelware. Aber kein Büro entsprach meinen Vorstellungen. Die einen waren nur Ein-Mann-Betriebe, wo man schnell zum Hansel für jeden Dreck gemacht würde. Die großen Büros dagegen waren mir zu unpersönlich und es gab keine geregelte Arbeitszeit mit vielen unbezahlten Überstunden. Auch Bauleitungen waren dabei. Leider waren aber gerade keine Bauleiterstellen im Ausland frei und neue Projekte gab es nicht. Bei den kleinen Baustellen roch es ganz verdächtig nah Bestechung. Denn mir wurde schon vorher erklärt, dass man keine Autoschlüssel als Geschenk annehmen dürfe.

Dann fand ich unter anderem auch ein Angebot beim Uni-Bauamt in Tübingen. Da wurden gerade einige, riesige Universitätsbauten geplant. Die Arbeit schien interessant und ich nahm die Stelle an.

Der Job war allerdings doch recht langweilig, denn jeder strickte irgendwo an einem

Detail, ohne zum Gesamtprojekt einen rechten Bezug zu haben. Aber das Problem löste sich schnell von selbst. Eines Tages bestellte man mich in die Personalabteilung. Dort wurde mir erklärt, dass es in Westdeutschland eine Vorschrift gäbe, nach der Republik-Flüchtlinge 5 Jahre lang nicht beim Staat beschäftigt werden dürften.

Um Klarheit zu bekommen fuhr ich nach Stuttgart zum Bundesnachrichtendienst. Dort öffnete mir der Pförtner nur ein kleines Fenster und fragte:

"Was wollen Sie?"

„Einen kompetenten Beamten sprechen."

„Worum geht es ?"

„Genau das möchte ich mit dem Beamten besprechen!!!"

Danach wurde ich in einen Raum gelassen, in dem nur ein Schreibtisch und zwei Stühle standen. Irgendwie kam ich mir so vor, als wenn ich bei der Stasi war, denn genau so wurden deren Büros auch beschrieben. Nach einer Weile kam dann durch eine andere Türe tatsächlich ein anderer Beamter. Der machte allerdings einen sehr netten Eindruck auf mich und fragte sofort nach meinem Problem.

Ich wollte genau wissen, ob etwas gegen mich vor lag. Denn schon wieder beschlichen mich heimliche Ängste, es könne mich jemand wieder auf Schritt und Tritt verfolgen. Und ich sagte gerade heraus, dass ich das was ich in der DDR und in Belgrad erlebte hatte, nicht noch einmal durchmachen wolle!

Er beruhigte mich und erklärte mir, dass meine Entlassung reine Formsache sei. Es gäbe diese Vorschrift wirklich. Ich werde aber keineswegs verdächtigt oder gar beschattet. Nach Ablauf der 5 Jahre könne ich ohne Probleme wieder zum Staat gehen.

Damit war ich zufrieden und fuhr beruhigt wieder nach Hause.

Also suchte ich mir bei einem Freien Architekten in Reutlingen eine neue Arbeitsstelle. Es war das Architekturbüro Schaber, das neben seinem Büro für ein großes Gemeinschaftsprojekt gerade neue Leute suchte.

So landete ich im „Planungsbüro Kreiskrankenhaus Reutlingen". Es bestand aus dem Büro Schaber, Büro Schirm und dem Landkreis Reutlingen, mit Sitz im Landratsamt in Reutlingen. Alle zusammen waren wir anfangs 5, später 8 Leute.

Die Kollegen waren nett und die Arbeit war zwar hart machte aber viel Spaß, so verging schnell die Zeit. Weil wir direkt neben der Baustelle saßen, konnten wir auch den Baufortschritt täglich mit verfolgen. Natürlich sprach ich knifflige Dinge immer direkt mit den Handwerkern ab, das hatte ich in Berlin so gelernt.

Wie gesagt hatten wir zwei Chefs: Schaber, der sich selbst für einen genialen Entwerfer hielt war am Anfang schon gefragt. Wobei aber die Ideen von Schaber oft gar nicht realisierbar waren, weil sie mit einem viel zu dicken Stift dargestellt waren.

Bei Wettbewerben, bei denen sein eigenes Büro mitmachte, erstellte er immer die Fassaden-Zeichnungen. Bei einer Wettbewerbs-Beurteilung war ihm bescheinigt worden, dass der Entwurf zwar sehr gut, aber die Fassaden total unrealistisch dargestellt wären.

Schirm, der zweite Chef, der mehr für die Ausführung und für das Detail zu haben war, betätigte sich dann mehr bei den Ausführungszeichnungen.

Die erste Zeit bestand darin mehrere Vorschläge für den Gemeinderat zu erarbeiten, um die Genehmigung zu erhalten.

Dabei ging manche halbe Nacht drauf. Herr Schaber kam oft erst gegen 20.00 Uhr frisch geduscht dazu, um zu „helfen".

Die erste Frage war dann immer: „Habt ihr nicht Hunger?"

Er würde jetzt für jeden ein Brathähnchen holen – wobei er sich dann immer selbst zwei mal zählte.

Er hatte seine Portion auch immer zuerst gegessen und schaute dann ganz neidisch auf unsere Teller.

Auch die Besprechungen mit den Ärzten fanden immer erst nach Feierabend statt, weil ja die Ärzte früher keine Zeit hatten. Für die Überstunden versprach er uns dann am Ende zusätzlichen Urlaub. Doch das vergaß er bald wieder.

Die Planung für das Krankenhaus und die Ausführung der einzelnen Gebäude war zwar sehr umfangreich, ging aber 1969 so langsam dem Ende entgegen. Schaber deutete schon gelegentlich an, dass er mich bald in sein eigenes Planungsbüro holen wolle. Doch davon hielt ich gar nichts. Der Laden gefiel mir nicht. Und so überlegte ich mir eine Alternative. Ich bewarb mich beim Staatlichen Hochbauamt und kündigte bei Schaber. Prompt kam er und legte mir so viel Geld zu, dass ich bei ihm etwas

mehr bekam, als im Hochbauamt bekommen würde. Das nahm ich zwar noch zwei
Monate mit, ging dann aber doch zum
Staatlichen Hochbauamt - trotz Werben
durch Herrn Schaber.

6.02 Nebentätigkeit

Eines Tages fragte mich mein Arbeitskollege Zilz, ob ich an einem Neben-Job interessiert sei. Da könne man viel Geld verdienen, das er für seine junge Familie dringend bräuchte. Er kenne ein Planungsbüro für Stadtplanung, das einen Auftrag bekommen hätte, ein Feuerwehrgeräte-Haus in Bad Urach zu planen. Selbst habe es aber nicht die Leute dafür. Das Büro lag mitten in der Stadt Reutlingen und hätte genug Platz für unser beiden Arbeitstische. Der Chef war ein junger, netter Architekt und die Arbeit sagte uns auch zu. Also schlossen wir per Handschlag mit Herrn Burkhard eine Vertrag und begannen unmittelbar danach unsere Tätigkeit, indem wir direkt nach Dienstschluss ins Büro Burkhard gingen. Die Arbeit machte Spaß und war interessant, da merkte man gar nicht die doppelte Belastung. Denn jeden Tag wurde es fast 20 Uhr bis ich endlich nach Hause kam. Das steckten wir beide aber locker weg.

Unsere eigentliches Büro war am Anfang im Landratsamt. Dort fragte mich eines Tages ein Kollege, ob ich nicht nebenbei ein kleines Baugesuch für ihn zeichnen könnte. Auch da sagte ich zu, obwohl ich nun gar keine Freizeit hatte. Aber was macht man als junger Mensch nicht alles ,ohne dass es einem zu viel wird.

Jedenfalls war ich damit eine Sorge los, das liebe Geld.

Ich sagte daraufhin meiner Mutter, dass ich wieder selbstständig sein wolle und suchte mir in der Stadt eine Einzimmer-Wohnung, wo ich in Ruhe eine Teil meiner Nebentätigkeit machte. Auch neue Möbel konnte ich mir jetzt leisten. Mein Zimmer war zwar möbliert, es fehlte aber doch noch an Kleinigkeiten. Die konnte ich mir jetzt leisten. Couchtisch und Sitzgelegenheiten bastelte ich mir aus einem gekauften Rohrsystem alle selbst.

Jetzt war sogar manchmal noch etwas Zeit zum verschnaufen.

7.00 Meine ersten Autos im Westen

7.01 VW Käfer

Mein erstes Auto in Westdeutschland war also ein alter VW Käfer in schwarz und noch mit geteiltem Heckfenster. Der war unverwüstlich und sehr robust, hatte aber Hinterrad-Antrieb, an den ich mich erst gewöhnen musste. Im Gegensatz dazu hatte mein erstes Auto, der Trabi, Vorderantrieb gehabt. Schwierig wurde es im Winter, zumal ich damals keine Winterreifen fuhr, wohl aus Kostengründen. Aber ich kam trotzdem durch den Winter.

carmodel.com

Mein erster Käfer

7.02 Duphine von Renault

Mein nächster fahrbarer Untersatz war
Dank Wolfgang Bayer, meinem Schwager,
inzwischen eine ganz liebe „Dauphine" von
Renault. Wolfgang fuhr zu dem Zeitpunkt
selbst diesen Auto-Typ und war ganz begeistert davon, weil man an dem Auto alles
selbst machen konnte.

Renault Dauphine, mein 2. Auto

Leider hatte die Dauphine aber nur drei
Gänge statt vier, wie die meisten Fahrzeuge zu dem Zeitpunkt Das stellte sich im
Kolonnen-Betrieb als sehr nachteilig heraus, denn dann musste man ständig schalten. Ich hatte den Wagen recht günstig gebraucht von einer Stuttgarterin gekauft,

die nur wenige Kilometer gefahren war. Das Schmuckstück hatte sogar Weißwandreifen, was sehr selten war. Der einzige Nachteil war aber, dass alle französischen Autos sehr schnell und stark rosteten. Das merkte zuerst Wolfgangs an seiner Dauphine. Weil die senkrechten Holme schon stark angerostet waren goss er sie kurzerhand einfach mit Beton aus! Dadurch bekam der Wagen eine „satte" Straßenlage! Damit wäre er heute nicht mehr durch den TÜV gekommen. Aber damals sah der wohl gerne auch über solche Details hinweg. Auch an meiner Dauphine stellten sich bald Roststellen ein, die ich aber sofort behob.

7.03 Citroen ID 19

Eines Tages fuhr ich in einem Vorort an einer Autowerkstatt vorbei. ich hielt und wollte mir einige Gebrauchtwagen ansehen. Vor einem Citroen ID 19 blieb ich unwillkürlich stehen und betrachtete ihn ganz genau. Er erinnerte mich an Berlin, wo ich zum ersten mal so ein Auto gesehen hatte. Schon damals hatte mich seine revolutionäre Konstruktion und Form fasziniert. Wieder stand ich vor dem Fahrzeug und bewunderte es, genau wie damals!!!
Genau in dem Moment stand der Chef hinter mir und fragte, ob mir der Wagen gefalle. Da ich das bestätigte, bot er mir sofort eine Probefahrt an. Nach der Probefahrt, die vorsorglich er selbst steuerte, war ich noch mehr begeistert! Zwar hatte er bereits ein andere Türe, was man an der anderen Farbe sah, aber technisch sei der Wagen General überholt, wurde mir versichert.
Gespannt war ich auf den Preis?
Er würde mir den Wagen für 1.800 DM verkaufen, das sei ein Schnäppchen, meinte er!
Noch am gleichen Tag wurde ich stolzer Eigentümer eines Citroen ID 19!

Citroen ID19 - mein 3.Auto

8.00 Erster Urlaub auf Sylt

8.01 Campingplatz Sylt

Im Nu war der erste Sommer wieder da, der Sommer 64. Nach der vielen Arbeit hatten wir alle einen Urlaub verdient. So auch ich, obwohl ich erst ein knappes halbes Jahr bei dieser Truppe war. Aber Herr Schaber hatte ja vollmundig für die vielen Überstunden zusätzlichen Urlaub versprochen. Doch als ich den Urlaub beantragen wollte, war mein Chef gar nicht erreichbar. Also wandte ich mich an Herrn Schirm, den zweiten Chef. Der genehmigte mir natürlich sofort eine Woche zusätzlichen Urlaub. Er versprach mir, dies mit meinem Chef Schaber zu klären.

Ich beschloss mit dem Zelt nach Sylt *auf die „Insel"* zu fahren. Also fuhr ich unbeschwert und gut gelaunt für zwei Wochen , um mal so richtig wieder auszuspannen.

Ich lud meine Dauphine voll und fuhr gen Norden. Es war eine wunderbare Fahrt, denn damals waren die Straßen noch nicht so voll. Ich schaffte es an einem Tag, erwischte gegen Abend auch noch einen Autozug von Nibüll nach Westerland und stand rechtzeitig vor Sonnenuntergang zum Zeltaufbau in Westerland auf dem

Campingplatz von Sylt. Ich hatte Glück, denn das Wetter war fast die ganze Zeit recht schön. Für schlechtes Wetter hatte ich einen dicken Strickpullover und eine Lederjacke dabei, die ich mir auf der Anreise in Stuttgart gekauft hatte.

Der Campingplatz war recht einfach, lag dafür aber direkt hinter der Düne. Und davor war ein FKK-Strand. Nicht schlecht, denn ich kannte das ja schon von Prerow.

Meine Ausrüstung war bescheiden, was ich ja von der DDR gewohnt war. Zelten muss einfach urig sein, sonst kann man ja zu Hause bleiben. Natürlich gab es einen Waschraum und sogar Duschen mit warmem Wasser, jedoch die nur gegen bare Münze. Als ich eines morgens in den Waschraum kam stand da schon ein Mann. Auf meinen Morgengruß kam aber keine Antwort. Nachdem mir das mehrmals passiert war fragte ich einen anderen Mann, ob der taubstumm sei. „Nein",sagte der, **„Das ist ein Schwabe."**

Erst viel später konnte ich mir erklären, warum der Mann so stumm war. Er hatte einerseits das Problem, die Norddeutschen zu verstehen und andererseits hatte er Angst man würde über ihn lästern, schon wegen des Morgengrußes „Grüß Gott", was ja in Norddeutschland gar nicht üblich ist. Also schwieg er lieber.

Ich hatte nette Nachbarn, es waren meist junge Studenten, zu denen ich mich ja ohnehin noch recht hingezogen fühlte. Meistens waren wir am Strand, bauten eine Strandburg gegen den leichten Wind, spielten Volleyball oder klönten miteinander. Mit Dieter hatte ich mich besonders angefreundet und weil er kein Auto hatte unternahmen wir auch manchen gemeinsamen Ausflug mit meinem Auto.

Einen Tag fuhren Dieter und ich ganz an die Nordspitze der Insel, vorbei an ellenlangen einsamen Sandstränden, bis nach List. List war damals ein kleines idyllisches Nest mit einem Fischerhafen. Jeden Morgen kamen die Fischkutter zurück vom Fang und verluden die Fische und Krabben sofort in Kühlfahrzeuge. Natürlich konnte man auch fangfrische, gekochte Krabben sofort an einem Stand kaufen. Neugierig wie wir waren, kaufte jeder eine Tüte Krabben und wir machten uns an die „Arbeit." Denn für einen ungeübten Krabbenesser ist das wahrlich eine Arbeit. Entweder isst man den halben Panzer mit oder es bleibt die Hälfte Fleisch darin noch stecken. Dazu kommt noch, dass einem die

Einheimischen gerne auf die Finger schauen und das macht dann noch unsicherer. Also wir schafften unsere Tüten leer zu essen und wurden nun neugierig, wie die wohl gefangen werden. Ich schlug vor doch mal zu probieren mit einem Krabbenfischer mitzufahren. Dieter war begeistert. Darauf ging ich an der Mole entlang und suchte mir den größten Kutter aus. Auf meine Frage, ob wir wohl mal mitfahren könnten, musterte uns der Kapitän recht genau und sagte dann zu.

Dann müsst ihr aber pünktlich um 20.00 Uhr hier, dann geht es nämlich los."

Freudig fuhren wir nach Hause und genehmigten uns noch eine Nase Schlaf, denn der Nachtschlaf würde ja wohl ausfallen.

Als es Abend wurde zog aber ein kräftiges Gewitter auf. Es goss in Strömen, alle Straßen standen unter Wasser. Wir warteten ab. Als der Regen etwas nachließ fuhren wir los. Eigentlich kamen wir schon etwas zu spät an. Aber der Kapitän beruhigte uns, denn bei Gewitter fahre man ohnehin nicht hinaus.

8.02 Krabben fischen

So gegen 20.30 hatte sich das Gewitter verzogen und der Motor wurde angeworfen. Der ganze Kutter begann sich zu schütteln. Dass das Material so eine Erschütterung auf die Dauer überhaupt aushält, war da unser Gedanke. Meistens geht es gut, aber manchmal gibt es auch Pannen und Probleme.

Wir hatten nicht nur den größten Fischkutter rausgesucht, sondern auch den cleversten Kapitän erwischt! Der wusste genau, wo die meisten Krabben zu finden waren. Dazu getraute er sich sogar in dänische Hoheitsgewässer, machte die Bordbeleuchtung aus und *„fischte sozusagen im Dunkeln"*. Wir waren dem Land so nahe, dass wir bereits die beleuchteten Fenster einzeln erkennen konnten.

Dann wurde auf jeder Seite des Kutters ein riesiges Schleppnetz ausgeworfen, das so alle Stunde einmal eingeholt wurde.

Die Ausfahrt und das erste Schleppen des Netzes dauerte eine ganze Weile. Der Kapitän meinte, wenn es uns langweilig werden würde könnten wir ruhig in die Kombüse gehen. Im Kühlschrank wäre genügend zu essen und wenn wir müde wären, könnten wir uns auch in die Kojen hauen.

Wir zogen uns tatsächlich zurück, aßen etwas und legten uns hin, denn oben war es jetzt nach dem Regen empfindlich kalt geworden. Aber jedes Mal wenn der Kapitän das Netz hochzog vibrierte das ganze Schiff dermaßen, dass wir beide wach wurden und im nächsten Moment wie die Soldaten an Deck standen.

Jetzt gab es viel zu tun, denn es musste schnell der eingeschwenkte Sack am Ende des Schleppnetzes geöffnet, danach wieder zugeknüpft, ausgeschwenkt und wieder ins Wasser gelassen werden.

Dann wurde der Fang sortiert. Die großen Fische getrennt nach Arten in die Kisten und die kleinen wieder über Bord. Die größte Arbeit war das Krabben aussortieren. Dazu gab es zwar eine Sortiermaschine, aber es blieb noch viel Handarbeit, denn es befand sich sehr viel anderes Krabbelzeug darunter. Die lebenden, glasigen Krabben wurden dann ans Heck getragen, wo bereits ein Kessel mit kochendem Wasser brodelte. In dem Moment wie man sie hinein schüttet sind sie sofort tot und nehmen eine rosa Farbe an. Dann wurden sie wieder heraus gefischt und in Fischkisten verteilt, die am Heck gestapelt wurden.

Die zwei Mann Besatzung waren heil froh, dass wir ihnen so kräftig geholfen hatten. Mit über 50 Kisten voller abgekochter Krabben fuhren wir am nächsten Morgen wieder Richtung Heimat.

Doch dann begann der Motor zu stottern! Kurze Inspektion! Ein Kapitän muss auch von der Technik etwas verstehen. Nach einiger Zeit lief der Motor zwar wieder, aber nicht auf allen Zylindern, also konnten wir nur mit halber Kraft fahren. So gegen 10.00 Uhr, anstatt sonst 8.00 Uhr, liefen wir erst wieder in den Hafen von List ein. Die Tiefkühlwagen standen schon da und so wurde schnell umgeladen.

Für uns war die Fahrt auch zu Ende. Wir bedankten uns beim Kapitän dafür, dass er uns mitgenommen hatte. Er bedankte sich bei uns für die ausgezeichnete Hilfe und drückte jedem eine dicke Tüte Krabben und ein Paket frischen Fisch in die Hand.

„Oh ne, bloß keine Krabben, ich kann die nicht mehr riechen", sagte ich zu ihm. Er beruhigte mich:" Schlaft erst mal richtig aus und lasse die Krabben kalt werden, dann schmecken sie euch schon wieder."

Als wir wieder an Land waren schaute ich Dieter an und musste kräftig lachen. Er lief als hätte er die Hosen voll. Bei jedem Schritt knickte er leicht ein. Dann fing er an über mich zu lachen, denn ich lief offensichtlich ebenso. Kaum zu glauben, dass man nach einer Nacht auf einem Kutter sich schon einen Seemannsgang angewöhnt hat!

Das verlief sich aber bald wieder.

Auf dem Campingplatz wurden wir schon sehnsüchtig erwartet. Hatten wir gestern durch den Regen doch ganz vergessen uns bei den anderen abzumelden. Wir erzählten unsere Erlebnisse und aßen gemeinsam die beiden Tüten Krabben aus, sie schmeckten sogar uns schon wieder.

8.03 Eine ganze Flasche Köm

Dann kamen auch mal ein paar schlechtere Tage. Es war ein rechter Wind aufgekommen und die Sonne hatte sich versteckt. Ich entschloss mich zu einem ausgedehnten Strandspaziergang. Nach etwa 3 Stunden war ich wieder an unserem Strandabschnitt mit den Strandkörben. Direkt unterhalb des Strandwärters, der ein Häuschen oben auf der Düne hatte, saßen zwei Mädchen im Strandkorb, dick in Bademäntel eingepackt.

„Na, ihr müsst wohl bei dem Wetter die Strandkorb-Gebühren hier absitzen?", konnte ich mir bei einem hämischen Grinsen nicht verkneifen.

Prompt kam zur Antwort:"Wenn wir jetzt einen „Köm" hätten, dann ginge es ihnen besser!"

„Das ist kein Problem, da hinter der Düne auf dem Campingplatz ist eine Kneipe. Da gibt es ganz bestimmt einen", antwortete ich. Da griff die eine in die Tasche und gab mir 5 Mark mit der Bitte, doch eine Flasche zu holen. Ich sagte zu, wollte aber erst zum Zelt, um etwas zu essen.

Also gut ich legte noch 5 Mark dazu und kaufte eine große Flasche „Klaren". Damit tigerte ich wieder zum Strand.

„Ob nun die beiden Hübschen wohl noch da sein würden", ging mir dabei durch den Kopf.

Sie saßen tatsächlich beide noch in ihrem Strandkorb und warteten. Als ich die Flasche präsentierte strahlten sie. Die eine beugte sich aus dem Strandkorb und winkte mit der Hand. Kurz darauf stand der Strandwärter neben uns, schaute auf die Flasche und strich sich genüsslich durch den Bart.

Aha, die waren die ganze Zeit wohlbehütet, denn den Strandwärter kannten sie anscheinend sehr gut und der passte genau auf, dass sie nicht belästigt wurden. Jetzt war es ganz anders. Wir setzten uns zu viert in zwei zusammen gestellte Strandkörbe und ließen die Flasche herumgehen, während wir uns angeregt unterhielten. Wir stellten uns gegenseitig vor. Es waren zwei Schwester, eine hieß Rosi die andere hieß Renate, sie kamen aus Hamburg. Es waren wirklich ausgesprochen hübsche und nette Mädchen, die ich da durch dummen Zufall kennen gelernt hatte. Normaler

Weise hätten die sich aber nicht von Hinz und Kunz ansprechen lassen.

Als die Flasche fast leer war – den Rest bekam der Strandwärter – machte Rosi den Vorschlag baden zu gehen. Renate fügte hinzu: „Wer ist zuerst im Wasser?" Wir drei zogen uns in Windeseile aus – es stürmte aber immer noch! Das war aber jetzt völlig egal, wir hatten genügend Wärme getankt. Der Strandwärter schaute natürlich nur belustigt zu, damit uns nichts passierte. Dann verabschiedeten wir uns und gingen nach Hause.

Der nächste Tag war wieder ein wunderschöner sonniger Tag und ich ging gemeinsam mit meinen Camping-Nachbarn an den Strand. Als wir durch die Dünen gingen saßen dort Rosi und Renate in einer Sandburg. Ich begrüßte beide herzlich und wir plauderten miteinander. Unwillkürlich kamen wir nochmals auf das gemeinsame Erlebnis von gestern zu sprechen. Und wieder mussten wir alle drei herzlich lachen.

Als ich später zu den Freunden kam fragten sie mich verwundert, woher ich die beiden Mädchen so gut kenne. Ich lachte nur und sagte: *„Wenn ich euch erzähle, wie ich die beiden kennen gelernt habe,* *glaubt ihr mir das doch nicht.*" So blieb das für immer unser gemeinsames Geheimnis.

Die Dünen bargen auch noch ganz andere Geheimnisse. Das wussten zwar die Einheimischen und die Dauergäste, doch mir war das nicht bekannt. Wenn man durch die Dünen ging, stolperte man gelegentlich über Fotografen, die interessante Bilder machten oder auch über Liebespärchen. Doch plötzlich stand ich vor ein paar nackten Männern und war überrascht! Als ich das meinen Freunden erzählte lachten sie aus vollem Hals:„*Wusstest du denn nicht, dass sich in der Düne 175 nur Männer treffen*"?

„Ne, das ist mir neu."

Weil Dieter und ich uns so gut verstanden hatten fragte er mich, was ich im nächsten Urlaub vor hätte. Ob ich nicht Lust hätte mit ihm im nächsten Jahr gemeinsam Urlaub zu machen. Er wüsste ein interessantes Urlaubsziel. Im Mittelmeer etwa vor der französischen Stadt Toulon gäbe es die urige *Insel Il du Levant*, die ein großes Naturschutzgebiet sei. Das einzige Dorf auf der Insel ist ein FKK-Dorf, das Heliopolis heißt. Das Dorf war von französischen Ärzten 1931 als erstes Nudistendorf

Europas gegründet worden. Das klang interessant und nachdem wir beide keine Probleme mit Freikörperkultur hatten, sagte ich zu. Er wohnte in Hannover, hatte aber als Student kein Auto. Deshalb käme er bis nach Reutlingen mit dem Zug und ab da würden wir mit meinem Auto weiter fahren.

FKK-Strand Prerow

8.04 Die Heimfahrt

Schnell gingen auch die 14 Tage hier herum und ich musste wieder nach Hause. Meine Rückfahrt hatte ich so geplant, dass ich gegen Abend in Hamburg war, um einen Bummel durch die Altstadt zu machen. Ich parkte direkt auf der Reeperbahn und ging zuerst ausgiebig Fisch essen. Danach bummelte ich durch die Straßen, getraute mich alleine aber in kein Striptease-Lokal. Es war schon interessant den Betrieb hier zu beobachten, aber langsam wurde es mir langweilig. Ich ging zu meinem Auto und legte mich hin, es ging aber erst auf 23 Uhr zu. An Schlaf war bei dem Betrieb da draußen gar nicht zu denken, der Trubel hatte ja erst richtig begonnen! Was tun? So wäre ich am nächsten Morgen sicher total gerädert und nicht in der Lage weiter zu fahren. Da fiel mir ein, dass Rosi zu mir gesagt hatte:

„Wenn Du mal in Hamburg bist, komme uns doch einfach besuchen. Ich kramte die Adresse heraus, ging in die nächste Telefonzelle und rief an. Tatsächlich, Rosi war alleine zu Hause und freute sich über den Anruf.

„Was, Du willst im Auto schlafen? Dann komm doch bei uns vorbei, wir haben genug Platz!"

Sie beschrieb mir den Weg und ich war schon ein paar Minuten später bei ihr. Ich muss sagen, es war ein wunderbares Wiedersehen. Doch Details zu verraten, *„verbietet des Sängers Höflichkeit!!!"*

Am nächsten Morgen nach dem gemeinsamen Frühstück fuhr ich beschwingt weiter gen Süden, denn Rosi musste zur Arbeit.

Mein Chef war zwar von Herrn Schirm über meinen verlängerten Urlaub informiert worden, er war aber trotzdem recht sauer. Das machte mir nichts. Ich mochte ihn auch nicht. Er war mir zu arrogant, spielte sich gerne als Lehrer auf und putzte seine Leute vor Anderen runter. Und zu seinem gegebenen Wort stand er auch nicht.

9.00 Elfriede und Jürgen

Eines Tages, es war Herbst 64, saß ich nichtsahnend in meinem Büro bei der Arbeit. Da ging die Türe auf und Elfriede, die Sekretärin aus Berlin, mit ihrem Freund Jürgen standen vor mir. Natürlich war ich von dem ungewöhnlichen Besuch völlig überrascht. Dann erklärten mir beide, dass meine ausführliche Fluchtanleitung ganz ausgezeichnet funktioniert hätte. Sie hatten die Tour über Bulgarien, Jugoslawien sogar mit ihrem Trabi gewagt.

Da sie jetzt etwas in Eile waren, sie wollten noch am gleichen Tage bis nach Saarbrücken fahren, war jetzt wenig Zeit, um zu plaudern. Dort hatte Jürgen Verwandtschaft. Wir verabredeten uns aber zu einem späteren Zeitpunkt, für ein ausführliches Gespräch. dazu tauschten wir die Adressen aus. Da ich gerade die ID19 von Citroen besaß, fuhr ich nach Saarbrücken.

Jetzt erfuhr ich Einzelheiten ihrer Flucht und wir mussten immer wieder feststellen, dass sich unsere Wege sehr genau ähnelten. Hatte der Beamte in der Deutschen Botschaft doch Recht gehabt, als er zu mir sgte ich solle meinen Fluchtweg nicht öffentlich machen. Dann könnten auch noch andere diese Route wählen.

Auf meine Frage, wann sie sich denn zur Flucht entschieden hätten, erzählte mir Elfriede ihre halbe Lebensgeschichte:

Sie war nach 1945 mit einem Kommunisten verheiratet. Der passte aber Ulbricht nicht ins Regime, das so rigoros geführt wurde wie das Stalin-Regime. Er wurde verfolgt und eines Tages erschossen in einem Wald bei Berlin gefunden worden. Anschließend ließ man sie Tag und Nacht auf Schritt und Tritt bewachen. Als sie das merkte , stellte sie den Verfolger zur Rede. Der sah sich nun enttarnt und drehte nun den Spieß einfach um. Er lud sie zu einem Kaffee ein und erzählte ihr die ganze Geschichte über ihren Mann. Ihr hatte man nämlich erklärt, ihr Mann sei bei einem Unfall ums Leben gekommen.

So bekam ich jetzt auch einen kleinen Einblick, was sich in der DDR so alles abgespielt hatte. Elfriede hat bald im Saarland eine Stelle als Sekretärin gefunden und sich schnell eingelebt.

Wir haben uns dann aber aus den Augen verloren.

10.00 Partnersuche

Im Herbst 64 hatte ich mir eine rechte Erkältung eingefangen, die mich regelrecht
umgehauen hatte. Ich war krank geschrieben und lag für ein paar Tage im Bett. Als
es mir wieder besser ging las ich viel, auch
die Anzeigen in der Zeitung. Schließlich
stieß ich auch auf Partnersuch-Anzeigen.
Das machte mich neugierig!
Ich traf mich zwar gelegentlich mit der In-
nenarchitektin aus Ulm, aber unsere Beziehung war rein platonisch von beiden
Seiten. Daraus wurde wohl nichts Ernst-
haftes.
Ich fand also in der Zeitung einige interessante Anzeigen und setzte mich hin und
antwortete auf einige. Die Resonanz war
recht ernüchternd und sehr unterschied-
lich. Manche schieden schon im Vorfeld
aus, weil einfach nichts passte. Nur zwei
blieben übrig. Eine war eine Land-
wirts-Tochter am Bodensee, eine andere
war eine Sekretärin in Heilbronn. Das
schien mir eigentlich recht weit, aber ich
war gerade im Begriff mir eine Stereo- Anlage zuzulegen. Und die wurde in Heilbronn am günstigsten angeboten.

Folglich schrieb ich und wir verabredeten ein Treffen.

Zuerst fuhr ich an den Bodensee, hatte das Mädchen zwar recht nett gefunden, aber die Umgebung, die Familie passte mir nicht, also sagte ich ab.

Dann nach Heilbronn.

Zuerst kaufte ich die Stereo- Anlage und danach traf ich mich mit der jungen Frau. Sie hieß Ruth, war 27 Jahre (3 Jahre jünger als ich) und Sekretärin in einem Architekturbüro in Heilbronn. Dadurch fanden wir genügend Gesprächsstoff, um uns angeregt zu unterhalten. Wir blieben in Kontakt und verabredeten uns zu einem Motorrad-Rennen auf dem Hockenheimring. Ich war überrascht, wie sie alles mitmachte. Und so kamen wir uns näher und näher. Schließlich kamen wir auch auf den nächsten Urlaub zu sprechen und waren uns einig, den gemeinsam zu planen. Voraussetzung war natürlich, dass ich erst mal bei Dieter absagen musste. Aber der hatte Verständnis.

11.00 Stockzahn-Ball

Im Grunde war ich hier zum richtigen Ar-
beits-Tier geworden. Tags arbeitete ich im
Planungsbüro beim Krankenhaus und
abends ging ich zusammen mit meinem
Kollegen Zilz ins Städtebaubüro Burkardt,
um zuerst Pläne für ein aufwändiges
Wohnhaus und danach für die neue Feuer-
wache in Bad Urach zu planen. Der Tag
war damit stramm ausgefüllt und ich fiel
abends immer wie tot ins Bett. Aber ich
wollte ja möglichst schnell Geld verdienen.
Schließlich hatte ich mit minus 1.000
West-DM erst vor Kurzem angefangen.
Auch um die Faschingszeit wurde hart ge-
arbeitet.
Als wir jedoch am „*Schmotzigen Doosch-
tich*"ins Büro Burkhardt kamen, begrüßte
uns der Chef mit einer Flasche Sekt, die er
vom Fenster im 1.Stock direkt auf uns „ab-
feuerte!" Nachdem wir die Flasche zu dritt
geleert hatten, seine Angestellten waren
schon nach Hause, bekamen wir Lust noch
etwas zu unternehmen und Herr Burkhard
fragte, wo denn noch etwas los sei. Ich hatte zu der Zeit durch den Albverein einige
Studenten in Tübingen kennen gelernt –

mich zog es einfach immer wieder zum Jungvolk!

„In Tübingen bei den Zahnmedizinern ist heute Stockzahnball, da ist sicher Stimmung", sagte ich.

„Ob wir da wohl reinkommen", fragte er zurück.

„Ich glaube schon, denn ich kenne da einige Leute", antwortete ich ihm.

Gesagt, getan – schon saßen wir in seinem Auto und fuhren nach Tübingen. Als wir dort ankamen hatte es schon begonnen, aber es warteten immer noch eine Menge Leute vor der Türe, um eingelassen zu werden. Ich drängelte mich vor und versuchte Kontakt aufzunehmen zu den Verantwortlichen. Und tatsächlich ließ man uns rein! Wir stürzten uns ins Gewühl und mischten mit. Als ich mit einer Studentin tanzte schaute sie mich an und fragte, ob ich Kellner sei, weil ich als Kellner verkleidet war mit Schürze. Halstuch und schräger Mütze. Sie könnte hier nämlich gerade gut eine Aushilfe hinter der Theke gebrauchen. Einer, der dort eingeteilt war, hatte den Fuß eingegipst und war dadurch sehr langsam. Als wir an die Theke kamen, um etwas zu trinken, konnte ich mich davon überzeugen. Eine Menge Leute standen da und wurden nur schleppend bedient. Entweder fehlten die Sektgläser – es wurde fast ausschließlich Sekt getrunken - oder er goss viel zu umständlich ein. Sein Kollege war noch schlafmütziger!

Ich erbarmte mich und ging hinter die Theke. Gehör verschaffte ich mir zuerst indem ich die Gäste bat auszuschwärmen und alle leeren Gläser einzusammeln, die inzwischen überall herum standen.

Schnell gespült und dann ging es ans Eingießen. Ich füllte aber nicht nur für eine Bestellung, sondern gleich alle leeren Gläser, die ich dann nur noch gegen Bares rauszugeben brauchte. Das ging dann natürlich rasend schnell. Großes Gejohle und die Aufforderung, immer auch ein Glas für mich einzuschenken! Das tat ich anfangs tatsächlich, ließ es aber bald, denn ich merkte, dass ich dann sicher unter dem Tresen gelandet wäre. Jedenfalls hatte ich in kurzer Zeit den Stau abgearbeitet. Der Kollege stand staunend daneben und fragte nur, ob ich aus dem Fach käme. „Ne, eigentlich gehöre ich gar nicht zu euch, denn ich bin Architekt." Egal, Hauptsache es klappte jetzt.

Gelegentlich tauchte auch wieder die junge Studentin auf, mit der ich anfangs getanzt hatte, und wir hatten sogar Zeit nochmals miteinander zu tanzen. Mitten im Tanz bemerkte sie, dass ihr BH-Träger sich gelöst hatte. Sie griff unter das T-Shirt und machte ihn ganz ab. Weil sie aber keine Taschen hatte, bat sie mich, den Träger einzustecken. Ich dachte mir nichts dabei und steckte ihn in meine Hosentasche.

So gegen 2.00 Uhr ging der Ball zu Ende und wir wollten uns verabschieden. Da wurde ich von den Organisatoren gebeten, am folgenden Abend unbedingt wieder zu kommen, um bedienen zu helfen. Ich musste aber leider absagen, obwohl es mir riesig Spaß gemacht hätte. Denn Ruth, meine Freundin, hatte Ihr Kommen nach Reutlingen für diesen Samstag angesagt.

Gegen 4.00 Uhr lud mich Herr Burkhard zu Hause ab. Ich leerte meine Taschen, denn ich hatte eine Menge Trinkgeld bekommen. Warf das zerknitterte Geld einfach auf den Tisch, wusch mich und ging ins Bett. Um 10.00 Uhr kam meine Freundin auf dem Bahnhof an und ich hatte versprochen, sie dort abzuholen. Aber genau um 10.00 Uhr wachte ich erst auf!!

Schnell angezogen und ab zum Bahnhof. Erstens war ich zu spät dran, zweitens sah ich sicher leicht mitgenommen aus und drittens hatte ich noch etwas rote Farbe im Gesicht von unserer abendlichen Kriegsbemalung! Alles zusammen sprach nicht gerade für eine solide Nacht!

Als wir in meine Wohnung kamen lag noch das Trinkgeld von der Nacht auf dem Tisch. Und, was ich ganz übersehen hatte, auch der BH-Träger! Darauf erzählte ich ganz genau den Ablauf der vergangenen Nacht, aber meine Freundin glaubte mir kein Wort! Ruth packte sofort ihre Sachen und ging wieder zum Bahnhof. Natürlich fuhr ich hinterher und versuchte nochmals ihr zu erklären, dass alles ganz harmlos sei.

Weil ich standhaft bei der Wahrheit blieb und immer das gleiche beteuerte, glaubte sie mir am Ende tatsächlich doch. Jedenfalls ging sie wieder mit zu mir.

Ich muss sagen, das mir dieser Vorfall noch oft vorgehalten wurde.

Ein andres Problem ergab sich daraus, dass ich in Baden-Württemberg nur als *„Zugereister"* galt - man sagt auch einfach *„Rucksackschwabe"* oder noch einfacher *„Flüchtling",* wenn einer arm war und nichts hatte.

Die angehende Schwiegermutter fragte mich eines Tages, ob ich denn auch schon etwas Geld gespart hätte. Ich fasste die Frage spaßig auf und antwortete auch humorvoll, dass ich alles Geld immer so ausgeben würde, wie ich es verdiente. Damit war die Angelegenheit für mich erledigt. Für meine Schwiegermutter aber noch lange nicht. Denn Tage später hakte meine Freundin bei mir nach, ob es wirklich stimme, dass ich gar keine Ersparnisse hätte? Ich fiel aus allen Wolken!

So gut müsste sie mich doch nun schon kennen, dass ich gar nicht alles Geld ausgegeben haben könnte. Recht erbost antwortete ich: „Da ich doch ständig zwei Jobs hätte und jeden Tag todmüde spät abends erst nach Hause käme, hätte ich gar keine Zeit, mein Geld auszugeben! Damit war die Angelegenheit tatsächlich erledigt. Als wir 1966 standesamtlich heirateten hatte ich ab Herbst 1963 bis jetzt ebenso viel Erspartes, wie meine Freundin in den ganzen Jahren, seit sie berufstätig gewesen war.

12.00 Verlobung

Nach den Turbulenzen wollten wir es aber doch genau wissen. Ich schlug vor, im Urlaub mit Zelt nach Italien zu fahren. dazu brauchte ich aber ein neues Zelt. In Wolfgang Bayers Verwandtschaft wurde gerade ein Steilwandzelt für 2-3 Personen verkauft. Das Zelt hatte eine Schlafkabine und Freiraum für Küche und Aufenthalt. Nach kurzer Besichtigung und genauer Aufbauanweisung kaufte ich es. Dazu kauften wir einen Camping-Tisch und 2 gepolsterte Stühle. Das müsste fürs erste wohl reichen. Denn es war noch keineswegs sicher, ob meiner Freundin das Campen überhaupt gefallen würde.

Meine Renault -Dauphine war schnell geladen. Was nicht vorne in den Kofferraum passte kam auf die Rücksitzbank, damit hatten wir eine gute Gewichtsverteilung.

Der Campingplatz Jesolo liegt nahe bei Venedig, damit war ein Ausflug nach Venedig schon sicher. Doch nach ein paar Tagen gab es in der Gegend ein starkes Unwetter mit viel Regen. Wir waren selbst zwar nicht betroffen, aber es gab schon einige Auswirkungen. Die Piave, ein kleines Flüsschen, führte plötzlich ungeheuer viel

Wasser. Außerdem brachte sie viel Unrat und Bäume mit. Dadurch war das Wasser nicht mehr so schön sauber.

Aber die größte Überraschung erlebten wir bei unserem ersten Ausflug nach Venedig. Der Seewind hatte das Wasser in der Stadt so stark aufgestaut, dass auf dem Markusplatz das Wasser knietief stand. Das war natürlich für die leichten Treter mit Absatz genau richtig. Sie meinte, dass sie diese weg werfen könne, so hatten sie gelitten. Nach Trocknung und Putzen waren sie aber wieder wie neu, dank der guten Qualität. In Venedig ließen wir uns dann auch dazu hin reißen, Verlobungsring zu kaufen. War das zu überstürzt?

Es folgte zwar noch eine recht stürmische Zeit, doch am Ende waren wir uns einig, dass wir es ernst meinen. Wieder zu Hause verkündeten wir der Schwiegermutter unsere Verlobung. Damit waren nun Nägel mit Köpfen gemacht. Im Laufe des Jahres besuchten wir uns fast an jedem Wochenende. Mal kam sie zu mir, meistens fuhr ich aber zu ihr nach Heilbronn. Im Nachhinein betrachtet, war da sehr viel Vernunft- und auch Wunschdenken im Spiel. Die Beziehung hielt, trotz vieler Höhen und Tiefen.

13.00 Erster FKK- Urlaub

Unseren Urlaub machten wir in diesem
Jahr in Agde in Südfrankreich auf einem
FKK-Campingplatz. das war für meine
Frau natürlich absolutes Neuland. Ich war
gespannt, wie es ihr gefallen würde.
Der Platz war von Nudisten aus Lyon gegründet worden und bestand nur aus ein
paar Bungalows und Platz für etwa 50 bis
60 Zelte. Wenn man ankam klopfte man
ans Tor und man wurde eingelassen. Der
Wasserturm in der Mitte diente dazu, dass
man sich von seiner Plattform aus einen
Platz aussuchte. Eine Anmeldung gab es
nicht. Bei Abreise wurde man gefragt,
wann man gekommen sei. Und dann zählte
man an den Fingern ab, wie viel Tage zu
zahlen waren. Der Chef wohnte selbst in
einem Bungalow unter den Leuten. Ein
kleiner Laden, der örtlich beliefert wurde,
versorgte uns mit Brot, Obst und Gemüse.
Der Eismann kam jeden Tag vorbei, bei
dem man sich für ein paar Pfennige ein
Stück Eis kaufen konnte, um damit den
„Kühlschrank" zu kühlen. Der bestand aus
einer Kühltasche, in die man jeden Tag ein
Stück Eis legen musste. Unsere Ausrüstung war jetzt völlig perfekt und ein großes

Steilwandzelt hatten wir uns auch zugelegt.

Natürlich war die Freikörperkultur für Ruth eine Überwindung, Ich dagegen kannte das ja schon von der Ostsee. Aber da es recht familiär zuging gewöhnte sie sich schnell daran.

Wir fanden ein schönes Plätzchen und bauten auf. Ganz in unserer Nähe standen ein paar Bungalows, in einem wohnte sogar der Platzbesitzer, einer der Brüder Oltra, obwohl die Familie in Sichtweite ein großes Weingut besaß.

Der Umgang auf dem kleinen Platz war sehr familiär, das Verhältnis zu den Nachbarn ausgezeichnet. Dem zu Folge kam unter dem Strich heraus, dass sich meine Verlobte damit rangieren konnte.

14.00 Hochzeit

Nachdem wir uns recht und schlecht zusammen gerauft hatten, beschlossen wir zu heiraten.

Es gab immerhin mehr Gemeinsamkeiten als Unterschiede. Und schließlich vertraute ich darauf, dass sich doch noch einiges abschleifen würde. Ich jedenfalls war, trotz meines Alters und der relativ langen Zeit alleine, zu vielen Zugeständnissen bereit. Für mich war ohnehin klar, dass das Leben immer und überall aus Kompromissen besteht.

Die standesamtliche Hochzeit war am 28.12.66, meine Arbeitskollegen Pallecek und Zilz waren unsere Trauzeugen. Wir feierten aber nur im kleinen Kreis. Ruth arbeitete aber noch in Heilbronn, bis wir in Reutlingen eine geeignete Wohnung gefunden hatten.

In Pfullingen wurde uns eine 3-Zimmerwohnung angeboten. Es war in einem 6 -geschossigen Gebäude im 3. Stock. Mit Ausblick nach Westen; Schlafzimmer nach Norden.

Ruth hörte erst Ende Mai 67 auf zu arbeiten und zog nach Reutlingen. Am 1.6.67 hatten wir in Pfullingen die 3-Zim-

mer-Wohnung gemietet. Und am 1.7.67
fand die kirchliche Hochzeit in der kleinen
romanischen Dorfkapelle in Belsen bei
Mössingen statt.

Unsere Hochzeitsgesellschaft

Wir waren eine kleine aber gemischte
Hochzeitsgesellschaft in harmonischer
Runde. Von Ruths Seite waren da:
Ihre Mutter, Maja, ihre Tante, mit Otto
und ihren 3 Töchtern Ute, Ate und Etta
und Sohn Klaus.
Von meiner Seite waren dabei:
Meine Eltern, meine Schwester mit Fami-
lie und mein Bruder mit Familie.
Es war zwar nur eine kleine Runde, aber
genau nach der Vorstellung meiner Frau.

15.00 Unsere Hochzeitsreise

15.01 Paris

Unser Endziel war in diesem Jahr zwar der Atlantik. Zwischenstation machten wir aber für eine Woche in Paris, sozusagen als Hochzeitsreise. Wir wohnten etwas außerhalb am Stadtrand. Im Hotel sagte man uns, dass dort vor der Türe parken erlaubt sei, man müsse aber alle Sachen mit ins Zimmer nehmen. Wir konnten uns darauf keinen Reim machen. Folglich nahmen wir nur alle Wertsachen mit ins Zimmer, unser Campinggepäck ließen wir aber im Auto. Eigentlich wollte ich in Paris nur U-Bahn fahren, weil ich mich da schon gut auskannte von einem Besuch zusammen mit meinem Cousin Siegfried. Dann nahmen wir aber doch täglich unser Auto, um besser überall hinzukommen. Als wir an einem Abend ins Theater gingen nahm ich vorsichtshalber meine Kamera und andere Wertsachen mit, obwohl es schon dunkel wurde und wir sie nicht mehr brauchen würden. Als wir später wieder ans Auto kamen, war es fachmännisch aufgeschlossen und alle Sachen waren durchwühlt. Gefehlt hat nur ein kleiner Benzinkanis-

ter, den man zu der Zeit noch ständig mit-
führte.

Jetzt wussten wir die Bemerkung im Hotel
zu deuten:

Überall wird geklaut!

Paris

15.02 Montalivet

Dann fuhren wir weiter nach Montalivet am Atlantik. Die Tour begann an einem Sonntag früh und es war nicht sehr viel Betrieb. Dazu die Straße 3-spurig, was es heute aus Sicherheitsgründen wohl gar nicht mehr gibt. Wenn man überholen wollte musste man *links* blinken, damit der Gegenverkehr dies erkannte. Wer sich strikt an diese Regeln hielt, hatte keine Problem. Schnell hatte ich mich an die neue Fahrweise gewöhnt.

Mit unserem Citroen ID 19 unterschieden wir uns nur durch ein anderes Kennzeichen. Während ich ständig überholte, hatte meine Frau geschlafen. Als sie die Augen auf machte meinte sie, dass uns gerade ein Auto voll entgegen kommt. Ich antwortet ihr, dass ich schon eine ganze Strecke so fahre, ohne Unfall. Das wollte sie mir nicht glauben. Doch jetzt sah sie es selbst. Und es funktionierte, allerdings nur, wenn sich alle Teilnehmer strikt an die Regeln hielten. Inzwischen sind aber die 3-spurigen Straßen auch in Frankreich abgeschafft. Es sind wohl doch zu viele Unfälle passiert, eben weil sich nicht alle Verkehrsteilnehmer strikt an die Regeln gehalten haben. Außerdem ist der Verkehr von Jahr zu Jahr schneller geworden.

Es war ein riesiger FKK-Zeltplatz, der recht unpersönlich war. Es gab nämlich hier keine Bäume oder Büsche. Dafür gab es Dünen und einen herrlichen Strand.

Strand **von Montalivet**

Die Nachbarn erzählten uns , dass dort wo wir jetzt unser Zelt steht, im vorigen Jahr um die gleiche Zeit knietief das Wasser gestanden hatte. Dieses Jahr hatten wir Glück, denn das Wetter war die ganze Zeit schön.

Wir hatten uns mit einem gleichaltrigen Ehepaar angefreundet mit denen wir zusammen an den Strand und manchmal auch abends ausgingen. Einmal saßen wir in einem ehemaligen Bunker in den Dünen, aus dem 2. Weltkrieg. Man hatte ihn zu einem netten Lokal ausgebaut. Hier gab es natürlich eine Menge Meeresfrüchte. Wir bestellten ein Menü mit mehren Gängen.

Wie üblich, zieht sich das bei den Franzosen recht in die Länge, was wir Deutschen normalerweise gar nicht so gewohnt sind. Zuerst kam Wein und Baguette-Brot auf den Tisch. Ohne es zu merken langte jeder schon mal zu, natürlich auch zum Wein. Dabei erzählten die beiden Frauen, dass sie rohe Austern auf keinen Fall essen würden. Doch die Zeit verging und die zweite Flasche war längst angefangen, da erst kamen die Austern, 6 für jeden. Jetzt konnte ich nur staunen, denn die beiden Frauen bedienten sich, als hätten sie heute noch gar nichts gegessen. „Halt, halt", sagte ich, „ich möchte auch wenigsten eine Auster zum Probieren!" Das lag eindeutig am vorherigen Weinkonsum. Aber kurz gesagt, wir wurden alle richtig satt und bezahlbar war es auch. Recht beschwingt zogen wir später heim auf den Campingplatz und schliefen in unseren Zelten, wie in einem Palast.

Ruth hatte sich gewünscht, wenn sie heiratet, nie mehr arbeiten zu müssen.

Also blieb sie ab jetzt zu Hause und beschäftigte sich dort. Da sie künstlerisch ein wenig begabt war wollte sie malen und dichten, wenn sie mal Zeit dazu hätte. Auch würde sie allen schriftlichen Kram erledigen, denn schließlich war sie ja viele Jahre erste Sekretärin in einem guten Architekturbüro gewesen. Jedenfalls wollte sie auch immer die Steuererklärungen machen. Sie war es gewöhnt, die immer schon im Januar abzugeben. Jetzt hatte sie die Zeit dazu und ich fand das auch gut.

Aber leider gestaltete sie den Tag ab jetzt ganz anders. Sie putzte jeden Tag die ganze Wohnung. Ich bekam anfangs wenig davon mit, denn ich arbeitete ja den ganzen Tag. Aber wenn wir etwas miteinander unternehmen wollten ging es immer erst, wenn sie Ihr „Tages-Programm" fertig hatte.

Wenn wir mit Bekannten darauf zu sprechen kamen meinten die, dass sich das alles legt, wenn erst mal Kinder da sind und damit eine andere Aufgabe ansteht.

Darauf hatte ich meine ganzen Hoffnungen gesetzt.

16.00 Götz, der erste Sohn 68

Am 19.04 1968 war es so weit. Genau einen Tag vor Ruths Geburtstag kam Götz auf die Welt.

Wir hatten am Vorabend Apfelsaft getrunken. Und so gegen 2.00 Uhr wachte Ruth auf und klagte, dass ihr der Apfelsaft zu schaffen mache. An Geburt dachte sie nicht, denn die war eigentlich erst eine Woche später angenommen. Misstrauisch schaute ich trotzdem heimlich auf die Uhr. Nach einer Stunde meldete sie sich wieder – ich merkte mir wieder die Uhrzeit und die Länge der Schmerzen. So ging es bis 4.30 Uhr, doch die Abstände hatten sich kontinuierlich verkürzt.

Dann wurde es mir doch zu unheimlich, und ich rief ihre Hausärztin an. Es war eine ältere Frau mit viel Erfahrung.

„Ja, ja, junge Väter! Das kenne ich.

Die werden immer schnell nervös. Jetzt gehen sie mal wieder ins Bett und beobachten sie, ob der Abstand kürzer wird. Dann können sie mich ja wieder anrufen. Jetzt möchte ich noch schlafen".

Als ich ihr dann aber genau die bisherigen Abstände nannte meinte sie: „Ziehen sie sie schnell an und fahren sie ins Krankenhaus. Machen sie aber keine Panik, sonst könnte es schon unterwegs losgehen! So gegen 5.30 kamen wir im Krankenhaus an. Ich kannte mich da ja recht gut aus, denn unser Planungsbüro befand sich inzwischen auf dem Krankenhausgelände.

Ich lieferte meine Frau in der Entbindungsstation ab und fuhr wieder nach Hause zum Frühstück.

Schon vor 7.00 Uhr war ich aber wieder im Krankenhaus und ging zuerst in die Entbindungsstation. Da war Götz schon auf der Welt! Natürlich bekam er den Spitznamen „Apfelsaft"!

Von den Schwestern wurde mir dann erzählt, wie es sich zugetragen hatte: Als ich meine Frau abgeliefert hatte wollte sie erst gemütlich baden, weil sie das von anderen Müttern so gehört hatte. Als aber der Arzt sie untersucht hatte wurde sofort die Geburt eingeleitet. Und ein paar Minuten später war der kleine Kerl schon da!

17.00 Familien-Urlaub mit Götz

1968 fiel natürlich der Urlaub aus. Es gab zu Hause rund um die Uhr genug zu tun, obwohl Götz eigentlich recht pflegeleicht war. Anfangs schlief er in seinem Bettchen bei uns im Schlafzimmer. Aber bald konnten wir ihn ins Kinderzimmer stellen und er meldete sich nachts nur gelegentlich.

Aber im nächsten Jahr war wieder ein gemeinsamer Urlaub geplant, obwohl uns alle Bekannten erzählten, dass man mit einem einjährigen Kind nicht in Urlaub fahren könne. Und schon gar nicht mit Zelt auf einem Campingplatz.

Wir bereiteten es gut vor. Am Wochenende bauten wir zur Probe das Zelt auf der Alb auf und gewöhnten Götz so an die neue Umgebung.

Da es im Handel noch kein Campingbettchen gab, baute ich selbst eines. Es bestand nur aus 4 Zargen und 4 Besenstielen, sowie 4 Pfosten 3 x 3 cm und einer weiß/rot-karierten Stoffbespannung. Als Verbindungen hatte ich mir selbst einen winzigen Bettbeschlag konstruiert Das Ganze war nur ein kleines Bündel und so leicht zu transportieren und auch schnell aufzubauen. Als Grundmaß diente die Kinderbettmatratze von zu Hause, die während der Fahrt auf den Rücksitzen ein Lager ergab.

Campingplatz Hafner See

Als Ziel hatten wir uns den Hafnersee in Österreich ausgesucht. Der war nach dem Prospekt wunderschön gelegen, hatte eine interessante Umgebung und er hatte einen FKK- Campingplatz. Außerdem war es nicht so weit, so dass das Ziel gut an einem Tag erreichbar war. Als wir jedoch dort ankamen fragte mich die Frau an der Rezeption, ob wir auch genügend warme Kleidung dabei hätten, denn in den nahen Karawanken war in den letzten Tagen Schnee gefallen.

Am Tage war es wunderbar warm, aber die Nächte konnten empfindlich kühl werden! Unser neues Zelt hatte zwei Schlafkabinen. In einer schliefen wir und in der anderen Götz. Natürlich hatten wir für jeden einen warmen Schlafsack, aber im Zelt wurde es nachts trotzdem recht kühl. Wenn wir Götz abends ins Bett legten stellte ich im Zelt vor seiner Kabine immer den Elektrokocher auf, um damit das Zelt etwas aufzuheizen.

Apropos einschlafen.

Götz wurde so gegen 20.00 Uhr ins Bett gebracht, wir aber blieben noch auf. Da er nicht gerne alleine ins Bett wollte fragte er mich, was wir jetzt tun. Ich sagte, wir gehen auch ins Bett. Da meinte er: *„Hand her."* Ich musste mich daraufhin in unsere Kabine legen und meine Hand an den Kabinenstoff halten, er tat das mit seiner Hand auf seiner Seite. Wenn er meine Hand spürte, schlief er dann immer sofort ein. Danach konnte ich wieder aufstehen und hinaus gehen. Denn wenn er schlief, dann schlief er recht fest. So spielte sich an jedem Abend die gleiche Zeremonie ab: „Hand her."Und er schlief sofort ein.

Zum Mittagsschlaf war es im Zelt zu warm, nur im Freien an einem schattigen Plätz-

chen war es angenehm. Dazu stellten wir
sein Campingbettchen unter den Sonnenschirm. Damit er aber gut einschlafen
konnte ging ich mit ihm vorher ausgiebig
und ganz eiskalt baden. Schnell ab frot-
tiert schlief er dann immer gleich ein. Die
Nachbarn amüsierten sich immer, wenn
sie an seinem Bettchen vorbei gingen.

Tags über spielten wir an dem kleinen
Sandstrand, badeten im See oder lagen auf
einer Holz-Plattform die in den See hinein
ragte und von der man ins Wasser springen oder über eine Leiter ins Wasser klet-
tern konnte. Sie befand sich so etwa 1,5
Meter über dem Wasserspiegel.

Eines Tages, ich musste Götz alleine beaufsichtigen, während Ruth unser Zelt putze,
waren wir zusammen mit anderen Leuten
auf dieser Plattform. Götz spielte mit Autos auf dem Boden und ich lag daneben in
der Sonne. Auf einem Mal sagte eine Wie-
nerin zu mir:

*„Sie sind aber recht leichtsinnig mit
ihrem Kind!* Sehen sie nicht, wie nahe er
manchmal an die Kante kommt?"

Natürlich sah ich das! Ich beobachtete ihn
ganz genau. Manchmal stand er so knapp
an der Kante, dass sein Hintern schon
über die Plattformkante ragte. Aber er be-

merkte es dann jeweils selbst und ging ein wenig vor.

Ich fragte zurück:„*Glauben Sie, dass er ins Wasser fallen könnte? Ich liege wie am Start zum 100 m-Lauf und wäre schneller da als er fallen kann!*"

Da war die Dame etwas beruhigt, beobachtete uns aber auch weiterhin beide recht misstrauisch.

Es passierte nichts.

Da hatte ich gemerkt, wenn ein Kind nicht dauernd von den Eltern festgehalten wird, passt es selbst viel besser auf. Es gab sogar Eltern, die hatten ihrem Kind ein kleines Geschirr angezogen mit einer Leine. Sie führten es spazieren, wie einen Hund. Das zog dann auch immer in irgend eine Richtung, wie ein Hund es tut. Gefahren kannte es nicht! Denn die Eltern hielten es ja immer rechtzeitig zurück.

Der Urlaub verlief angenehm. Warme Sachen hatten wir uns noch dazu gekauft, obwohl es von Tag zu Tag wieder wärmer geworden war.

Götz jedenfalls hatte der Urlaub richtig gut getan. Man merkte, dass er viel dazu gelernt hatte, alleine schon durch den Umgang mit anderen Kindern. Also machte es uns Mut, so weiter zu machen, ganz zur

Verwunderung unserer Nachbarn zu Hause. Zugegeben für uns war es natürlich eine harte Aufgabe, ständig sich um das Kind zu kümmern. Davon hatte ich Ruth aber auch einen Großteil abgenommen.

Aber man sagt ja, dass Aktivurlaub gesünder ist als nur in der Sonne zu dösen und gar nichts zu tun, wie es viele Urlauber gewohnt sind.

18.00 Arbeitsplatz-Wechsel

So langsam ging der Krankenhaus-Neubau dem Ende entgegen.

Das Richtfest wurde gebührend in unserer Planungsbaracke gefeiert. Als krönenden Abschluss kam unser Bürochef Palecek ziemlich spät abends auf die glorreiche Idee, im Schwimmbecken des Schwestern-heimes nebenan baden zu gehen. Es wohn-ten zwar schon die Oberin und einige Schwestern darin, aber die schliefen ja schon.

Das war eine Mordsgaudi. – Da wir Män-ner unter uns und auch ganz schön ange-heitert waren, badeten wir natürlich alle nackt!

Wie es sich herum gesprochen hatte war uns schleierhaft. Aber die Oberin hat am nächsten Tag angeordnet, dass das Wasser gewechselt werden müsse weil sie Angst hätte, dass ihre Schwestern sonst schwan-ger werden könnten. Sie passte schwer auf ihre Schäfchen auf. Es wurde mal erzählt, dass sie abends einen Ingenieur ver-scheucht hatte, der dort ums Haus geschli-chen war. Sicher waren die Schwestern zwar keine „Waisenkinder, oder besser ge-sagt Waisenmädchen!"

Dann kam die Zeit, wo wir die letzten Ausbaupläne machten und mit den Handwerkern absprachen. Eines Morgens kam ein Handwerker ganz aufgeregt zu mir ins Büro und erzählte mir, dass er mein Auto beim Einparken beschädigt hätte. Er war total zerknirscht und glaubte, dass ich ihm jetzt böse Vorhaltungen machen würde. Wir sahen uns den Schaden gemeinsam an und er beteuerte, dass seine Versicherung selbstverständlich dafür aufkommen würde. Ich beruhigte ihn und nahm ihn wieder mit ins Büro.

Zu dem Zweck hatte ich eine gute Medizin parat. Ich zog den Ordner *„Heizung"* aus meinem Regal und es fiel mir eine Flasche Kognak entgegen. Zwei Gläser steckte in einem anderen Ordner. Und so goss ich uns erst mal einen Schnaps ein. Danach ging es ihm wieder besser! Friedlich gingen wir auseinander. Ich ließ den Schaden reparieren und er beglich die Rechnung. Damit war alles vergessen.

Mein Chef sprach schon gelegentlich davon, dass ich bald in sein Hauptbüro wechseln sollte.

Dazu hatte ich aber gar keine Lust, denn so viel war schon durchgesickert, dass dort das Betriebsklima längst nicht so gut war wie bei uns im Planungsbüro. Wir hatten Freude an der Arbeit, auch wenn es gelegentlich bis in den späten Abend ging. Außerdem verstanden wir uns alle gut und hatten auch manchen Spaß miteinander.

Im Herbst 1969 waren die 5 Jahre Sperrfrist für die Arbeit beim Staat um und ich bewarb mich beim Staatlichen Hochbauamt in Reutlingen.

Ich legte wieder die üblichen Dokumente in Form von Fotos vor und hatte wieder kein Problem mit der Anerkennung.

Mein damaliger Chef freute sich, dass ich aus dem Krankenhausbau kam und bot mir sofort an, weiter in der Krankenhausplanung zu arbeiten. Die Abteilung, der ich zugewiesen wurde, begann gerade das Psychiatrische Krankenhaus im Kloster in Zwiefalten zu sanieren.

18.01 Kloster Zwiefalten

Doch zuerst ein paar Worte zum Kloster:
Das Kloster Zwiefalten war ursprünglich
am 8.9 1089 von Benediktinermönchen aus
Hirsau gegründet worden. Es entwickelte
sich und bekam auch Ländereien dazu, so
dass es seine erste Blütezeit zwischen 1050
und 1139 erfuhr.
1750 schließlich wurde es zur Zwiefalter
Reichsabtei ernannt und war somit reichs-
frei.
1803 gingen im Zuge der Säkularisation
alle kirchlichen Einrichtungen in weltli-
chen Besitz über. Um es weiter zu nutzen
beschloss man, die königliche Irrenanstalt
von Ludwigsburg ins Kloster Zwiefalten zu
verlegen.
Am 24.6.1812 zogen auf mehren Ochsen-
karren 46 Insassen aus der Irrenanstalt
Ludwigsburg nach Zwiefalten. Sie wurden
begleitet von 10 Betreuern und einigen
Sträflingen aus dem Zuchthaus in Ludwigsburg, die für die Zeit ihrer Strafzeit
nach Zwiefalten abgeordnet waren. Schon
aus dieser Zusammensetzung lässt sich er-
ahnen, wie die Irrenanstalt damals geführt
wurde.

Die Anstalt wurde immer mehr erweitert, bis alle Klostergebäude belegt waren. Die Behandlungsmethoden beschränkten sich auf *„Belobigung und Bestrafung.“* Das heißt, es wurden einerseits Belobigung für Arbeit und gute Führung ausgesprochen. Andererseits aber auch Medikamente, Alkohol, körperliche Züchtigung, Zwangsjacke und Wegsperren angewandt.

Im 20. Jahrhundert änderten sich dann aber die Behandlungsmethoden gravierend und zwar durch das Umdenken der Ärzte. Man hatte von ärztlicher Seite erkannt, dass viele Krankheiten auch heilbar waren. Und dass durch Arbeitstherapie speziell in der Landwirtschaft und der Gärtnerei, es manchem Kranken dadurch viel besser ging.

Es gibt aber auch ein schwarzes Kapitel in der Geschichte, denn im Jahre 1940 wurden in einer Gaskammer im Schloss Grafeneck mindestens 1000 *„nicht lebenswerte“* Insassen aus Zwiefalten vergast, die teilweise von dort stammten oder zur Verschleierung dorthin verlegt worden waren.

Nach dem Krieg wuchs die Zahl der Insassen dann aber wieder stark an. Das lag hauptsächlich daran, weil viele Familien aus Bequemlichkeit geisteskranke Angehörigen in die Anstalt einweisen ließen. Deshalb lebten in den Jahren vor der Sanierung dort bis zu 1000 Patienten In diesem Zustand befand sich die Anstalt Ende der 60-er Jahre; sie hieß jetzt Psychiatrisches Landeskrankenhaus (kurz PLK genannt).

Kloster Zwiefalten

18.02 Mein neue Tätigkeit

Meine Aufgabe sollte es ab jetzt sein, die Sanierung und den Umbau der einzelnen Gebäude zu planen. Der zuständige Abteilungsleiter, er hieß Hytrek, war ein erfahrener, aber recht rabiater Diplomingenieur. Wie sich bei unserem ersten Gespräch heraus stellte, hatte er auch an der Hochschule in Weimar studiert und war sogar dort noch einige Zeit Assistent gewesen. Allerdings kurz vor meiner Studienzeit, so dass wir uns nie begegnet waren. Zudem erfuhr ich bald, dass er ein Duz- und Saufkumpan von unserem Statik-Professor Speer in Weimar gewesen war. Anfang der 50-er Jahre war er in den Westen gegangen.

So hatten wir gleich einige persönliche Berührungspunkte, was die Zusammenarbeit erleichterte. Andererseits trennten uns Welten, denn er war Quartalssäufer und dazu noch starker Raucher. Wenn wir ein paar Stunden zusammen saßen, um die Planung zu besprechen, war jedes Mal sein Aschenbecher bis oben hin voll und ich hatte einen dicken Kopf.

Am Dienstag war immer unser Reisetag nach Zwiefalten. Zuerst zeigte er mir das ganze Krankenhaus. Es bestand aus ca. 11 Abteilungen mit bis zu 48 Betten in einem Schlafsaal. Alle Stationen waren geschlossen und hatten nur Ausgang für ein paar Stunden in kleine abgezäunte Gärtchen im geschlossenen Klostergarten. In den alten Klostergebäuden stand überall ein fürchterlicher Geruch, um nicht zu sagen Gestank! Weil alle rauchten und weil viele Medikamente verabreicht wurden und vor allem roch es nach Mensch!

Die Sauberkeit ließ damals zu Wünschen übrig , denn es gab nur wenige Bäder im Hause. Als ich am Abend unseres ersten Besuches wieder nach Hause kam, brauchte ich erst einen Schnaps, um den üblen Geruch hinunter zu spülen!

Meine Aufgabe bestand nun darin, die Zeichnungen für die Sanierung und den Umbau zu erstellen. Dabei musste ich aber feststellen, dass die vorhandenen, Jahrhunderte alten Pläne total überholt waren. Veränderungen waren so gut wie nie nachgetragen worden. Zudem waren sie alle auf vergilbtem Karton gezeichnet. Sie eigneten sich ausgezeichnet für ein Museum, aber nicht, um damit Sanierungsarbeiten zu planen. Also hieß es erst vor Ort alles genau auf messen und neu aufzeichnen. Wohlgemerkt, man zeichnete damals noch alles mit der Hand. Computereinsatz wäre auch fast unmöglich gewesen, denn es gab sehr viele Unregelmäßigkeiten. Die größte Schwierigkeit aber bestand darin, dass alle Gebäude belegt waren.

Ich hatte zwar einen Hauptschlüssel, mit dem ich überall hinein und auch wieder hinaus kam. Wenn ich auf einer Station zu tun hatte meldete ich mich immer erst im Dienstzimmer. Nachdem wir uns kannten ließen mich die Pfleger meistens dann alleine gehen, außer ich brauchte ihre Hilfe.Wenn mich Ärzte alleine auf einer Station antrafen machten sie aber immer ein Theater, weil ich aus Sicherheitsgründen nie ohne Begleitung eines Pflegers in einer Station unterwegs sein sollte. Zugegeben, manchmal war es auch nicht ganz ungefährlich. Denn in einem Hof wurde z. B. Holz gesägt und gehackt. Da hatten manche Patienten auch ein Beil in der Hand. Denen traute ich nie! Hier sorgte ich immer dafür, dass ich diese Patienten im Auge, also vor mir hatte.

Problematisch wurde es, wenn ich in den Stationen messen oder nivellieren wollte, dann hatte ich immer einen Haufen neugieriger Patienten um mich. Beim nivellieren war das sehr lästig, denn wenn man das Stativ berührte oder mehrere Menschen nur in die Nähe kamen, verformten sich die Holzbalkendecken und es gab sofort falsche Ergebnisse.

Als ich meine ersten Pläne aufzeichnete stellte ich fest, dass die Geschosse gar nicht genau übereinander passten.

Hatte ich mich vermessen?

Bei meinem nächsten Besuch im Kloster lotete ich an den Wänden außen herunter und stellte fest, dass die Fassade pro Geschoss um 5 cm nach innen geneigt war. Damit war klar, warum das Obergeschoss 10 cm schmaler sein musste gegenüber dem Untergeschoss.

Für diese Abweichungen könnte es zwei Gründe geben:

-Das brüchige Natursteinmauerwerk hatte eine besserer Standfestigkeit oder

-die Gebäude sollten optisch gefälliger erscheinen.

Diese Ungenauigkeiten zogen sich so durch den ganzen Bau!

Auch die Aureliustreppe hatte ihr Geheimnis. Sie diente einst dem Prälaten als Zugang. Sie hatte ein ganz eigenartiges Steigungsverhältnis. Normalerweise hat eine Treppe ein Verhältnis von 61 bis 63 cm. D.h. 2 x Steigung (18+18) + 1x Auftritt (26) = 62 cm. Das Steigungsverhältnis betrug bei der Aureliustreppe aber nur etwa 54cm. Ich forschte in der Literatur und musste feststellen, dass sie früher die Aufgabe hatte Gäste in langen Kutten herauf *schreiten* zu lassen.

Und darin lag genau das Geheimnis.

Denn wenn man erreichen möchte, dass eine Treppe nur beschritten und nicht gerannt werden soll, setzt man das Steigungsverhältnis einfach drastisch herunter. Schon muss jeder ganz bedächtig gehen, statt rennen. Natürlich blieb dieses Steigungsverhältnis unangetastet obwohl wir Platz gebraucht hätten für einen Windfang. Alle Gebäude des Klosters und der Kirche standen unter Denkmalschutz, das hieß, dass alle wichtigen Details erhalten bleiben mussten.

Anders mussten wir das Problem mit den Türen lösen. Sie waren zu schmal, um mit den Krankenbetten in die Räume zu kommen und das war ja Voraussetzung für diese Nutzung. Die alten durch Schnitzereien reich verzierten Türblätter und Bekleidungen einfach wegwerfen und durch neue ersetzen, kam nicht in Betracht, obwohl viele im Laufe der Jahrhunderte stark beschädigt waren. Also überlegte ich, wie ich sie verbreitern könnte. Es gelang, obwohl es für jede Türe einer gesonderten Lösung bedurfte.

Mit der Denkmalpflege immer einig zu werden war manchmal nicht leicht. Aber zu der Zeit war für unseren Bereich ein sehr aufgeschlossener Kollege zuständig. Er hörte sich unsere Probleme genau an und versuchte dann mit uns eine Kompromisslösung zu finden. Aber gerade das machte die Arbeit interessant.

Später war dann im Denkmalamt eine Frau für uns zuständig. Sie hieß Frau Schneider und war nicht mehr ganz jung, aber noch ledig. Mit der war es nicht immer so leicht einen guten Kompromiss zu finden. Manchmal hatte man den Eindruck, sie müsse wieder mal „nein" sagen, um sich zu behaupten!

Das war dann fatal.

Dadurch gingen ihr die meisten Kollegen gerne aus dem Wege und überließen die Verhandlungen unserem Chef. Der kannte sich aber in der Materie oft nicht genug aus und dadurch gab es faule Kompromisse. Um eine gute Lösung zu finden, war das der falsche Weg.

Eines Tages hatte ich die Aufgabe, die alte Kegelbahn im Klostergarten zu erweitern. Es fehlte ein Aufenthaltsraum und sanitäre Einrichtungen, denn sie sollte zur Therapie weiter genutzt werden. Aber die Lösung war sehr schwierig. Natürlich stand die auch unter Denkmalschutz. Und deshalb war die Zustimmung der Denkmalpflege dringend erforderlich. Mein Abteilungsleiter, der sonst sich gerne um übergeordnete Dinge kümmerte hielt sich zurück, weil er Frau Schneider nicht mochte. Also blieb es mir ganz alleine überlassen, mit dem Problem und der Frau fertig zu werden.

Ich setzte mich hin und überlegte mir alle möglichen Lösungen, die ich jeweils frei Hand auf Deckblättern aus Pergament zu Papier brachte. So hatte ich eine Sammlung an Deckblättern von A bis F beieinander, als wir uns trafen. Beim Gehen durch den Klostergarten erläuterte ich Frau Schneider das Problem und zeigte ihr dabei jeweils eine Lösung nach der anderen, aber jeweils mit der Bemerkung, dass dies wohl nicht ginge. Als wir an der Kegelbahn angekommen waren, war ich bei Lösung

„F" angekommen. „Auch die gefalle mir nicht sonderlich", sagte ich dazu, obwohl dies mein Favorit war. Sie schaute drauf und sagte:" *Die Lösung finde ich aber gar nicht schlecht, die sollten wir ausführen.*"

So hatte ich sie automatisch auf meine Lösung eingestimmt und sie war am Ende davon überzeugt, die richtige Lösung selbst gefunden zu haben.

Als ich nach Hause kam fragte mich mein Kollege gespannt: „Na, wie ist euer Streit ausgegangen?"

„Es gab gar keinen Streit.

Ich habe sie aussuchen lassen. Und zufällig fand sie meinen Favoriten am besten." Da war er sehr verwundert, brummelte etwas vor sich hin und zog sich zurück. Gerne hätte er mir wohl eine Niederlage gewünscht, zumal ich seine Stelle bald übernehmen sollte, weil er in den Ruhestand gehen wollte.

So kämpfte ich mich durch die Bauabschnitte, denn alle Gebäude wurden nach und nach saniert und das bei vollem Betrieb. Die Abteilungen wurden dazu jeweils umgelegt und wir hatten allerdings die Belegung auch etwas reduziert durch Verlegung in andere Krankenhäuser.

1972 begannen wir mit der Sanierung des ersten Abschnittes und 1985 waren wir mit allen Gebäuden durch, einschließlich Abriss einiger neuerer Altbauten und dem Bau von ein paar Neubauten. Neu war auch eine Werkstatt, wo man industrielle Fertigung von technischen Geräten betrieb.

Dann fehlte noch dringend ein Archiv für die inzwischen fast 200 Jahre umfassenden Krankenakten.

Die Verfilmung der Krankenakten war zwar schon lange geplant, stand aber noch ganz am Anfang. Trotzdem war ein Archiv erforderlich. Räumlichkeiten standen aber in der Nähe der Verwaltung nicht mehr zur Verfügung. Und eine Gebäude-Aufstockung war aus denkmalpflegerischen Gründen undenkbar. Da war guter Rat teuer!

Da überlegte ich mir eine Hofunterkellerung direkt hinter dem Verwaltungsgebäude im ersten Hof mit direkter Anbindung an die Verwaltung. Das war technisch nicht so ganz einfach, denn dort waren wir bereits im Grundwasserbereich. Das hieß, dass der ganze Bau wasserdicht betoniert werden musste. Das ergab während der Bauzeit enorme Probleme. Ständig musste bis zur Fertigstellung des Gebäudes das Grundwasser abgesenkt werden. Würde die Wasserabsenkung aber ausfallen oder vernachlässigt, bevor der Bau fertig und belastet wäre, könnte er vom steigenden Wasser angehoben werden, wie ein U-Boot. Dieses Phänomen war bereits beim Schürmannbau in Bonn passiert und hatte den ganzen Bau um einen Meter angehoben und verkantet. Der Schaden ging in die Millionen.

Ich machte die Planung, ließ sie genehmigen und machte die Ausführung. Es gab keine ernsthaften Probleme.

Der Bereich der Ökonomie war erweitert und auf den nahen Bühlhof ausgelagert worden.

Der Bühlhof wurde sogar erweitert durch eine große Reithalle. Dort wurde mit den Patienten Reittherapie betrieben. Auch der Klostergarten war saniert und die Gärtnerei in einen Neubau ausgegliedert.

Das Arbeiten auf dem Hof und in der Gärtnerei war für viele Patienten, besonders denen aus dem ländlichen Bereich, eine wahre Bereicherung. Sie fühlten sich wohl und hatten Abwechslung. In der Schlosserei arbeitete ein älterer Mann, er fertigte meistens Schlüssel an. Als der nach vielen

Jahren als geheilt entlassen werden sollte bat er bleiben zu dürfen, denn dies sei nun doch schon lange sein zu Hause.

Ein anderes positives Beispiel war der Eselkutscher. Auch ein älterer Mann, der ständig kleine Erledigungen mit einem Eselgespann machte. Er war regelrecht mit seinen Tieren verwachsen. Als er als geheilt entlassen werden sollte, bat er bei seinen geliebten Eseln bleiben zu dürfen.

Nun stand den Patienten das ganze Areal des Klostergartens zur Verfügung. Der inzwischen auch neu gestaltet worden war und nun auch für das Dorf und die Besucher offen stand. Am Ende sah das ganze Ensemble völlig anders aus als früher.

Auch die Behandlung hatte sich wesentlich verbessert. Man sah nun den Menschen und seine Heilbarkeit, statt Verrückte nur wegzusperren.

Jetzt hatten viele Patienten Ausgang, so das man sie auch im Ort sah, was aber zu keinerlei Problemen führte.

Ja, ein Direktor hatte sogar den Mut, gemischt-geschlechtliche Abteilungen einzurichten. D. h. Die Patienten schliefen geschlechtlich getrennt, waren aber den ganzen Tag beieinander. Daraufhin konnte man beobachten, dass sich Freundschaften

bildeten und besonders die Männer viel
mehr auf ihr Äußeres achteten.
Ursprünglich wurden alle Bauinvestitionen
vom Finanzministerium nur über die Bau-
ämter zugeteilt. Mitte der 90-er Jahre wurde dies geändert, weil alle großen Bauvorhaben realisiert waren. Künftig erhielten
die Krankenhäuser die Mittel für den Bau-
unterhalt direkt zugewiesen. Das hieß, sie
bekamen dazu von unserem Bauamt alle
Pläne und durften künftig selbst entscheiden, was baulich zu tun war. Dazu nahm
sich das PLK den Privatarchitekten Bosch
aus Riedlingen, der schon als Bauleiter für
uns mehrfach und zufriedenstellend gear-
beitet hatte.
Meine letzte Aufgabe nach 25 Jahren Betreuung des PLK war es, alle Pläne zu sor-
tieren,teils auch noch zu ergänzen und an
das Krankenhaus zu übergeben.
Dann waren es nur noch knapp zwei Jahre
bis zu meiner Rente. In dieser Zeit baute
ich das Vermessungsamt in Tübingen um
und betreute die Justizvollzugsanstalt in
Tübingen. Das waren am Ende noch zwei
rechte Voll-Time-Jobs. Aber auch das
machte mir viel Spaß. Bei der JVA war es
besonders wichtig die Ausbruchssicherung
zu verbessern. Denn trotz bester Siche-

rungsmaßnahmen kam es doch gelegentlich vor, dass ein Insasse einen Fluchtweg
fand! Das war dann sehr fatal.

19.00 Nicolai, der 2. Sohn

1968 hatten wir uns eine 4-Zimmer-Eigentumswohnung in Reutlingen Orschel-Hagen gekauft, in die wir 1969 einzogen. Sie lag in der Frankfurter Straße und zwar im 6.Stock eines 12-geschossigen Hochhauses. So am Stadtrand wohnte es sich ganz angenehm. Zumal alle notwendigen Einrichtungen nicht weit waren, zum Bäcker, Metzger, 2 Supermärkte, Blumenladen, Bank, Reinigung, Gaststätte, Kinderarzt und sogar zum Polizeiposten waren es kaum 800 Meter. Ganz in der Nähe war das Heizwerk, ein kleiner See, ein Rollschuhplatz, ein Sportplatz und in der nahen Schule sogar ein Schwimmbad. Im 6.Stock wohnte es sich sehr angenehm, denn man sah noch alles aus einer fast normalen Perspektive.
Zu der Zeit machte meine Frau gerade ihre Führerschein- Prüfung. Eigentlich hätte der Fahrlehrer sie gar nicht mehr zulassen dürfen. Aber der Prüfer merkte nichts und sie bestand die Prüfung. Natürlich ließ ich meine Frau sofort ans Steuer, damit sie gleich etwas Fahrpraxis bekommen sollte. Ich fuhr damals einen großen Citroen, der ganz andere Fahreigenschaften hatte als

der Ford, auf dem sie ihre Fahrschule gemacht hatte. Statt kontinuierlich Gas zu geben gab sie immer ruckartig Gas. Das bedeutete, dass der Wagen sich aufschaukelte wie ein Schiff in hohem Wellengang oder ein Kamel in der Wüste. Dumm nur, dass sie sich nicht belehren ließ.

Bevor dann unser zweiter Sohn auf die Welt kam nahmen wir beide an sogenannte Wickelkursen teil, damit ich auch lernte, wie man mit Neugeborenen umgehen muss.

Dann rückte die Zeit der Geburt näher. Beim Zweiten war aber alles ganz anders als bei Götz. Sogar die Geburt verlief anders. Schon Tage vorher war meine Frau aufgeregt und meinte sie müsse ins Krankenhaus. Am 28.5.1971 brachte ich sie dann auch hin, aber an eine Geburt war noch längst nicht zu denken. Erst am 31.5.71 kam unser zweiter Sohn Nicolai auf die Welt.

Er aß nur die Hälfte von dem, was Götz in dem Alter gegessen hatte. Wenn man weiter fütterte, was meine Frau meistens tat, blies er ihr den vollen Mundinhalt wieder entgegen. Das war besonders wirkungsvoll bei Spinat! Auch meldete er sich oft nachts. Doch das konnte meine Frau gar nicht gebrauchen und äußerte, dass es ihr geradezu zu viel sei.

Ich gab zu bedenken, dass sie beide Kinder gleich behandeln müsse. Sonst könne es zur Katastrophe führen, denn die Kinder merken so etwas. Darauf erklärte ich mich bereit nachts aufzustehen, wenn er sich meldete. Meistens hatte er nur seinen Nuckel verloren oder gerade schlecht geträumt. Schnell war er beruhigt und ich konnte wieder ins Bett und schlief danach auch relativ schnell wieder ein.

Auch wickelte ich die Kinder gelegentlich. So nahm ich meiner Frau Stück für Stück von ihrer Arbeit ab, was ich aber als ganz normal ansah. Leider füllte sie die freie Zeit, die sie dringend zu ihrer Erholung benötigt hätte, sofort mit irgend einer Putzarbeit, so dass sie in Wirklichkeit gar keine Freizeit hatte.

Zwar war Nici viel kleiner und leichter als Götz, dafür aber drahtiger und viel schneller. Im Kinderzimmer hatten wir ein rundes Laufställchen stehen, in dem sich Götz stundenlang alleine aufhalten konnte, in dem er Prospekte oder Bilderbücher anschaute.

Nicolai blieb aber ungern alleine in diesem Laufstall. Prospekte zerpflückte er und quengelte dann erneut. Und schon nach kurzer Zeit „befreite" er sich selbst! Ich schaute ihm heimlich zu und musste voller Erstaunen feststellen, wie professionell er das tat. Er zog sich leicht am Rand hoch bis er Übergewicht bekam und dann ließ er sich einfach nach vorne fallen. Nach einer Rolle vorwärts stand er draußen!

Na, das wird ja mal ein guter Sportler, ging mir durch den Kopf.

Mit dem Familienurlaub sah es dieses Jahr natürlich schlecht aus, weil Nici ja erst ein paar Wochen alt war.

Aber meine Frau meinte wenn ich mir zutrauen würde mit Götz alleine Urlaub zu machen, dürfte ich fahren.

20.00 Urlaub alleine mit Götz

Meine Frau meinte, dass wir in diesem Jahr nicht in Urlaub fahren könnten, Außer ich würde es mir zutrauen alleine mit Götz zu fahren. Ich getraute mich!
Aus dem FKK-Führer hatte ich von einem kleinen privaten Stausee in Tigring in Österreich erfahren. Den hatte ein findiger Bauer in der unmittelbaren Nähe seines Hofes aufgestaut und auf der daneben liegenden Wiese einen Campingplatz eingerichtet. Dort schrieb ich 1971 hin. Damals wurden alleinstehende Männer allerdings auf einem FKK-Platz nicht geduldet. Aber als Vater mit Sohn bekam ich eine Zusage.

Campingplatz Tigringer See

Wir packten unser Zelt ein und fuhren dort hin. Es war ein idyllisches Plätzchen und es waren lauter nette Leute dort. Unser linker Nachbar war ein evangelischer Pfarrer mit Familie in einem winzigen Wohnwagen „Eriba-Touring" und daneben einem Zelt für den etwa 16-jährigen Sohn.

Der Pfarrer war zwar schon in Pension, aber sonntags hielt er in der Gemeinde den Gottesdienst, um den hiesigen Pfarrer zu entlasten.

Die Frau hatte unser Treiben ganz genau beobachtet und gesehen, dass ich mit Kind alleine war. Sie meinte dann, dass sie mittags immer etwas übrig habe. Und schon hatten wir am ersten Tag ein Essen von ihr auf dem Tisch. So eine Abhängigkeit liebte ich eigentlich gar nicht. Als sie dann aber am nächsten Tag sah, dass ich selbst ein komplettes Essen aus Gulasch, Kartoffeln und Gemüse auf dem Tisch hatte, war sie recht sauer und meinte, dass sie sich ja nun ihre Mühe sparen könne! Dadurch normalisierte sich das Verhältnis, sie brachte nur gelegentlich etwas, was bei ihr wirklich übrig geblieben war.

Eines Tages kam die Nachbarin und erzählte mir, dass ihrem Mann etwas Schreckliches passiert sei. Er hatte die Angewohnheit, mittags ins Zelt seines Sohnes zu kriechen und dort ungestört seinen Mittagsschlaf zu halten. Heute hatte er Besuch bekommen. Ameisen hatten ihm den Hintern zerstochen.

Als ich ihn sah fragte ich, ob denn die lieben, kleinen Ameisen Schaden genommen hätten, statt ihn zu bedauern.

„Sie!" brachte er nur hervor, rieb sich seinen Hintern und drohte mit dem Zeigefinger!

Auf unserer anderen Seite baute ein paar Tage später eine Mutter mit Tochter und Sohn ihren Wohnwagen auf. Die Tochter war etwa 14, der Sohn gerade 18 und die Mutter um die 40 Jahre. Sie hießen Herd und kamen aus Kassel.

Auffällig war, dass ihr Wohnwagen und das Auto auf der rechten Seite total verbeult waren. Alle fragten gleich, was denn wohl passiert sei; ich hielt mich aber zurück. Wenn sie wollten, würden sie es mir von selbst erzählen, denn wir waren ja Nachbarn.

So war es auch. Wir saßen gemütlich zusammen und die Frau erzählte mir ganz von selbst, dass ihr Sohn seinen Führerschein gerade erst gemacht hatte. Die Fahrt hierher war sozusagen seine erste

Fahrt und dazu noch mit einem Gespann. Plötzlich sei das Gespann nach rechts ausgebrochen und sie waren in einem Kartoffelacker gelandet. Dabei hätten sie doch alles genau so gemacht, wie ihr erst kürzlich verstorbener Mann. Im Gespräch ergab sich dann aber, dass sie statt schwere Sachen in den Kofferraum ihres Ford nur leichte Alu-Möbel geladen hatten. Die schweren Sachen aber hatten sie hinten in den Wohnwagen geladen. Weil das Auto nun hinten zu leicht, der Wohnwagen aber zu schwer war, hatte der Wohnwagen sie in einer Kurve einfach von der Straße geschoben. Ich analysierte den Ablauf und erklärte ihr den Zusammenhang. Sie versprach, bei der Heimfahrt meine Hinweise zu beachten. Das Auto ließ sie noch in Österreich in einer Werkstatt richten, so dass nur noch am Wohnwagen etwas zu sehen war. Da hatte ich auch eine Menge hinzu gelernt. Zumindest, dass man beim Wohnwagen fahren eine Menge zu beachten hatte.

Gleich am Anfang fragte ich meine Nachbarn, ob hier auch Post ausgetragen würde, denn ich erwartete Post von zu Hause.

„Kein Problem, hier fährt Rudi die Post aus und der findet jeden Camper." Aha, dachte ich, der scheint vielleicht gerne einen zu trinken. Vorsichtshalber stellte ich meine Flasche Cognac schon mal kalt. Als dann ein paar Tage später besagter Rudi mit Post für mich vor meinem Zelt stand, bot ich ihm einen Schnaps an, den er dankend angenommen hat.

Rudi war ein etwa 50-jähriger Junggeselle, der mit dem Motorrad die Post in der Gegend ausfuhr. Er richtete es sich so ein, dass der Campingplatz seine letzte Station seiner Tagestour war. Wenn er ankam stellte er sein Motorrad gleich vorne am See ab, zog seine Kleider aus und sprang sofort nackt ins Wasser. Erst danach erledigte er seine Post.

Auf dem kleinen Platz, es gab nur so ungefähr 20 bis 30 Zelte und Wohnwagen, ging es recht familiär zu. Natürlich gab es viele sportliche Betätigungen, wie es auf FKK-Plätzen immer üblich war. Wenn ich Volleyball spielte sah Götz meistens zu. Aber nach einer Weile wurde ihm das langweilig und er begann zu quengeln. Da sagte einer der Spieler, er solle doch zu seiner Mutter gehen. „Ja", sagte ich, *genau das ist das Problem, denn seine Mutter bin ich!"* Mit der Zeit wussten es alle und unterstützten mich. Die Frauen machten oft kleine Ausflüge mit ihren Kindern, wo sie auch andere Kinder mitnahmen. Götz war ein gerne gesehener Gast und fand sofort netten Anschluss. Dadurch bekam ich auch mal eine kleine Verschnaufpause. Auch Rudi nahm oft nachmittags sein Boot und lud es voller Kinder, um ihnen Nester oder andere Sehenswürdigkeiten im Dickicht des Sees zu zeigen.

Schnell gingen die 14 Urlaubstage um und wir fuhren recht gut erholt wieder nach Hause. Besonders Götz hatte profitiert, denn man merkte ihm an, dass der Umgang mit anderen Kindern ihn reifer gemacht hatte.

21.00 Familienurlaub in Tigring

Weil es uns hier so gut gefallen hatte, schlug ich vor 1972 mit beiden Söhnen wieder dort hin zu fahren. Meine Frau hatte große Bedenken, weil Nici aber noch etwas zart wirkte. Weil ich mich dort gut auskannte machte ich den Vorschlag ein Zimmer im nahen Bauernhof zu mieteten. In dem Zimmer könnten wir schlafen, während wir uns am Tage im Zelt und auf dem Campingplatz aufhalten, kochen und essen könnten.

Nici hatte ich versucht gut auf den Campingurlaub einzustimmen. Das Zelt hatten wir an einem schönen Sonntag mit auf die Alb genommen und aufgestellt. Nici ging dort ein und aus und machte nicht den Eindruck zu fremdeln.

Also wagten wir es.

Auch dieses Jahr ging es wieder recht familiär zu, denn einige Leute kannte ich schon, weil sie jedes Jahr hierher kamen. Auch Rudi gab es noch und er hatte auch noch die gleichen Angewohnheiten, wie im vorigen Jahr. Das war für Götz von Vorteil, denn er fühlte sich sofort hier wie zu Hause. Wir hatten wieder nette Nachbarn, dieses Mal ein älteres Ehepaar aus Bremen.

Frau Lembke bemühte sich sehr, um Nicis Gunst zu erwerben. Doch das war gar nicht einfach. Als sie eines Tages vom Einkaufen kamen, hatten sie Weintrauben gekauft. Frau Lembke nahm eine Weintraube und ging auf Nici zu. Sie steckte sie ihm in den Mund. Er nahm sie auch tatsächlich, um sie aber danach gleich wieder im hohen Bogen auszuspucken, zur Verwunderung aller Umstehenden! Ich hatte die Situation rechtzeitig erkannt und die Kamera geholt. So wurde das Ereignis sogar dokumentiert.

Auch dieses Jahr verging der Urlaub wie im Fluge. Wir beschäftigten uns auf dem Platz oder machten kleine Ausflüge in die Umgebung.

Gegen Ende der Ferien meinte Ruth, dass sie ab jetzt doch auch lieber in einem Wohnwagen Urlaub machen würde. Darauf machte ich einen Zettel an die Waschraumtüre mit dem Text:

„ZELT ZU VERKAUFEN"

Am nächsten Tag schon war es an einen Holländer verkauft. Dadurch war unser Reisegepäck schon beträchtlich leichter. Allerdings war es nun an der Zeit, sich nach etwas Anderem umzusehen.

22.00 Unser erster Wohnwagen 72

Im selben Herbst 1972 fanden bei allen Wohnwagen-Händlern Ausstellungen mit den neuesten Modellen statt. Kaufen wollten wir eigentlich erst im nächsten Jahr, aber es zog uns an einem Sonntag natürlich schon aus reiner Neugier dort hin. Und so standen wir bereits beim ersten Händler vor einem Modell, das bestechende Attribute hatte und das zu einem sensationellen Preis angeboten wurde. Sozusagen als Lockangebot, denn das gab es vorerst nur in kleiner Stückzahl

Das machte uns neugierig!

Aber eigentlich hatten wir noch gar keinen Überblick, was so Standard war. Ich ließ mir den Wohnwagen genau erklären und versprach, mich am Montag wieder zu melden.

Am Montag fragte ich in meinem Büro meinen Arbeitskollegen Ellinger , von dem ich wusste, dass er langjähriger, passionierter Wohnwagenbesitzer war. Ich schilderte ihm die Ausstattungsliste. Er war überrascht, denn zu der Zeit waren z.B. Rückfahrautomatik und Isolierfenster keineswegs Standard, sondern wenn überhaupt zu haben, dann teure Extras.

Als ich ihm dann den Endpreis nannte, war er sehr überrascht und meinte nur, dass das ein sehr gutes Angebot sei.

Da wir am Sonntag beim Händler sozusagen vorbestellt hatten, brauchte ich nur anzurufen, um fest zu ordern. Es ergab sich nun aber ein anderes Problem. Wir hatten gar kein geeignetes Zugfahrzeug, denn unser Fiat 124 besaß keine Anhängerkupplung. Ich hatte auch erst im Frühjahr vor, ein neues Auto zu kaufen. Kein Problem, Wolfgang Bayer,mein Schwager, zog uns den neuen Wohnwagen mit seinem 280-er Mercedes locker nach Bad Urach auf den Campingplatz, wo wir einen Dauerplatz mieteten. So konnten wir den Wohnwagen schon geschickt bis zum nächsten Sommer nutzen.

Von Herbst 72 bis zu den nächsten Sommerferien wollte wir den Wohnwagen nun in Bad Urach intensiv nutzen. Jedes Wochenende fuhren wir die 20 km, um ein gemütliches Wochenende im Grünen zu verbringen. Wir kauften ein gerade erst auf den Markt gekommenes Vorzelt, das man beim Wegfahren stehen bleiben konnte. ich verlegte darin einen Holzfußboden und eine hölzerne Brüstung. So war es recht winterfest. Ins Vorzelt stellten wir nun auch den Koscher. Denn Kochen im Wohnwagen hat zumindest im Winter den Nachteil, dass der Dampf dem Wagen schadet.

So war es auch im Winter darin auszuhalten. Stuttgarter Camper blieben sogar im Winter das ganze Wochenende hier.

Beschäftigung gab es hier genug. Wenn ich nicht am Wohnwagen bastelte - einem Cämper fällt immer noch etwas Neues ein, machte wir ausgiebige Wanderungen in der neuen Umgebung. Bei den Forellenteichen auf dem Pfählhof gab es auch immer etwas zu sehen. Und wenn mal das Wetter nicht so gut war konnten wir uns mit Brettspielen die Zeit vertreiben. Doch einmal gab es ein Problem. Götz würde gerne mit mir Schach spielen, aber wir hatten alle Spiele zu Hause vergessen.

Was nun?

Ich schlug vor, wir basteln uns ein Schachspiel. Ein Brett wurde auf eine alte Pappe gezeichnet. Weiden für die Figuren fanden wir am nächsten Bach.

Weiß und Schwarz war leicht zu herzustellen, indem wir von den Weiden einfach die Rinde entfernten, ergab es die weißen Figuren. Doch nun war Fingerspitzengefühl gefragt. Die Figuren mussten ja auch die richtige Form haben!

Aber auch das brachten wir hin. Am
Schluss konnte man gut Bauern von Läu-
fern, Springern, Türmen , Dame und König
unterscheiden. das hatte zwar lange gedauert, war aber seiner Mühe wert. Am
selben Tag spielten wir nur noch ein Spiel,
um es aus zu probieren. Aber beim nächsten mal nutzten wir es dann um so intensi-
ver. Das Spiel ist immer noch im Wohnwagen. Und ist schon in vielen Ländern dabei
gewesen. Immer wenn wir damit spielen
fällt uns ein, wie wir es gebastelt haben.
Im Frühjahr 1973 zog ich dann los, um ein
neues Zugfahrzeug für unseren Wohnwagen zu erstehen. Das war auch nicht so
einfach, denn die Wohnwagen waren gerade zu der Zeit relativ schwer geworden.
Man hatte allerlei Luxus hinein gepackt
und war von der Leichtbauweise aus
Sperrholz übergegangen auf schwere Span-
platten. Deshalb rieten mir alle Autohänd-
ler jeweils zum höher motorisierten Modell, was mir nun gar nicht zusagte, denn
den Wohnwagen wollte ich ja höchstens ein
Mal im Jahr bewegen und dafür sollte ich
ständig den höheren Benzinpreis, sowie
höhere Steuern und Versicherung zahlen.
Als ich VW, Audi, Ford und Renault durch
hatte, war ich schier verzweifelt. BMW

und Mercedes zog ich aus Kostengründen erst gar nicht in Betracht.

Dienstlich unterwegs kam ich mit meinem Arbeitskollegen Schipper auf dieses Thema. Er fuhr zu der Zeit einen Mercedes, aber nur weil sein Bruder bei Mercedes arbeitete und er den Jahreswagen von seinem Bruder verbilligt bekam. Er fragte mich, wie viel ich denn auszugeben gedachte. Meine Vorstellung lag so bei 10.000 DM, das war der Preis für einen Audi 100. Darauf meinte er, dass ich mir für das Geld auch einen Mercedes kaufen könnte. „Ne, ne", sagte ich, „den kann ich mir nicht leisten, und außerdem fahren den doch nur Metzger und Reiche!"

Gar nicht wahr, um den Preis bekäme ich bei Mercedes schon einen Jahreswagen. Und wenn ich einen Diesel kaufen würde, wäre der sogar noch wesentlich robuster und billiger, als jedes andere Auto! Ich schaute ihn ungläubig an. Und zur Bekräftigung sagte er noch dazu: „Fahren wir doch gleich mal bei Mercedes auf den Hof!"

„Ja", sagte ich, „und grün soll der auch noch sein, das wünscht sich meine Frau."

Er ging kurz ins Büro und kam mit einem Vertreter zurück. Der führte mich zu seinem eigenen Wagen. Ein 200 D in grün!

Jetzt sagte ich nichts mehr, denn der würde tatsächlich genau passen. Den müsste
ich aber schon zu den Sommerferien haben. Das wäre zwar knapp, meinte der
Vertreter, weil die Jahreswagen erst nach
zwei Jahren verkauft werden durften, aber
das würde er schon hinkriegen. Wir trafen
uns an einem Abend bei uns zu Hause, damit meine Frau den Wagen auch in Augen-
schein nehmen konnte und machten so
eine Art mündlichen Vorvertrag. Wir einig-
ten uns auf 10.800 DM. Das war für mich
in Ordnung und für ihn offensichtlich
auch.

23.00 Götz lernt Fahrrad fahren 78

Dann war es an der Zeit, dass Götz Fahrrad fahren lernen müsste, denn er war 4 und bald ging es in die Schule. Mit 4 ha man schon ein gesundes Gleichgewichts-Gefühl. Außerdem war er sehr ehrgeizig und mutig.

Dazu nahmen wir Mamas altes Damenrad und gingen auf den Rollschuhplatz neben dem Heizhaus. Es war zwar ihm noch etwas groß, aber zum Lernen ging es. Nach dem ich ein paar Abende geopfert hatte klappte es schon ganz gut. Etwa nach einer Woche beherrschte er das Rad schon ganz alleine und ohne Angst.

Klar, nun musste für ihn ein geeignetes Rad her.

Schon lange hatte er ein Auge gehabt für die neu auf dem deutschen Markt erschienenen Bonanza-Fahrräder. Er hatte auch schon eine ganze Weile darauf gespart. genau als er das Geld zusammen hatte konnte er auch alleine fahren. Doch dann gab es ein Problem: Die neuesten Räder gab es nun auch mit Schaltung. Sollte man sich diese Neuerung entgehen lassen? Wir legten zusammen und kauften die neueste Ausführung.

Nun war er stolzer Besitzer eines Rades, wovon er auch ausgiebig Gebrauch machte. Ideal bei uns war, dass man auf einem reinen Fußweg bis ans Einkaufs-Zentrum fahren konnte, ohne einem Auto zu begegnen. Da wurde fleißig geübt. Regelmäßig fuhr er nun mit uns zum Einkaufen ins nahe Zentrum.

24.00 Sommerurlaub in Agde

24.01 Agde in Südfrankreich

Unseren nächsten Sommerurlaub wollten wir auf meinen Vorschlag hin wieder auf einem FKK-Campingplatz machen. Da bot sich der FKK-Campingplatz in Agde in Südfrankreich geradezu an.

Natürlich war die Freikörperkultur für meine Frau immer noch eine Überwindung. Ich dagegen kannte das ja schon von der Ostsee. Aber da es recht familiär zuging gewöhnte sie sich schnell daran.

Wir fanden ein schönes Plätzchen und bauten auf. Ganz in unserer Nähe wohnte sogar der Platzbesitzer Oltra selbst.

Besonders interessant war der ewig lange feine Sandstrand, auf dem sich die wenigen Leute gut aus dem Wege gehen konnte. Und für die Kinder war das der ideale Spielplatz.

24.02 Wieder Agde

Im nächsten Jahr fuhren wir wieder nach Agde in Südfrankreich, weil es uns dort recht gut gefallen hatte. Es gab hier sehr viele Möglichkeiten sich zu beschäftigen und das ist für Kinder ganz besonders wichtig.

Nici und Götz hatten von Anfang an ihr eigenes kleines Zelt in dem sie schliefen und das sie auch sauber halten mussten.

Aber das Wichtigste war der wunderbare Strand. Nach französischem Gesetz ist der Strand Staatseigentum, aber es wurde geduldet, ihn völlig frei zu nutzen.

Eigentlich war aber am Strand FKK nicht erlaubt, deshalb hatte jeder Badegast immer eine Badehose dabei.

Am Strand fuhr immer wieder ein französisches Patrouillieren-Boot vorbei. Doch einmal hielt es direkt vor unserem Strand und mit einem Beiboot kamen zwei Offiziere an Land. Natürlich hatten alle Badegäste sofort Badesachen angezogen. Und warteten nun ab, was da passieren würde. Nach einer Weile ging ein Franzose hin und fragte, was das hier solle. Da zogen die Offiziere ihre Hosen aus und meinten, dass

sie auch nur wie wir hier baden und son-
nen wollten.

Götz und Nici auf der Düne

Entspannt zogen sich dann alle Strandbe-
sucher auch wieder aus.

Der Umgang auf dem kleinen Platz war
sehr familiär, das Verhältnis zu den Nachbarn ausgezeichnet. Dem zu Folge kam unter dem Strich heraus, dass sich meine
Verlobte damit rangieren konnte.

Besonders gefallen hatte es aber den beiden Buben. Hier konnten sie sich richtig
entfalten.

Dazu kam, dass wir eine junge Familie aus
Asperg bei Stuttgart kennen gelernt hatten. Die hatten zwei Mädchen im Alter wie
unsere Kinder und mit denen verstanden
sie sich ausgezeichnet. Gemeinsam bauten

sie Burgen für ihre Schlümpfe, die die Mädchen dabei hatten. Das war für unser Buben etwas ganz Neues.
Auch gingen sie gemeinsam Schwimmen.

Die 4 Unzertrennlichen Katrin Steffi, Götz und Nici

Sogar Nici wagte sich in Begleitung ins tiefe Wasser. Zur Vorsicht stand ich aber immer einsatzbereit am nahen Strand.

24.03 Erster Urlaub mit Wohnwagen

Bald fuhren wir auch mit Wohnwagen,
denn das war dann doch eine Stufe komfor-
tabler.

Unser erster Wohnwagen Corsar

Aber nicht nur der Wohnwagen war neu,
sondern auch der Zugwagen. Denn wir
mussten jetzt einen stärkeren Wagen haben. Bei einem Vertreter von Mercedes
hatten wir das richtige Gefährt gefunden,
einen 200 D.
Genau zu Urlaubs-Beginn stellte mir der
Verkäufer den neuen Wagen hin. meine
erste Probefahrt war nach Urach zu fahren und den Wohnwagen zu holen.

Am nächsten Morgen donnerten wir mit dem Gespann schon gegen 3.00 Uhr morgens in Richtung Südfrankreich los.

Das war ein ganz anderes Gefühl zu fahren, denn sowohl der Zugwagen war neu, wie auch das Gespann fahren mit Wohnwagen. Es kam mir vor als wenn uns jemand hinten festhielt, so schwer war der Wohnwagen.

Ich fragte immer wieder mal die Kinder um sie aufzumuntern, ob der Wohnwagen noch dran sei. Sie schauten im Dunkeln nach hinten und meinten:

„Ja, der ist noch da!"

So waren auch sie beschäftigt.

Ab dieser Zeit fuhren wir nun in jedem Sommer nach Frankreich auf den Campingplatz, weil unsere Kinder immer wieder zur gleichen Zeit an die gleiche Stelle wollten, damit sie ihre Freunde wieder treffen konnten. Außerdem hatte der Kinderarzt gesagt, dass es für die Kinder besser ist an die gleiche Stelle zu fahren, weil dann die Ein- und Umgewöhnung leichter falle. Das konnte ich bereits am einjährigen Götz 1969 und auch beim einjährigen Nici 1972 feststellen.

Der Ablauf auf dem Campingplatz war fast immer der gleiche. Jeden Morgen ging ich mit den Kindern nach dem Frühstück mit Sonnenschirm, Spielzeug und Sandschaufeln an den Strand, während meine Frau fast den ganzen Vormittag brauchte, um den Wohnwagen *„sauber und in Ordnung"* zu bringen. Nachdem wir uns am Strand einen Platz gesucht hatten, wurden Burgen gebaut.

Meistens zusammen mit Rollers Kinder Steffi und Katrin. Aber auch Baden war angesagt, schließlich hatten wir doch unser eigenes Boot dabei.

Götz und Nici mit Schlauchboot

Mit dem schipperten sie dann oft am Strand entlang. Und wenn das langweilig wurde machten war meistens ein Strand-Spaziergang an die Mole. Dort war es immer interessant, weil zwischen den großen

Steinen viele Muscheln, Krebse und Fische waren. Dort kletterten die beiden herum und fanden immer wieder etwas Neues zu sehen.

Nach einer gewissen Zeit sagte ich dann, dass wir nun wieder zu unserem Sonnenschirm gehen würden. Doch das war schwierig, denn immer fanden sie noch etwas Interessantes, um zu verzögern. Deshalb ging ich nach der Ankündigung langsam los. Das funktionierte, denn beide kamen dann auch wirklich nach. Ich blieb natürlich immer in Sichtnähe.

Aber an einem Vormittag klappte es nicht. Ich hatte angekündigt, war langsam auch losgegangen, aber als ich mich wieder umsah, war nur Götz zu sehen. Nici war wie vom Erdboden verschluckt! Obwohl beide sowohl gegen die Sonne als auch zur Erkennung, einen knallroten Hut trugen. Aber der rote Hut war nirgends zu sehen!

Ich ging immer und immer wieder zurück, aber der Hut blieb verschwunden. Auch Götz wusste nicht wo Nici sein könnte, denn er war mit sich selbst beschäftigt gewesen.

Irgendwann ging ich dann zum Sonnenschirm zurück in der Hoffnung, dass er be-

reits an mir vorbei gegangen sein könnte.
Nichts! Keiner hatte ihn gesehen!
Darauf bin ich ganz verzweifelt zum
Wohnwagen gegangen. Vielleicht war er ja
schon dort?! Aber das war eigentlich völlig
unwahrscheinlich.
Natürlich bekam ich von meiner Frau
fürchterliche Vorhaltungen gemacht, weil
ich meiner Aufsichtspflicht nicht nachge-
kommen sei. Sicher hätte ich mich wieder
mit irgend einer Blondine unterhalten,
ohne auf die Kinder zu achten. Das stimmte gar nicht, aber derartige Vorhaltungen
kannte ich bereits schon zur Genüge.
Verzweifelt stand ich im Wohnwagen und
schaute zum Fenster hinaus. Auf einem
Mal sah ich neben unserer französischen
Nachbarin, die gerade Gemüse putzte, unseren Nici sitzen. Ich holte ihn rein und
fragte, wo er denn abgeblieben sei.
*„Als ich euch nicht mehr gesehen habe
bin ich zwischen den vielen Sonnen-
schirmen einfach nach hinten auf den
Wasserturm gegangen, habe unsere
Wohnstraße gesucht und bin hierher
gegangen."*
„Die Brüstung ist aber doch viel zu hoch
für dich!" „Ich habe mich einfach von einer
Frau hochheben lassen."

Natürlich hatte ich den Kindern erzählt, dass man früher als der Platz noch ganz klein war, zuerst auf den Wasserturm gegangen ist, um sich einen geeigneten Platz auszusuchen.

Genau das hatte er nun auch getan.

Da konnte man sehen, wie genau er sich noch an das letzte Jahr erinnert hatte.

Ein Hobby war, bei ruhiger See am Kap tauchen zu gehen. Das war immer bei Landwind der Fall. Leider war dann aber auch das Wasser am kühlsten, weil dann das warme Wasser abgetrieben wurde. Egal, wer keinen Taucheranzug hatte behielt einfach ein T-Shirt an, das wärmte auch etwas. Wir nutzten die Gelegenheit nicht nur um Fische zu beobachten, sondern auch, um Muscheln zu tauchen, das gab dann immer eine tolle Mahlzeit. Anfangs war Nici etwas ängstlich, plötzlich im tiefen Wasser zu schwimmen. Aber er gewöhnte sich schnell daran, denn es gab immer eine Menge zu sehen.

Da fällt mir eine kuriose Geschichte ein:

Wenn wir den letzten Tauchgang gemacht hatten, waren wir meistens recht durchgefroren. Da war es angenehm, so schnell wie möglich ins warme Auto zu kommen. Doch nicht mit Badehose, dann würden ja die Polster Salzflecken bekommen.

So fuhren wir dann auch nach Hause. An einer Ampel in der Stadt fiel mir ein, dass ich den Geldbeutel hinten im Kofferraum versteckt hatte. Ich stieg also aus, um ihn zu holen. Plötzlich hupt hinter uns ein Auto. Der Mann zeigt auf meinen blanken Hintern! Schnell war ich wieder im Auto und fuhr weiter.

Das war sicher kein FKK-ler.

Zu Hause gab es dann eine unangenehme Arbeit. Die Muscheln mussten sauber gemacht werden. Das war in der Regel leider immer meine Aufgabe.

Und wenn es dann Zeit zum Essen war mussten die Muscheln ja auch noch zubereitet werden. Das hatte ich von einer französischen Familie gelernt, die es darauf angelegt hatte, Fremden das Muscheln bereiten bei zubringen. Sie hatten mir mehrere verschiedene Rezepte bei gebracht. ich machte aber meistens Muscheln in Weißweinsoße. Dazu wurden erst eine Menge Zwiebeln in viel Fett angebraten, die man mit Weißwein ablöschte. Wenn dann die Soße so richtig heiß war, wurden die Muscheln einfach hinein geschüttet. In ganz kurzer Zeit waren die dann auch gar und konnte serviert werden.

Das schmeckte allen immer so gut, dass ich sehen musste auch noch ein paar Muscheln ab zu bekommen.

Und wenn das Wetter mal gar zu trübe war machten wir auch Ausflüge. Einmal sind wir wir bis zum Museum von Dali in Nordspanien gefahren.

Meistens aber machten wir auch kleine Abstecher auf die umliegenden Campingplätze, um zu sehen, wie es dort so ist. Meistens aber gefiel uns unser Platz am besten, so dass es keinen Grund gab umzusteigen.

Bei so einem Ausflug standen zwei junge Franzosen an der Straße und zeigten den Daumen. Ich hielt, um sie mit zu nehmen. Doch meine Buben protestierten!

Ich gab zurück, dass dies gerade auch ihr sein könntet. Wärt ihr dann nicht dankbar, wenn euch jemand mit nimmt??

Damit war die Diskussion zu Ende und die beiden Franzosen mit ganz kleinem Gepäck stiegen ein. So, sagte ich, nun beweist mal, dass ihr in der Schule schon etwas Französisch gelernt habt. Am Ende kam heraus, dass dies tatsächlich zwei junge

französische Soldaten waren, die in Tübin-
gen ihren Dienst taten.
So klein ist manchmal die Welt
Sie waren uns sehr dankbar, dass sie ein
Stück mit uns fahren konnten, denn sie
hatten ja nur das Wochenende frei.

25.00 Nici lernt Fahrrad fahren

Nici hatte ein großes Vorbild, dem er immer nachzueifern versuchte. Bald löcherte er mich, ihm doch auch das Radfahren beizubringen.

1974 war es an der Zeit. Er war zwar erst 3 Jahre alt, wollte aber immer gerne mit uns mitfahren. Schon lange fuhr er mit Stützrädern, aber ohne traute er sich nicht.

Als ich eines abends von der Arbeit kam, nahmen wir wieder das Damenrad meiner Frau, Ich schraubte den Sattel ganz nach unten und dann gingen wir auf den Rollschuhplatz neben dem Heizhaus.

Ich setzte ihn darauf hielt ihn fest und schob ihn über den Platz. So lief ich dann Runde um Runde hinter ihm her, um das Rad zu stabilisierten. Mit der Zeit merkte ich, dass er etwas sicherer wurde und ich ließ das Rad los, um zu sehen, ob er alleine fahren kann. Es sah schon ganz gut aus. Nur gelegentlich musste ich korrigieren. Dann lief ich zwar noch hinter ihm her, ließ aber das Rad ganz los. Es klappte recht gut bis er merkte, dass ich ihn gar nicht mehr festhielt. Da fiel er um! Also das Ganze wieder von vorne, bis es endlich klappte und er völlig alleine und

sicher seine Runden drehte. Jedenfalls
hatte er an einem Abend perfekt das Radfahren gelernt. Das machte ihn besonders
stolz. Für mich aber war es ein halber Ma-
rathonlauf gewesen!
Danach ging ich mit Götz und Nici immer
wieder auf kleine Touren, meistens nur auf
Wander- und Feldwege, um ihnen die Stra-
ßen-Verkehrsregeln bei zu bringen. Denn
ich konnte immer wieder beobachten, dass
andere Kinder schon relativ bald Fahrrad
fahren konnten, aber von Verkehrsregeln
offensichtlich keine Ahnung hatten. Das
war gefährlich und ich wollte das unbedingt besser vorbereiten.

26.00 Fahrrad-Ausflug nach Urach

Ein Jahr später 1975 schon machten wir einen Pfingstausflug mit Fahrrädern bis nach Bad Urach. Dieses Mal ging es aber nicht auf den Campingplatz, sondern in die Jugendherberge. Sie liegt außerhalb Urachs unterhalb des Freibades im Wald.

Bis Bad Urach sind es immerhin 20 km, aber meine beiden Helden , erst 4 und 7 Jahre verkrafteten es ausgezeichnet. Nici hatte ein Kinderrad bekommen und Götz fuhr ganz stolz ein Bonanza-Rad, das gerade Mode geworden war. Ich hatte es ihm schon länger versprochen und nun hatte er es zu Ostern bekommen. Aber da gab es noch ein Problem. Das neueste Modell gab es nun sogar mit Schaltung. Die kostete aber 30 Mark mehr. Unbedingt wollte er aber ein Rad mit Schaltung haben. Ich machte ihm den Vorschlag, wenn mit Schaltung, dann müsste er die 30 Mark beisteuern. Er war einverstanden,sparte und legte das Geld drauf.

Das hatte in meinen Augen einen ganz entscheidenden Vorteil. Wenn man etwas selbst finanziert hat, geht man damit viel sorgsamer um!

Und so war es auch.

Schwierig war bei unserer Fahrt nach Urach überall geeignete Fahrradwege zu finden.

Denn als Autofahrer kennt man bekanntlich nur die Straßen. Außerdem war damals noch gar nicht an Radfahrer gedacht! Dies war nun unsere erste gemeinsame Ausfahrt und ich wusste noch nicht so ganz genau, wie diszipliniert sie fahren würden. Normalerweise sollte hier zwei Erwachsene dabei sein, damit einer vorne und der andere am Ende fahren kann. Ich war aber alleine, denn meine Frau hatte keine Lust und wohl auch keine Zeit mit uns zu fahren. Also fuhr ich mal vorne, um den richtigen Weg zu finden und in schwierigen Situationen auch mal hinten, um zu sehen. wie sie sich verhielten. Es klappte prima und in Eile waren wir ja auch nicht. Nach etwa 2 ½ Stunden kamen wir wohlbehalten in der Jugendherberge an. Das Wetter war relativ „frisch"und wohl deshalb waren wenig Gäste da. Dadurch bekamen wir ein Zimmer für uns ganz alleine.

Von dort aus machten wir tagsüber Ausflüge mit unseren Fahrrädern. Auf dem Weg in die Falkensteiner Höhle machten wir in der Stadt an der Post Halt, um nach Hause zu telefonieren. Die Räder hatten wir an ein Geländer am Erms-Ufer gelehnt. Während wir in der Telefonzelle standen sah ich, wie ganz langsam unser Rucksack vom Gepäckträger rutschte. Dummerweise aber nicht auf die Erde, sondern durch das Geländer und direkt in die daneben fließende Erms.

Ich konnte nur noch ins Telefon sagen: „So, nun ist unser Frühstück in die Erms gefallen!" Dann legte ich auf und jagte unserem Rucksack nach. Zwar konnte ich ihn wieder herausfischen, doch unser Frühstück war nass, aber noch genießbar.

Am Abend machte der Herbergswirt mit seinen Kindern eine Nachtwanderung mit Fackeln den Berg hinauf. Meine Buben durften auch mitgehen und fanden das natürlich „Spitze."

Am Pfingstmontag ging es dann wieder nach Hause. Auch die Rückfahrt verlief einwandfrei. Das ermutigte mich, solche Fahrten öfter zu machen.

27.00 Winterurlaub

So mit 3 und 6 Jahren wollten die Buben dann auch Wintersport machen.

Wir fuhren tageweise auf die Alb nach Ohnastetten, wo Götz an den ersten Ski-Kursen teilnahm. Das war noch recht beschwerlich, denn Lifte gab es noch nicht. Am Abend war da der kleine Held ganz schön müde vom Berg hinauf gehen und schlief meistens schon auf der Heimfahrt im Auto ein.

Dann gab es die ersten Schlepplifte auch in Genkingen. Das war dann schon eine ganze Klasse besser.

Doch die Berge wurden mit der Zeit auch hier zu klein und wir mussten andere Ziele suchen. Alberschwende im Bregenzer Wald war da für uns geradezu ideal. Es war nicht weit und doch recht schneesicher, zudem waren die Berge dort völlig ausreichend. Beide Buben aber auch ich machten zuerst immer einen Skikurs mit. Götz holte beim Abschlussrennen regelmäßig Medaillen, was ihm Nici später ganz genau nachmachte. Wenn dann der Skikurs zu Ende war, gingen wir gemeinsam auf die große Piste.

Später fuhren sie dann alleine, weil mir der Arzt sowohl Abfahrt-Ski, wie auch Schlittschuhe und Rollschuhe wegen meines Meniskus-Schadens am rechten Knie verboten hatte.

Das tat aber unserer Aktivität keinen Abbruch. Sie mussten eben ohne mich auskommen. Anfangs waren sie noch etwas vorsichtig, machten nach jedem Hügel eine Pause, um auf den anderen zu warten. Mit den Jahren wurden dann beide immer waghalsiger, suchten nur noch nach schwarzen Pisten und fuhren wie eine „Pistensau". Jeden Abend standen wir beide noch lange nachdem der Lift schon ausgeschaltet hatte und warteten auf unsere Kinder. Meistens war es inzwischen schon dunkel und die Pistenbeleuchtung ausgeschaltet.

„*Wenn da was passiert ist, bist Du daran schuld, denn Du erlaubst so etwas!*" hieß es dann regelmäßig von meiner Frau.

Es passierte aber Gott sei Dank nichts.

Dann endlich bewegte sich etwas in der Ferne und sie tauchten so langsam auf. Jedenfalls war ich erleichtert.

Tatsächlich kamen beide erst immer lange nachdem alle längst von der Piste waren, denn sie richteten es sich so ein, dass sie noch kurz vor Schluss nach oben fuhren und dann sich für die Abfahrt richtig Zeit nahmen, weil sie niemand behinderte.

Wenn dann mal der Schnee in Alberschwende nicht ausreichend war, fuhren wir auch tags ein Stück weiter in die Berge, etwa auf den Didamskopf. Für den Fall, dass gar kein Schnee sein sollte, hatten wir ja noch die Schlittschuhe und unsere Badehosen dabei.

Im Laufe der Jahre waren wir abwechselnd auch in andere Gegenden gefahren, wie nach Bludenz, Schruns, Gargellen und Gaschurn.

An den Wochenenden fuhren wir aber zwischendurch gerne wieder nach Genkingen. Wenn ich die Buben am Lift abgeliefert hatte machte ich mich mit Langlaufskiern auf den Weg. Es gab zwar meistens gespurte Loipen, die waren aber oft so strapaziert, dass von einer Spur kaum mehr etwas zu sehen war. Zudem gab es immer wieder Leute, die mit Kindern und Hunden auf der Loipe spazieren gingen und so die Spur total kaputt machten.

Schon bei der ersten Tour passierte mir ein rechtes Missgeschick. Die Loipe führte ein Stück durch den Wald. Am Waldausgang machte die Spur eine rechtwinkligen Knick

nach rechts. Und genau da lag ein umge-
kippter Baum, mit den Wurzel zur Loipe.
Ich steuerte direkt auf die Wurzeln zu, als
wenn ich hypnotisiert sei! Dabei traf ich
mit meinem 1962 operierten rechten Knie
genau auf eine vorstehende Wurzel.

Ich nahm mir vor, dass mir das niiiiiiiiiiiie
wieder passieren sollte. Folglich kam ich
auf die Idee, mir meine eigene Spur zu machen. Gegen den hohen Schnee hatte ich
mir Übergamaschen aus ein paar abge-
schnittenen Kniestrümpfen gemacht, an
die ich unten einen Gummisteg genäht
hatte, der unter den Schuh gespannt wurde, damit sie nicht hoch rutschen konnten.
Meistens machte ich mir eine Spur für
etwa zwei Stunden. Die Rücktour dauerte
dann meistens nur eine halbe Stunde,
wenn inzwischen nicht ein Depp die Spur
kaputt gemacht hatte.

28.00 Unser Familienleben

Die Kinderbetreuung verlief, wie in den meisten Familien. Meine Frau war ja zu Hause und kümmerte sich den ganzen Tag um die Kinder. Ich arbeitete und hatte nur abends, an Wochenenden und im Urlaub richtig Zeit für sie.

In der gemeinsamen Zeit saßen wir oft beieinander und spielten. Ich hatte ihnen einen kleinen Tisch, drei würfelförmige Stühlchen und drei Spielzeugkisten gebaut und in verschiedenen Farben angestrichen, so dass das Kinderzimmer recht lustig aussah. Der Trick dabei war, dass man die Stühlchen in drei verschieden Höhen nutzen konnte, je nachdem wie herum man sie aufstellte. Also für jedes Alter geeignet.

Die Buben spielten zu Hause am liebsten mit Lego. Jeden Tag wurde ein anderes Gerät konstruiert. Ich hatte dazu schon vor Jahren Elektromotoren dazu gekauft, wobei ich mit der Verkäuferin recht in Streit geraten war. Sie wollte unbedingt wissen, wie alt denn die Kinder seien. Als ich es ihr sagte meinte sie, dass sie mir die Motoren gar nicht verkaufen dürfe. *„Diese Teile sind für ihre kleinen Kinder* *nicht geeignet, das steht sogar auf der Packung!"*

Sie hatte zwar Recht, aber ich wollte sie ja auch für mich, denn ich ließ die beiden damit ohnehin nicht alleine.

Weil Götz ab und zu Geschirr abtrocknen musste, es aber ungern tat, baute er kurzerhand eine Geschirr-Abtrocken-Maschine. Die funktionierte tatsächlich, war aber nur ein Spielzeug.

Die meiste Zeit aber betreute meine Frau die Kinder zu Hause vor und nach dem Kindergarten bzw. der Schule. Wobei sie sehr, sehr streng mit ihnen umging. Oft waren ihre Hefte am Ende nur noch halb so dick, weil sie ihnen jede Menge Blätter herausgerissen hatte, um den Text neu schreiben zu lassen.

Auch hat sie oft geprügelt. Manchmal bekam ich das mit und versuchte zu vermitteln. Aber für meine Frau gab es keinen Kompromiss! Sie verlangte immer nur Höchstleistung. Vor Arbeiten hat sie mit ihnen geübt bis zum Erbrechen! Sie taten mir dann richtig Leid.

Nici kam eines mittags nach Hause und rief schon von Weitem: ***"Mama, wir haben eine Eins!"*** Das war doch wohl sehr vielsagend.

Immer wieder gab es Reibereien in unserer Familie. Anfangs glaubte ich, es sei nicht anders als in anderen Familien. Doch wenn ich ehrlich verglich, dann lief bei uns ständig etwas schief.

Hauptproblem war einfach immer das starre Programm und die Putzsucht meiner Frau. Hinter dem blieb alle Menschlichkeit zurück! Ihr Programm war Mittelpunkt unseres ganzen Familienlebens. Alles Andere hatte sich dem unterzuordnen, die Kinder, der Mann! Oft stritten wir wirklich um Nebensächlichkeiten. Aber immer musste sie Recht haben, sonst ging der Krieg ewig.

Am Ende war ich so verzweifelt, dass ich nach Hilfe von außen suchte. Ich ging in Reutlingen zur Familienberatung mit der Hoffnung, man würde Gespräche mit uns beiden führen – ich jedenfalls war dazu bereit, auch wenn ich mich hätte am Ende ändern müssen. Aber meine Frau war nicht bereit, dorthin mitzugehen und das Amt erklärte mir, es könne niemand zu einem Gespräch zwingen.

Das Gleiche erlebte ich bei der Familienberatung in Tübingen. Sie gaben mir nur immer Ratschläge, wie ich meiner Frau noch mehr entgegen kommen könnte, um Ärger zu ersparen. Aber das hatte ich genügend versucht und nun langsam satt! Darauf sagte ich auch dort einfach alles ab.

Dann, als Ruth eines Tages krank im Bett lag, offensichtlich ohne jedes körperliche Gebrechen, fiel mir ein Psychologe ein. Ich telefonierte mit ihm und er war nach einigem Zögern sogar bereit noch am selben Tage zu uns nach Hause zu kommen. Doch kurz bevor er an der Türe war zog sich Ruth an und verließ das Haus, als ob sie es geahnt hätte. So entfiel auch diese Hilfe, denn ein zweites Mal war der Arzt nicht bereit zu kommen. Die einzige Lösung, die mir blieb war nachgeben, entgegenkommen und aus dem Wege gehen. Doch das konnte ja wohl keine Dauerlösung sein.

Ich setzte auf den nächsten Urlaub, wobei es dann doch immer etwas entspannter zuging. Gravierend in unserer Familiengeschichte war der Sommerurlaub 19 77.

Wie üblich liefen die Vorbereitungen. Das war mit Wohnwagen eigentlich recht einfach. Der Wohnwagen stand vor der Türe und man brauchte die verschiedenen Sache, die mitzunehmen waren, nur nach und nach hinunter tragen und in den Fächern verstauen.

Eigentlich!

Aber bei uns war alles viel komplizierter.
Alles Geschirr und die Kinderspielsachen
mussten vorher abgewaschen werden, obwohl es unterwegs doch wieder verstaubte.
Alle anderen Dinge ebenso.

Jedes Mal wenn wir die Wohnung verlie-
ßen saugte meine Frau alle Räume **nochmals** gründlich durch, obwohl überhaupt
kein Schmutz herumlag. Das dauerte meistens eine ganze Stunde, die wir dann einfach draußen warten mussten. Das geschah auch, wenn wir mitten in der Nacht
aufbrachen!

Auch das Einpacken gestaltete sich dieses
Mal viel komplizierter. Dazu kam, dass
mein Job kurz vor dem Urlaub natürlich
immer besonders anstrengend war, denn
ich wollte dort ja auch kein Chaos hinter-
lassen. Als ich am letzten Tag meinem Kollegen meine Akten im Schrank erläuterte
meinte er: „Wollen Sie etwa nicht wieder
kommen?" „Doch, aber Sie müssen doch
wissen, wo was steht, falls eine Firma hier
anruft." Trotzdem bekam ich hinterher zu
hören: „.........ich habe nichts gefunden!"

In Wirklichkeit hatte er nicht mal den
Ordner geöffnet!

Ja und daneben lief zu Hause die Urlaubs-
vorbereitung. Doch klar, dass ich auch am

Ende meiner Kräfte war und am besten alles so reibungslos wie möglich getan hätte. Aber meine Frau liebte die übertriebene Gründlichkeit und Rechthaberei. Jedenfalls ergab ein Wort das andere und schon war der größte Krach da! Um am Ende zu bekräftigen, dass sie auf jeden Fall das Sagen hätte, stieg sie mit beiden Beinen auf den halb vollen Koffer und trat ihn zusammen mit den Worten:

„So, den Urlaub habe ich euch jetzt vermasselt!"

Ich war wie vor den Kopf gestoßen, brauchte eine Weile, um das zu verdauen. Im Grunde glaubte ich, dass sich ihr Zorn bald wieder legen würde. Doch das waren falsche Hoffnungen, sie meinte es bitter ernst! Die Nacht war grausam, meine Frau kam erst gegen Morgen ins Bett, weil sie meinte unseren Dreck wegmachen zu müssen. Auch ich hatte sehr schlecht geschlafen, weil ich mir die ganze Nacht den Kopf darüber zerbrach, ob ich alleine mit den beiden Buben fahren könnte, die ja erst 6 und 9 Jahre alt waren. Zumal meine Frau mir schon klar gemacht hatte, dass ich sie gar nicht alleine beaufsichtigen könne und dürfe.

29.00 Mit Kinder alleine nach Agde

29.01 Hinfahrt

Nachdem sich der Rauch verzogen hatte, beschloss ich am nächsten Morgen auf jeden Fall mit den beiden Buben in Urlaub zu fahren, denn zu Hause würde es sicher nicht auszuhalten sein.

Ich packte also nach und nach die Sachen, die wir noch brauchten in einen Wäschekorb und trug sie hinunter. Bald war der Wohnwagen komplett – zumindest war das Wichtigste wohl eingeladen. Was fehlte, könnten wir uns in Agde kaufen.

Am nächsten Tag arbeitete ich noch bis Mittag. Dann schnell nach Hause, etwas gegessen und ab ging es. Die Buben hatten natürlich den ganzen Krach hautnah mitbekommen. Und sie halfen mir wortlos bei den letzten Vorbereitungen und beim Ankoppeln des Wohnwagens.

Gegen 14.00 Uhr fuhren wir am 23.6.77 los. Als wir auf der Autobahn Richtung Tübingen waren drehte ich mich um und sagte zu meinen Buben:"

„MÄNNER, eines ist klar, wir müssen uns absolut aufeinander verlassen können, sonst ist unser Urlaub zu

Ende, bevor er überhaupt begonnen hat!"

Damit hatte ich ins Schwarze getroffen.

Den ganzen Urlaub über konnte ich mich absolut auf beide verlassen. Es kam nur ein einziges Mal vor, dass sie unpünktlich waren. Es baute gerade ein Zirkus vor dem Campingplatz sein Zelt auf und da wollten sie doch unbedingt zusehen, wie das funktioniert. Dabei vergaßen sie die Urzeit.

29.02 Unser Campingleben

Natürlich halfen sie mir bei jeder Gelegenheit ohne zu murren und kauften gelegentlich alleine ein, besonders morgens das Baguette.

Auch waren sie sehr bemüht, wenig Chaos zu verbreiten, denn ich hatte nämlich die Parole ausgegeben, *dass wir selbst den Deck wegmachen müssten, den wir verursachten*. Wir hatten da unsere gut bekannte Familie Roller vor Augen, wo es die beiden etwa ebenso alten Mädchen Steffi und Katrin jeden Tag schafften, den ganzen Wohnwagen in ein Chaos zu verwandeln. Aber die Mutter räumte ja immer hinter ihnen auf.

Das entfiel bei uns nun wohl.

Als die ganze Familie Roller eines Nachmittags zu uns zum Kaffee kam fragte mich Frau Roller, „Habt ihr extra wegen uns aufgeräumt?"

„Bei uns sieht es immer so aus", antwortete ich ihr. Dabei hatten Nici und Götz sogar ihr eigenes Zelt, das sie aber jeden Tag selber sauber machten.

Der Urlaub verlief sehr harmonisch, ohne jeden Streit und ohne Stress. Wobei ich schon sagen muss, dass es keineswegs einfach ist zwei so muntere Buben den ganzen Tag zu beschäftigen, zu versorgen, zu beaufsichtigen und sich dabei noch zu erholen.

Aber wir hatten ja Erfahrung aus den Vorjahren. Und genau nach dem Schema lief es dieses Jahr auch ab.

Wir frühstückten, räumten auf und gingen an den Strand. Meistens hatten wir unser Schlauchboot dabei, außer es war sehr raue See.

Oft zogen meine beiden Helden aber auch los, um zu angeln. Selbstverständlich wurden vorher die Angeln jedes Jahr neu gebastelt. Zuerst wurde Material dazu am Strand gesucht, wie Sehne, Feder und Korken als Schwimmer. Eine lange Angelrute fanden wir immer in den Schilfstreifen zwischen den Zelten. Natürlich hatte ich alle Materialien, wie Sehne, Haken und Blei von zu Hause aus dabei für den Fall wir würden nichts finden. Dann kam die Frage:

„Brätst du uns die Fische, die wir fangen?“

„Natürlich,“ antwortete ich, „Alles was ihr fangt, brate ich euch.“

Anfangs fingen sie am Tage nur 3 bis 4 kleine Fische mit ca., 6-8 cm Länge und ich habe sie selbstverständlich gebraten, meistens noch spät abends, lange nach dem Abendbrot. Sie aßen sie wie eine Delikatesse!

Doch dann lernten sie einen älteren Jungen kennen, dessen Familie dort einen Bungalow besaß und der oft dort war und angelte. Die Folge war, dass sie prompt mit einem ganzen Eimer voller Fische nach Hause kamen! Jetzt wurde es mir aber doch zu viel. Ich sagte: „Dieses Mal nehme ich sie noch aus. Es bleibt auch dabei, dass ich sie euch brate. Aber ausnehmen müsst ihr sie ab morgen schon selbst." „Papa, du weißt doch, ich mag gar keine Fische, und ausnehmen geht schon gar nicht," meinte Götz. Nici dagegen war noch viel zu klein, er konnte nicht mal ins Waschbecken schauen. Aber da hatte ich schnell Abhilfe geschaffen. Ich fand in der Nähe einen Betonstein, der genau die richtige Höhe hatte – auf einem Campingplatz findet man eben alles. Nun konnte er ins Becken schauen. Gesagt, getan.

Am nächsten Tag nahm Nici tatsächlich alle Fische ohne zu murren aus. Natürlich half ich ihm dabei, wobei ich ihm einschärfte, unbedingt darauf zu achten, dass die Galle heil bleiben müsste. Sonst seien die Fische ungenießbar bitter.

29.03 Nachspiel

Dieses Erlebnis hatte aber noch ein angenehmes Nachspiel. Eines Tages im nächsten Schuljahr kam Nici mittags ganz stolz und mit geschwollener Brust nach Hause und erzählte, dass der Lehrer heute in Bio einen toten Fisch mitgebracht hatte. Er warf ihn auf den Tisch und sagte:
"Wer nimmt ihn aus?"
Alle schüttelten sich und keiner getraute sich das glibbrige Ungeheuer auch nur anzufassen. Außerdem riecht er unangenehm.
Da krempelte Nici sich die Ärmel hoch, nahm den Fisch, schuppte ihn und nahm ihn anschließend fachgerecht aus, dabei hatte er sogar noch einen wichtigen Hinweis. Man müsse nämlich genau darauf achten, dass man die Gallenblase nicht verletzte, sonst ist der Fisch ungenießbar! Alle staunten und der Lehrer fragte, woher er denn das könne.
„Das hat mir mein Vater auf dem Campingplatz in Südfrankreich gezeigt, weil wir immer so viele Fische geangelt haben."
Als Kleinster in der Klasse hatte er sich damit einen rechten Respekt verschafft!

29.04 Fahrradunfall

Nur ein Ereignis trübte den Aufenthalt.
Jeden Morgen gab es ein Gerangel, wer
wohl als erster aufwachte, um mit unserem kleinen Urlaubsrad zum Bäcker zu
fahren. Um Streit zu vermeiden fuhren sie
meistens gemeinsam. Götz saß vorne auf
dem Sattel und trat und Nici stand hinter
ihm auf dem Gepäckträger und hielt sich
an seinen Schultern fest. Das war eine fast
zirkusreife Nummer.
Eines Morgens aber war Nici alleine wach
geworden und fuhr stolz alleine zum Bäcker. Eigentlich kein Problem, denn es lag
alles innerhalb des Campingareals. Der
Weg war nicht weit und es dauerte in der
Regel einschließlich Einkauf nicht länger
als 20 Minuten. Doch heute kam er einfach
nicht rechtzeitig wieder. Mich beschlich ein
ungutes Gefühl und ich ging ihm entgegen.
Da kam er mir weinend zu Fuß und aus
mindestens acht Wunden blutend entgegen. Weil er besonders schnell sein wollte,
war er von den Pedalen abgerutscht und
gestürzt. Natürlich war er -barfuß. Dabei
schürfte er sich nicht nur die Knie und Ze-
hen auf, sondern auch die Ellenbogen und
die Finger. Ich führte ihn nach Hause und

begann ihn zu verarzten. Ausgerüstet war
ich für diesen Fall schon, aber mein Desinfektionsmittel bestand aus Sepso, das leider die unangenehme Eigenschaft hatte,
fürchterlich zu brennen!
Das rief unsere Nachbarin auf den Plan,
denn neben uns zeltete eine französische
Familie, mit denen wir nur den Tagesgruß
freundlich wechselten, weil die Verständi-
gung schlecht war. Sie hatte wohl schon
unser Tun beobachtet und das Problem erkannt. Plötzlich stand sie neben mir, schob
mich wortlos beiseite und begann, ohne ein
Wort zu verlieren, Nici zu verarzten. Sie
packte ein kleines Köfferchen aus und begann die Wunde mit Desinfektionsmittel
zu säubern. Schnell sah ich, das es sich
hier um eine professionelle Helferin handelte.
Komisch, Nici verzog dabei keine Miene.
Dann verband sie ihn mit sterilem Ver-
bandszeug, wie man es im OP verwendet.
Danach gab sie ihm zu verstehen, dass sie
heute Abend wieder nach ihm schauen
würde. Nachdem sie ihn ein paar Tage so
versorgt hatte waren die Wunden bald ab-
geheilt, obwohl er damit natürlich auch gelegentlich ins Wasser ging.

Am Ende bat ich die Nachbarin – sie hatte uns inzwischen erzählt, dass sie OP-Schwester sei – uns etwas von ihrem Wunder-Desinfektionsmittel zu überlassen. Da ich aber den Namen vergessen hatte, gab ich dem Fläschchen den Namen „*Madame Annie*", so hieß sie nämlich mit Vornamen. Dieses Fläschchen gibt es noch heute in unserer Hausapotheke und es wird immer benutzt, wenn es nicht brennen soll. Es hat nur einen Nachteil. Es hinterlässt eine ganz grellrote Farbe. Einmal auf die Kleidung gekleckert und es hilft nur noch herausschneiden!

29.05 Falsches Vorzelt

Als wir ein paar Jahre später wieder in
Agde ankamen hatten wir zu unserem
Wohnwagen ein neues Vorzelt gekauft. Der
Verkäufer versprach mir ganz sicher, dass
es passen würde. Weil das Wetter vor der
Abfahrt immer so schlecht war konnte ich
es leider nicht zur Probe komplett aufbau-
en. Ich stellte nur das Gestänge auf und
das passte.
Wir kamen mittags bei strahlender Sonne
in Agde an und es war brütend heiß. Natürlich wollte wir bis zum Abend eingerichtet sein. Und so machten wir uns an die
Arbeit. Ich fädelte den Keder auf einem
Ende in die Nut am Wohnwagen ein und
schob ihn langsam durch. Dabei war ich
die ganze Zeit unter dem Zeltstoff und bekam fast einen Hitzeschlag. Götz war am
anderen Ende und zog. Bevor ich am Ende
war schrie Götz schon: „Stopp!“
Ich ging nachschauen. Tatsächlich, das
Zelt war eine Nummer zu groß, das Um-
laufmaß stimmte nicht.
Ich gab Götz ein Zeichen, dass wir ohne
viel Reden das Zelt wieder herausziehen
müssten und einpacken. Das hatte wohl
unsere französische Nachbarin genau beo-

bachtet. Denn in dem Moment stand sie mit einem Tablett vor mir, darauf ein kühles Bier! In dem Moment kam es mir vor, als wäre ich in einem Werbefilm - aber nein, es war Realität. Ich nahm das Bier an, trank es in einem Zug aus und bedankte mich. Da sie auch zwei Kinder etwa im Alter von Götz und Nici dabei hatte freundeten die sich schnell an und spielten oft miteinander. Ich bedankte mich später für Ihre Hilfe mit einer Einladung zum Essen. Für den Wohnwagen kauften wir uns am nächsten Tag ein Sonnensegel, das wir im Brüstungsbereich mit Folie verkleideten. So ging es auch, denn es war ja dort die ganze Zeit wunderbar warm.

So gab es in jedem Jahr irgend ein Ereignis oder ein Problem, das es zu meistern galt. Aber Camper finden immer und für alles eine Lösung.

So vergingen die Urlaube meist wie im Flug.

30.00 Alb-Wanderung mit Kindern

Zu Ostern 1981 machten wir zu dritt einen ausgiebige Osterausflug über die Schwäbische Alb.

Im Sommer hatte der GEA in der Zeitung ein Programm angekündigt, man könne über die Alb *„Wandern von Bauernhof zu Bauernhof.“* Für weitere Informationen gab es eine Telefon-Nummer. Das machte mich neugierig. Ich erkundigte mich und erfuhr, dass man seine Route und den Zeitablauf selbst zusammenstellen und nach Bedarf dann in verschiedenen Orten für die entsprechende Nacht Unterkünfte buchen könne. Ich machte Götz und Nici den Vorschlag und sie waren hellauf begeistert.

Wander auf der Schwäbischen Alb.

Zuerst legte ich den Zeitablauf fest: Von Karfreitag bis Ostermontag. Dann die Route: So etwa 20 bis 25 km pro Tag, das war mit vielen Umwegen fast bis nach Zwiefalten. Von dort wollte ich dann am Montag mit dem Bus wieder nach Reutlingen zurückfahren.

Quartier machte ich in Gomadingen, Trochtelfingen und in Gammertingen.

Mit dem Stadtbus fuhren wir bis Gönningen und ab da dann zu Fuß quer über die Alb, wobei die ersten Kilometer gleich die beste Prüfung waren, denn es ging steil bergauf. Die Etappenlänge erwies sich als richtig, damit ich meine Helden mit 10 und 13 Jahren nicht überfordere. Sollte das Ziel zu nah sein, hatte ich mir immer Umwege überlegt, ohne dass das die Kinder gemerkt hätten.

Der erste Tag verging schnell, vor allem weil ich rein „zufällig"an einem Spielplatz vorbei kam. Zum Mittag hatte ich vorsorglich Bratwürste eingekauft so dass wir nur noch ein Feuer machen mussten, um die Würste zu braten. Am interessantesten war dabei natürlich das Feuer machen, denn welches Kind gogelt nicht gerne. Gegen Abend trudelten wir dann in **Goma-**

dingen ein und suchte unsere erste Unterkunft. Es war im Hause einer Tierärztin.
Als wir an der Türe klingelten machte uns eine nette ältere Dame auf und erschrak!
„Oh, Euch habe ich ganz vergessen."
Sie hatte am Tage viel zu tun gehabt und dadurch gar nicht daran gedacht, dass sie für heute Nacht drei Mann Einquartierug bekam.
„Na, kommt nur herein", sagte sie, „wir finden schon eine Lösung für Euch."
Sie führte uns ins Untergeschoss, wo ihre Tochter ein Zimmer hatte. Die war aber gerade nicht zu Hause. Seid Ihr einverstanden, wenn ihr hier übernachten müsst? Natürlich waren die Buben einverstanden, denn das Zimmer war voll eingerichtet und hatte sogar einen Fernseher.
Am Abend fielen sie beide jedenfalls todmüde in die Betten, denn die frische Luft hatte richtig müde gemacht.
Im Preis inbegriffen war auch ein Frühstück. Das brachte sie uns am Morgen direkt ins Zimmer. Nach dem Frühstück ging es dann gleich wieder weiter. Allerdings hatten wir ein kleines Problem, denn das Wetter wurde über Ostern empfindlich kühl. Also zogen wir uns heute etwas wärmer an.

Als wir längere Zeit durch einen Wald liefen merkte ich, dass etwas Weißes von oben fiel. Es gab zwar eine Menge blühender wilder Kirschenbäume, aber gerade hier standen gar keine. - Komisch!

Ich hielt die Hand auf und merkte, dass die weißen Flocken schmolzen! Es waren gar keine Blütenblätter, sondern Schneeflocken! Es musste also wohl unter Null Grad sein. Aber wenn man sich kräftig bewegte war es erträglich.

Am Samstagabend kamen wir in **Trochtelfinge**n an. Hier hatten wir eine komplette Ferienwohnung in einer Neubausiedlung gemietet. Sie war gut eingerichtet, schön warm und hatte sogar einen Fernseher.

Ich schaute durch das Fenster auf den Hof und sah den Hausherren Holz hacken und stapeln. Ich sagte zu meinen Buben:

„Geht ihr mit, wir helfen ihm, denn der will ja auch noch Ostern feiern."

„Nöö", meinten beide und wollten es sich gerade am Fernseher gemütlich machen.

„Gut", sagte ich, „dann gehe ich eben alleine."

Natürlich gingen sie beide mit, auch wenn sie im Moment nicht ganz überzeugt waren. Der Hausherr freute sich natürlich über unsere Hilfe und wir waren zu viert recht bald fertig.

„So", sagte ich, „nun kann das Holz hier in aller Ruhe trocknen."

„Wieso, das wird heute schon verbrannt."

"Das frische und noch nasse Birkenholz soll schon brennen", fragte ich ungläubig zurück.

„Kommen Sie heute Abend zu uns rauf, dann können Sie sich selbst überzeugen."

Wir nahmen die Einladung dankend an, wollten vorher aber noch schnell etwas essen gehen und danach duschen.

Die junge Familie hatte noch keine Kinder, aber ein großes Haus. Wir saßen gemütlich im Wohnzimmer. Die Buben durften mit der Frau einen Fernsehfilm anschauen, während wir beiden Männer uns an die Bar setzten, ein Bier tranken und diskutierten.

So kurz vor Mitternacht erst zogen wir uns zurück. „Das Frühstück trinken wir morgen auch hier oben gemeinsam, dann brauche ich nichts hinunter zu tragen,"sagte die Frau im Hinausgehen.

Es war ein sehr ausgiebiges Frühstück mit Ostereiern und auch Schokolade. Meine Buben schwärmten noch lange von dem tollen Quartier.

„Seht ihr, wie sich eine so kleine Hilfe am Ende doch doppelt auszahlt!"

Sie hatten es begriffen.

Leider wurde es von Tag zu Tag immer kälter, so dass wir uns heute noch wärmer anziehen mussten.

Auch der heutige Tag verging schnell. Wir machten Halt an einem kleinen Bach, in dem Forellen schwammen. Götz meinte, dass er unbedingt zum Mittag eine Forelle fangen müsste. Leider waren die Forellen flinker als er und so gab es bloß wieder Bratwurst am Spieß.

Als wir an einem Weidenbusch standen fragte ich, ob sie wüssten, wie man sich schnell eine Flöte selbst bauen kann. Natürlich kannten sie das noch nicht.

Also schnitt ich eine Rute ab, schnitt ein etwa 10 Zentimeter langes Stück heraus, machte ein Ende schräge und oben eine Kerbe rein. Dann klopfte ich die Rinde leicht mit dem Messerstil, um sie zu lockern und danach abzuziehen. Das Innere wurde so abgeschnitten, dass es als Mundstück in das schräge Ende passte und am anderen Ende wurde der Rest wieder hineingesteckt als Abdichtung. Fertig war die Flöte, die man sogar durch leichtes hineinschieben oder herausziehen in der Tonlage verändern konnte. Allerdings war ich beim Suchen der Weide in den Bach befallen. Aber meine Wanderschuhe waren doch so dicht, dass die Füße trocken geblieben waren. Die Buben konnten sich dabei ein Grinsen natürlich nicht verkneifen.

Das letzte Quartier war wirklich auf einem einzelnen Bauernhof kurz vor Zwiefalten. Als wir ankamen gingen wir zuerst in den Stall zu den Tieren und wärmten uns dabei ein wenig auf. Das Quartier war normal und das Frühstück auch.

Die letzte Etappe führte uns dann quer durch Wälder und über Wiesen an die Buslinie nach Reutlingen.

Als wir am Ostermontag gegen Abend wieder zu Hause ankamen, war unser Rucksack völlig leer.

Meine Frau fragte vorwurfsvoll:"Habt ihr eure Sachen verloren oder weggeworfen?"

„Weder noch", sagte ich darauf.

„Wir haben alle Kleider einschließlich Schlafanzug- angezogen, weil es zu kalt war!"

Aber insgesamt war es eine wunderschöne Wanderung. Wir haben noch lange davon erzählt.

31.00 Wanderung Bregenzer Wald

Es war Frühling 1982. Zu dem Zeitpunkt besaß mein Sportverein PSV in Reutlingen eine Hütte in Oberstaufen mit vielen Betten.

Sie fragten mich, ob ich nicht Lust hätte für eine Wochenendwanderung mitzugehen. Das passte gut, denn wir hatten vor nach Alberschwende zur Wanderung zu fahren. Oberstaufen kannte ich ja noch nicht und so machten wir zuerst einen kleinen Umweg und fuhren zuerst mit dem Sportverein Reutlingen nach Oberstaufen ins Vereinsheim.

Es lag dort oben aber noch so viel Schnee, dass man Ski fahren konnte. Die meisten hatten Ski-Ausrüstung dabei und machten natürlich Abfahrt-Ski. Der Leiter der Gruppe, Herr Walter und ich, machten ausgedehnte Schnee-Wanderungen. Dabei erfuhr ich sehr viele Dinge über den Verein. Von dort dann weiter über die österreichische Grenze nach **Alberschwende.**

Doch da gab es ein Problem. Der Zöllner hatte wohl gerade nicht viel zu tun. Und so untersuchte er den Wagen besonders genau. Im Kofferraum standen meine Wanderschuhe. Er meinte , Dass er die genauer ansehen müsste, denn es war ein Österreichisches Fabrikat. Zum Gluck hatte ich aber den Original-Karton dabei, in dem noch der Kaufbeleg lag.

Mein Glück, der hätte doch glatt Zollgebühren von mir verlangt.

Dann kamen wir nach Alberschwende, wo wir sonst immer im Winter waren. Es war sehr interessant, die winterlichen Skigebiete auch mal im Frühjahr zu besuchen, wenn alles blüht und grünt. An einer Stelle in einer Schlucht lag noch so viel Schnee im Schatten des Berges, sodass wir eine ausgiebige Schneeballschlacht machen konnten. Ich habe die beiden Buben so lange mit Schneebällen beworfen, bis sie nicht mehr konnten. Dazu muss ich sagen, dass wir bis an den Hüften im weichen Schnee steckten.

Nach ein paar Tagen ging es dann wieder erholt nach Hause.

32.00 Mit Fahrräder in Ju. -He.

Irgendwann hatte ich meinen Buben versprochen, auch mal für ein paar Tage von Jugendherberge zu Jugendherberge zu ziehen, damit sie die Gepflogenheiten der Jugendherberge kennen lernten. Im Juni 1984 löcherten sie mich, mein Versprechen doch endlich einzulösen. Jetzt konnte die Tour auch schon ein wenig anstrengender werden, denn die Buben waren ja schon 13 und 16 Jahre alt.

Wir packten kurzerhand unsere Sachen auf Fahrräder und fuhren los. Ich hatte damals nur ein Klapprad, deshalb nahm ich das Damenfahrrad meiner Frau. Das war einfach in der Konstruktion zu schwach, denn der Rahmen war viel zu weich und es hatte keine Schaltung. Die Buben hatten dagegen zu der Zeit schon recht gute Räder mit Schaltungen.

Wie üblich hatte ich mir zu viel aufgeladen und wurde am ersten Albaufstieg von Gönningen nach Genkingen hoffnungslos abgehängt. Das ließ sich ändern, indem ich das Gepäck gerechter verteilte. Jetzt lief es etwas besser.

Unsere Route führte uns zum Bodensee, dann darum herum und von Konstanz über Singen wieder zurück. Das ergab insgesamt fünf Etappen: Reutlingen- Siegmaringen -Friedrichshafen -Schweiz, Konstanz -Singen und von Singen nach Reutlingen zurück.

Pro Tag ergab das so ungefähr eine Entfernung von 50 km. So hatte ich mich auch in den Jugendherbergen in Sigmaringen, Friedrichshafen, Konstanz und Singen vorangemeldet.

Wir hatten Glück mit dem Wetter, es war durchweg schön und warm. Immer wieder gab es irgend etwas zu sehen, mal ein Aussichtsturm, mal ein See zum Baden. So gab es immer wieder mal einen Grund zum Halten.

In **Siegmaringen** war die Herberge im alten Schloss, so das automatisch eine Schlossbesichtigung dabei war. Durch die Voranmeldung bekamen wir immer ein separates Zimmer für uns.

Nun kam das Wichtigste: Das Helfen in der Herberge. Damals jedenfalls waren die Preise so niedrig, und jeder Teilnehmer zu einer Arbeitsleistung verpflichtet. Meistens in der Küche, denn immer war viel Geschirr abzuwaschen. Die Buben fanden das nicht sonderlich komisch, denn zu

Hause halfen sie ja auch oft im Haushalt mit.

Die zweite Etappe führte uns nach Friedrichshafen. Vorbei am Ilmensee bei Wilhelmsdorf. Es war eine echte Erholung, vom Rad zu steigen und ins kühle Wasser zu springen. Auch am Affenberg bei Salem war es wieder interessant.

In **Friedrichshafen** kamen wir recht zeitig an, so dass es noch für eine Stadt- und vor allem einer Hafenbesichtigung reichte. Aber besonders interessant für die Buben war das Zeppelin-Museum, das ist immer einen Besuch wert.

Zepelin-Museum Friedrichshafen

In der Herberge bekamen wir wieder ein eigenes Zimmer, obwohl es hier sehr voll wurde. Wenn mehr Gäste kommen als Betten vorhanden sind, werden Notbetten aufgestellt. Abgewiesen wird niemand.

Natürlich mussten wir auch hier wieder in der Küche mithelfen.

Am nächsten Tag ging es wieder weiter. Zuerst mit der Fähre über den See nach **Romanshorn**. Von Romanshorn immer am Ufer entlang bis nach Kreuzlingen und letztlich nach **Konstanz**. Unterwegs gab es viele seltene Vögel im Schilf zu beobachten, und gebadet haben wir natürlich auch. In Kreuzlingen über die Landesgrenze nach Konstanz, aber das war kein Problem. Auch hier reichte es noch für einen Stadtbummel und sogar für ein Essen bei Mc. Donalds. Dazu muss ich sagen, dass wir noch nie bei Mc Donalds gegessen hatten.

Die Buben durften essen was und so viel sie wollten. Aber die Augen waren größer als der Magen und so waren sie bald abgefüttert. Mir schmeckte es nur mäßig, ich mochte die weichen Brötchen nicht. Das war das erste und letzte Mal, dass ich bei Mc Donalds war!

Die nächste Etappe von Konstanz nach **Singen** war relativ kurz, dafür machten wir aber mit den Fahrrädern einen Ausflug auf den **Hohentwiel.** Die Ruine eignet sich natürlich ausgezeichnet, um Versteck zu spielen. Als krönenden Abschluss wurden dort oben noch Würstchen gebraten und dann ging es wieder in die Jugendherberge.

Etwas schwer war die letzte Etappe von Singen bis nach Reutlingen mit immerhin 120 km an einem Stück und einigen Bergen besonders in der Nähe von Albstadt. Ich merkte, dass bei Nici die Belastungsgrenze erreicht war. Also machte ich Halt an einem kleinen Bach, um etwas länger zu Rasten und am Lagerfeuer Würste zu braten. Götz hatte sogar wieder versucht im Bach Forellen zu fangen, was ihm aber auch hier nicht gelang. So blieb es bei den Würstchen, die wir unterwegs in einer Dorfmetzgerei erstanden hatten.

Danach lief es am Nachmittag wieder um so besser. Als wir kurz vor Reutlingen waren meinte Nici, er könne jetzt glatt durchfahren bis Stuttgart!

Insgesamt war die Reise ein Erlebnis und die Kinder um eine Erfahrung reicher.

33.00 Technik-Freaks

Bald merkte ich, dass unsere beiden ‚kleinen Helden rechte Technik-Freaks waren, denn mit 6 und 9 Jahren spielten die Buben gerne mit Spielkarten auf denen Autos und Motorräder abgebildet und beschrieben waren. Sie konnten zwar **km, PS** sowie **U/min** schon lesen, wussten aber noch nicht so recht was es bedeutet. Auch studierten sie gerne meine Motorzeitschriften. Eines Tages hörte ich, wie Nici zu Götz sagte:

„Schau mal, da bekommst du schon für 10.000 Mark einen gebrauchten Porsche!"

Da bekam ich richtig Angst. Wenn die zu Geld kämen und das war gar nicht schwer, denn sie arbeiteten beide – sie trugen Zeitungen und Prospekte aus, später arbeiteten sie auch bei Bosch als Urlaubsvertretung – könnten sie sich schnell eine alte Gurke kaufen und was dann? Ich wollte mir gar nicht vorstellen, was da alles passieren könnte. Denn jungen Fahrern passieren oft Unfälle, weil sie meistens zu wenig Praxis haben. das galt es zu verhindern! Da kam mir eine Idee. Angriff ist bekanntlich die beste Verteidigung! Im Som-

mer 1978 annoncierte ich im GEA: „Gebrauchtes kleines Motorrad gesucht."
Natürlich bekam ich eine Menge Zuschriften, aber die meisten Angebote waren geradezu Schrott. Das war fast zum Verzweifeln.
Dann meldete sich die Chefin vom Autohaus Schmitter. Sie hätte eine Suzuki zu verkaufen. Das wäre zwar ein älteres Modell aber noch nagelneu. Ich fragte, wie teuer die noch sein solle, aber sie meinte nur ich solle mal vorbei kommen und sie mir ansehen. Wir würden uns sicher handelseinig werden, denn sie wollte den Ladenhüter gerne loswerden. Wir fuhren hin hin und staunten nicht schlecht.

Suzuki 50

Es war genau das, was ich eigentlich suchte, eine 50-ccm Maschine und dazu sehr niedrig.

Da meinte Frau Schmitter aber, dass das Motorrad für mich doch etwas klein sei.

„Ja", sagte ich, „eigentlich soll sie ja eher für meine beiden Helden da hinter mir sein als für mich. Ich habe nämlich ein Problem. Die beiden sind so Motorrad begeistert, dass ich beschlossen habe ihnen das Fahren rechtzeitig beizubringen."

Frau Schmitter erwiderte darauf, dass sie das Problem kenne. Sie habe zwei Töchter, die auch so verrückt waren. *Ich habe es genau so gemacht wie Sie und jetzt sind sie ganz sichere Fahrerinnen geworden.*"

Da entsann ich mich, dass für Ausstellungen immer zwei recht junge Mädchen die Motorräder auf den Ausstellungsplatz gefahren hatten. Alle jungen Männer schauten neidisch hinter her. Tatsächlich hatte sogar ich die beiden Mädchen schon heimlich bewundert!

Zum Schluss stärkte sie mir noch den Rücken und meinte, dass mein Vorhaben ganz sicher richtig sei. Nur so könne man erreichen, dass junge Fahrer das richtige Gefühl für das Motorrad bekommen

Sie machte mir einen ordentlichen Preis und wir hatten eine nagelneue Maschine!

33.01 Motorrad fahren

Doch nun begann das eigentliche Problem. Meine Frau hielt nämlich nichts von meiner Idee, das hatte ich bereits ausgelotet. Also musste ich das Üben irgendwie heimlich machen. Wir verabredeten uns an einem Punkt auf irgend einem Feldweg und fuhren getrennt dort hin. Ich mit dem Motorrad, Nici und Götz kamen mit ihren Fahrrädern nach. Das ging ein paar Mal sehr gut, wobei ich immer intensiv Ausschau hielt nach den Feldschützen, die gerne die Feldwege kontrollierten. Dann wäre sicher eine Strafe fällig gewesen.

Plötzlich aber stand statt des Feldschütz meine Frau vor uns. Ihr war aufgefallen, dass wir gelegentlich alle drei verschwunden waren und das hatte sie stutzig gemacht. Eines Tages ging sie mit Feldstecher bewaffnet in unserem Hochhaus in den 12. Stock und konnte sehen wie wir in der Ferne auf einem Feldweg herum fuhren.

Sie nahm ihr Fahrrad und fuhr uns nach. Wutschnaubend kam sie an und wollte mich in den Senkel stellen. Da sagte Nici zu ihr:

„*Mama möchtest du mal bei mir mit-fahren?*"

Damit war bei ihr die Luft raus. Sie konnte nur noch staunen, ließ uns in Ruhe und fuhr wieder nach Hause.

Später gingen wir auf das Panzergelände westlich der Stadt. Dort im Panzergelände machte das Üben besonders Spaß, denn ich wollte denen ja Geschicklichkeit beibringen und nicht das Rasen lernen. Es gab da zum Beispiel eine kleine Schlucht, die man quer durchfahren konnte. Dazu gehörte schon etwas Mut und dann auch noch schnelle Reaktion. Man musste mit dem zweiten Gang oben losfahren und am Hang – ohne die Kupplung zu ziehen – in den ersten Gang schalten, weil es blitzschnell gehen musste. Die Buben beherrschten das bald wie alte Rennfahrer und wiederholten die Durchfahrt andauernd. Allerdings schaffte es Götz auch einmal seitlich abzugleiten und in einem Dornengebüsch zu landen. Das war ihm eine kleine Warnung, um etwas vorsichtiger zu werden.

Ich dagegen schaffte es leider nicht, weil der Motor zu schwach, bzw. ich zu schwer war. Auf halber Höhe musste ich immer umdrehen, was auch gewisse Reaktionsschnelligkeit voraussetzte. Nici dagegen hatte hier keine Probleme. Nur einmal als er quer zum Hang anhalten wollte kippte er Hang abwärts. Das war auch nicht ganz ungefährlich, denn dabei könnte Benzin irgendwo auslaufen und durch den heißen Motor entzündet werden. Aber ich war schnell zur Stelle um ihm zu helfen. Außer einem Schreck war nichts passiert. Ihm war es aber auch eine Warnung.

Eigentlich gehörte dieses Gelände den Franzosen, die dort regelmäßig mit ihren Panzern herum kurvten und ihre Manöver abhielten. Wenn aber keine Übungen waren, durfte man das Gelände betreten, obwohl überall Verbotsschilder standen.

Einmal hatten wir geglaubt alleine zu sein bis uns auffiel, dass manche Grasbüschel sich bewegten. Da erst sahen wir. dass das Soldaten waren. Wir waren also mitten in einem Manöver gelandet!

Die getarnten Soldaten freuten sich, dass es ihnen gelungen war uns zu überraschen. Wir aber suchten sofort das Weite.

Am Eingang zum Panzergelände stand dann auch ein Jeep auf dem ein hoher Offizier saß. Als wir an ihm vorbei fuhren grüßte ich natürlich. Grinsend legte er die Hand an seine Mütze und ließ uns wortlos passieren.

33.02 Auto fahren

Auch das Auto fahren brachte ich beiden recht früh bei. Wir waren 1973 in Dänemark im Urlaub in einer abgelegenen Feriensiedlung. Jeden Morgen fuhr ich ins Dorf, um frische Brötchen und Milch zu holen. Da fragte mich Nici, ob er auch mal fahren dürfe, aber er war erst 10 Jahre und die Wege waren hier sehr schmal. Ich ging das Risiko ein und ließ ihn ans Steuer. Natürlich war das nicht ganz ungefährlich, denn vom Beifahrersitz aus kann man beim Mercedes nicht so ganz leicht eingreifen, weil der Kardantunnel dazwischen ist. Ich erklärte ihm ganz genau, worauf es ankomme und ließ ihn dann ans Steuer. Ein Problem war nur, dass er noch so klein war. Er musste auf dem Sitz ganz nach vorne rutschen, damit er die Pedale bedienen konnte. Dadurch musste er aber durch das Lenkrad nach vorne schauen. Als wir wieder zu Hause ankamen wunderte sich meine Frau, weil sie glaubte das Auto käme ohne Fahrer daher. Natürlich wollte Götz das auch probieren, er war zu der Zeit gerade 13 Jahre. Leider war er längst nicht so umsichtig. Er schaltete immer erst nach der Kurve und musste dann mühsam den richtigen Gang suchen. Nici dagegen hatte begriffen, dass man vor der Kurve herunter schaltet, um so ganz sanft mit dem Getriebe zu bremsen und gleichzeitig nach der Kurve immer im richtigen Gang zu sein.

Natürlich habe ich später, als sie den Führerschein machen wollten auch mit ihnen geübt. Besonders wichtig war ihnen das Einparken, weil das viel Zeit bei der Fahrschule in Anspruch nahm. Aber auf dem großen PH-Parkplatz am Wochenende konnte man das mit unserem Auto problemlos üben.

Das sparte viel Geld beim Führerschein.

34.00 Ein Neuanfang

34.01 Ein neuer Versuch

Jedes Jahr vor dem Urlaub gab es richtigen Stress, so auch 1981. Meine Frau versuchte jedes Mal uns von der Urlaubsfahrt abzubringen. Doch nach vier Jahren ohne sie hatte ich nun schon so viel Routine, dass ich keine Angst mehr davor hatte.

So richtig ausgepowert kamen wir dieses Mal in Agde an. Wir fanden einen guten Platz und hatten angenehme Nachbarn. In der Nachbarschaft campte auch eine Frau so im Alter von etwa 40 Jahren mit zwei Buben im Alter von etwa 10 bis 14 Jahren. Sie war mir zwar schon im vorigen Jahr aufgefallen, also war sie auch Stammgast hier. Weil sie auch alleine war ergaben sich ab und zu kleine Gespräche und auch Gefälligkeiten. Auch am Strand lagen wir manchmal nicht weit voneinander. Was mir an der Nachbarfamilie so besonders gefiel war die Tatsache, dass sie sehr harmonisch miteinander umgingen. Ich wurde richtig neidisch, konnte ich doch erkennen, dass man nicht wegen jeder Kleinigkeit Terror zu machen brauchte. Aber auch zu uns waren sie ausgesprochen nett. Ja, die vier Buben vertrugen sich sogar recht gut.

Und ich überlegte mir plötzlich, ob diese Frau zu meinen Kindern nicht ebenso nett sein würde. Auch mir war die Frau nicht unsympathisch und so kamen wir uns im Laufe der vier Wochen etwas näher, so wie es eben mit vier Kindern möglich war. Denn unsere Kinder hatten absoluten Vorrang. Wir besprachen sogar die Frage, ob wir miteinander eine gemeinsame Zukunft haben könnten. Daraufhin verabredeten wir ein Treffen nach dem Urlaub bei ihr zu Hause. Recht beschwingt fuhren wir am Ende des Urlaubs wieder nach Hause.

Die Familie wohnte in Bad Ems, nicht weit von Frankfurt. So beschloss ich zur nächsten Automobil-Ausstellung IAA nach Frankfurt zu fahren. Ich nahm dazu den Wohnwagen mit, denn ich wollte ja zwei Tage bleiben. Den ließ ich aber in Mittelstadt bei meiner Schwester stehen.

Ich fuhr zuerst zu der Familie nach Bad Ems und besuchte anschließend die IAA. Doch als ich wieder nach Hause kam empfing mich meine Frau sehr misstrauisch. Sie meinte, das da wohl etwas nicht stimme. Sicher war ich viel fröhlicher als sonst. Ich war jetzt entschlossen, unserer Ehe ein Ende zu machen, denn so hielt ich es auf die Dauer nicht mehr aus.

Am wichtigsten waren mir dabei die Kinder, die sollten es besser haben. Meine Frau würde sie sicher nicht haben wollen, denn sie hatte ja auch ohne sie täglich ein volles Programm.

So unterbreitete ich ihr meine Meinung. **_Doch ich hatte die Rechnung ohne den Wirt gemacht!_**

Zuerst wollte sie nur wissen, wer die Frau sei. Nach langem Zögern sagte ich es ihr. Aber sie wurde dadurch nicht gelassener, sondern immer aggressiver. Sie fing an zu toben und zu schreien.

Die Nacht war fast schlaflos vergangen und ich ging trotzdem am nächsten Tag wie gewohnt zur Arbeit. Sie aber sann auf Rache. Was sie sonst nie tat, setzte sie jetzt um. Sie ging während ich weg war in den Wohnwagen, der vor der Türe stand und durchwühlte alle Sachen. Dummerweise hatte ich in letzter Zeit so eine Art Tagebuch geschrieben. Wohl um mir den Frust von der Seele zu schreiben. Ich hatte es auch gar nicht versteckt, weil sie bisher nie alleine in den Wohnwagen gegangen war.

Das Heft fiel ihr nun in die Hände. Darin las sie, dass ich ernsthaft vor hatte mich von ihr zu trennen. Daraufhin empfing sie mich am Abend umso heftiger, denn sie hatte sich nun eine Strategie überlegt. Weil sie merkte, dass es mir vorrangig um die Kinder ging, drohte sie mir damit, die Kinder und sich selbst umzubringen.

„Die Kinder bekommst Du nicht– die sterben vorher!"

Was blieb nun zu tun?

Zumal ich merkte, dass sich die Kinder völlig neutral verhielten. Sicher war ihnen ein Umzug auch nicht ganz geheuer, denn sie hatten ja hier ihre Freunde. Auch das hatte ich unterschätzt.

Ich merkte bald, dass ich das Problem so nicht angehen konnte und verhielt mich neutral. Wenn sie mich anschrie, reagierte ich gar nicht. Das zeigte auch seine Wirkung und es trat auch bei ihr ein Umdenken ein.

34.02 Hoffnung

Mit der Zeit ergab sich wieder ein eisiges Miteinander.

Ich unternahm in der Freizeit viel mit den Kindern, so wie vorher im Urlaub. Meine Frau beobachtete das natürlich mit rechtem Misstrauen.

Mir wurde schnell klar, dass ich mit dieser Strategie alleine keine Besserung oder Änderung erreichen konnte. Da kam ich auf eine andere Idee.

Schon oft hatte ich mir anhören müssen, dass *„alle im Hause bauen ein eigenes Haus, nur wir sitzen immer noch hier in unserer 4-Zimmer-Eigentums-Wohnung in einem Hochhaus!"*

Das stimmte aber nur soweit, dass wir tatsächlich in einer 4-Zimmer-Wohnung wohnten, aber die war weder zu klein, noch fühlten wir uns dort nicht wohl.

Das Hochhaus hatte sogar sehr viele Vorteile, wie z.B. sehr niedrige Nebenkosten, keine Kehrwoche draußen, nur im Hause auf dem Stockwerk, Wasch- und Trockenräume im EG. Einen Gemeinschaftsraum für Veranstaltungen und Festlichkeiten auch privater Natur. Die Kinder hatten viele Spielkameraden, Sportplatz und

Schwimmbad direkt vor der Haustüre. Daneben einen kleinen See und einen Rollschuhplatz, auf dem man im Winter auch
Schlittschuhe laufen konnte. Alle Ein-
kaufsmöglichkeiten in kurzer Entfernung
und noch vieles mehr, was einem gar nicht
mehr so auffiel.

Klar, meine Frau hatte immer wieder
Stress mit ihrer Putzerei. Wenn sie ihren
Staublappen zum Fenster hinaus schüttelte, der übrigens bei unserer sauberen Wohnung total staubfrei war, beschwerte sich
regelmäßig die unter uns wohnende Familie Scheitenberger. Dabei kamen die fetti-
gen Kuchenkrümel auf der Fensterbank
von der über uns wohnenden Familie. Das
sind tatsächlich die kleinen Nachteile, die
man in Kauf nehmen muss, wenn man mit
anderen Menschen in einem Hause wohnt
– man muss eben Rücksicht nehmen!

Dabei war die Familie Scheitenberger gar
nicht so unangenehm. Als ich eines Tages
mittags zur Arbeit fahren wollte, sah ich
Herrn Scheitenberger gerade zum Bus gehen. Er war gehbehindert und lief folglich
sehr schlecht. Ich überlegte kurz, hielt und
fragte, ob ich ihn mitnehmen könnte. Er
schaute mich zuerst ungläubig an, zögerte
einen Moment und stieg dann aber bei mir

ein. Unser Gespräch beschränkte sich auf die üblichen Oberflächlichkeiten. Er bedankte sich aber sehr freundlich, als er aus stieg. Beide waren wir wohl froh, dass die Begegnung so harmonisch verlaufen war. Darauf nahm ich ihn öfter mittags mit und wir kamen auch auf unser gemeinsames Problem zu sprechen. Er zeigte viel Verständnis für die Putzsucht meiner Frau, die ihm natürlich schon lange aufgefallen war. Andererseits konnte ich ihm erklären, dass wir das gleiche Problem mit den Kuchenkrümeln auf dem Fenstersims hatten, weil die ja von oben kamen. Und so war der Streit schnell beigelegt.

Diese Begegnung hatte aber zweierlei Auswirkungen: Frau Scheitenberger grüßte mich ab da wieder recht freundlich. Meine Frau aber reagierte genau umgekehrt, denn sie hatte uns vom Fenster aus beobachtet: „Wieso nimmst du den Muffel von unten auch noch mit? Habt Ihr etwa über mich gesprochen und etwas gegen mich ausgeheckt?"

Sie konnte einfach nicht verstehen, dass ich das nur des lieben Friedens Willen getan hatte. Außerdem hatte ich mir damit auch keine Zacke aus der Krone gebrochen.

Tatsächlich bauten zu der Zeit aber tatsächlich einige Mitbewohner ihre eigenen
Häuser und zogen aus. Doch aus Kostengründen mussten die meisten aufs Land
ziehen, weil in der Stadt die Grundstücke
nicht bezahlbar waren. Aber das sah man
damals noch nicht als gravierenden Nachteil an. Im Gegenteil, es war die Zeit, wo
man in ländlichen Siedlungen mit einem
Swimmingpool und einem offenen Kamin
glaubte punkten zu können. Inzwischen
sind alle Schwimmbecken zugeschüttet,
weil der Unterhalt unbezahlbar wurde und
die Kamine zugemauert, weil es ewig gezogen hat. Viele brauchten auch ein Zweitau-
to, um die Kinder in die Schule und zu den
freiwilligen Aktivitäten zu fahren. Aber
diese vielen Nachteile wollte man damals
nicht sehen oder zumindest nicht zugeben.
Wir dagegen hatten das Schwimmbad und
die Turnhalle direkt vor der Türe und waren in ein paar Minuten mit dem Stadt-
Bus in der Stadtmitte. Aber das sah meine
Frau alles gar nicht; sie wollte hier einfach
nur raus!

35.00 Hauskauf

35.01 Neu oder gebraucht?

Ein Grundstück in Stadtnähe kam für uns aus Kostengründen nicht in Betracht und aufs Land ziehen kam für mich nicht in Frage, weil ich ganz klar die Nachteile sah. Also schaute ich mich 1981nach einem geeigneten Haus auf dem Immobilienmarkt um. Angeboten wurden gerade genug, aber da hieß es sehr umsichtig zu sein, um keinen Reinfall zu erleiden.

Reihenhaus Bodelschwinghstrasse 38/2

Nach einiger Suche – meine Frau war immer sehr kritisch dabei - fanden wir ein Reihenhaus in Geschoss versetzter Bau-

weise im Hohbuch. Die Bodelschwinghstrasse lag damals sozusagen am Stadtrand, man hatte aber die Bushaltestelle
fast vor der Türe.

Das Objekt gefiel uns und wir handelten
auch den Preis noch ein wenig herunter,
bis es für beide Seiten passte.

Im Frühjahr 1982 war es dann so weit.

Der Kauf war perfekt und nun ging es um
die „Verschönerungen." Denn natürlich
waren Malerarbeiten und Fußbodenbeläge
zu erneuern.

Die Malerarbeiten vergaben wir an eine
Firma, weil es mir zu viel war und die
Treppenhaus-Wände von uns kaum zu be-
arbeiten waren wegen ihrer Höhe.

Die Fußbodenarbeiten machten wir jedoch
selbst. Das war viel Arbeit! Denn alle Teppiche waren fest mit dem Untergrund ver-
klebt.

Auch die Wand zwischen den beiden Kin-
derzimmern wollte ich verändern. Dabei
half mir aber Manne aus Oferdingen, ein
Cousine meines Schwagers Wolfgang.

Alleine hätte ich die Arbeiten nicht bewäl-
tigen können, obwohl ich sogar meinen
Skiurlaub opferte. Ich fuhr die Kinder und
meine Frau nach Alberschwende und
machte mich zu Hause wieder an die Ar-

beit. Nach 10 Tagen holte ich sie wieder nach Hause. Aber ich hatte auch brave Helfer, denn beide Jungen halfen tapfer mit – nur meine Frau nicht, die hatte ja keine Zeit wegen ihres Programms in der alten Wohnung. Nur zum Meckern und zum Kritisieren kam sie gelegentlich vorbei!

Dann war alles fertig und die notwendigsten Möbel gekauft. So sah es nun aus.

Durchblick vom Wohnzimmer zum Eßzimmer

Das Haus war zwar eine Besonderheit mit versetzen geschossen, aber das war ja gerade der Reiz. Vom Wohnzimmer konnte man durch ein Fenster ins Esszimmer schauen.

35.02 Renovierung und Einzug

Dann zogen wir erst mal ein und verbrachten den Sommer 1982 „auf Balkonien", d.h.auf der Terrasse. Aber auch im Garten war noch viel zu tun, denn ich wollte den Rasen neu einsähen. Genau betrachtet stellte ich fest, dass sich der Boden zwar zum Betonieren geeignet hätte, aber nicht, um einen ordentlichen Rasen zu bekommen. Also fuhr ich Hänger für Hänger des Oberbodens raus auf die Müllkippe. Den Auto-Abstellplatz beseitigte ich dabei auch gleich, denn dadurch war unser Garten zu einem Bikini geschrumpft. Außerdem waren ja genügend Parkplätze auf der Straße vorhanden. Natürlich hatte ich bei den drei Haus-Nachbarn das Einverständnis eingeholt, denn es handelte sich ja um ein Reihenhaus auf einem gemeinsamen Grundstück. Nur bei der Stadt hatte ich nicht um Genehmigung gebeten, die hätten das wohl untersagt.

Als wir dann schon da wohnten machte ich mich auch noch über den Steinfußboden her. Meiner Frau gefiel der graue Steinboden im Eingang nicht und so kam ich auf die Idee weiße Fliesen darauf zu verlegen. Außerdem gefiel mir der Betonboden in der

Waschküche nicht. Aber vom Fliesenlegen verstand ich nicht sehr viel, hatte aber einen netten technischen Zeichner, der gelernter Fliesenleger war. Den bat ich, ob er bereit wäre mir etwas zu helfen.

Er sagte zu.

Ich kaufte Fliesen ein und dann ging es los. Herr Wetzel kam eines Nachmittags und fing in einer Ecke in der Waschküche an. Zog die Spachtelmasse auf und legte die ersten Fliesen aus. Nach einer halben Stunde schaute er auf die Uhr und meinte, dass er nun gehen müsse, weil er seine Frau vom Arzt abholen müsse.

„Und was ist mit den Fliesen", fragte ich etwas enttäuscht.

„Das machen Sie auch ohne mich, das weiß ich genau!"

Damit ging er freundlich aus dem Haus. Er hatte insofern Recht, dass ich nun gesehen hatte, wie es gemacht wird. Doch ob ich das auch wirklich so hinkriegen würde, da war ich mir gar nicht so sicher.

Ich machte also notgedrungen alleine weiter. Bald war der ganze Raum fertig. Sogar rings um den vorhandenen Heizkessel legte ich die Platten so exakt, als wäre das Gerät gar nicht da gewesen.

Ich staunte selbst über mich.

Es war auch gar kein Unterschied zu sehen zwischen seinen und meinen verlegten Fliesen. Das beruhigte mich natürlich enorm und stachelte mich an zu weiteren Unternehmungen.

Als nächstes kaufte ich weiße Bodenplatten für den Flur in der Größe 30 x 30 cm. Doch hier bestand das Problem, dass wir vier und der Untermieter ein und ausgingen. Ich schnitt mir also die Platten für den ganzen Raum zu und verlegte aber nur jede zweite Platte. Den Zwischenraum benutzten wir zum Gehen. Als der Mörtel abgebunden hatte verlegte ich dann die Platten in den noch freien Flächen. Um Missverständnisse auszuschließen klebte ich auf jede frische Platte einen roten Punkt!

Mittags kamen die Buben aus der Schule und ich fragte, ob sie aufgepasst hätten beim Hereinkommen. „Ja", sagte Götz, „ich habe nur die Platten mit rotem Aufkleber betreten."

Ich bekam einen Schreck, sollte meine Arbeit heute vollends vergebens gewesen sein. Sofort schaute ich nach. Gott sei Dank hatte der Kleber aber schon angezogen, so dass noch alle Platten ordentlich lagen. Ich glaube aber auch, dass Götz mich verladen hatte. Zuletzt brachte ich auch

noch am Ausgussbecken im Heizraum ein
paar Wandplatten an, damit die Wand
nicht verspritzen sollte. Das Ergebnis
konnte sich insgesamt sehen lassen. Selbst
der Schornsteinfeger sagte jedes Mal, dass
es bei uns im Heizraum so sauber sei, dass
man vom Fußboden essen könnte. Natürlich lag das auch an der Sauberkeit meiner
Frau, denn dort wurde jede Woche zwei
Mal nass gewischt.

Für den Umbau hatte ich mir für jeden
Raum eine Kostenkalkulation gemacht.
Doch leider überstiegen die Kosten meinen
Rahmen. Da fiel mir ein, dass mein Vater
sowohl meinen Bruder, wie auch meine
Schwester finanziell geholfen. Ich erklärte
ihm meine Lage und er borgte uns das feh-
lende Geld. Als ich es wieder zurück zahlen wollte meinte er, stimmt so. Die anderen beiden Kinder würden nun als Aus-
gleich die gleiche Summe bekommen

Obwohl uns das Geld durch den Umzug
schon etwas knapper geworden war, fuhren wir regelmäßig jedes Jahr in Urlaub.
Meistens im Sommer nach Agde in Südfrankreich; 1983 aber auch mal nach Dänemark, wo wir ein Ferienhaus für vier Wochen gemietet hatten. Im Januar waren

wir dazu immer für 7 bis 10 Tagen in Alberschwende in Österreich zum Ski fahren.

36.00 Urlaub in Dänemark

In diesem Jahr war wieder ein Urlaub geplant.

Doch jetzt hatten wir ein Problem, weil wir beim Umzug ins neue Haus unseren Wohnwagen verkauft hatten. Also mussten wir eine andere Lösung finden.

In Prospekten hatten wir bei einem Anbieter Ferienwohnungen in Dänemark gelesen.

Das wäre doch mal etwas Neues. Also buchten wir ein ganzes Nur- Dach-Ferienhaus in Södring für 3 Wochen. Hoffentlich ist es auch so interessant, wie es auf dem Foto aussieht.

Nur-Dach- Ferienhaus in Dänemark

Es war sogar noch interessanter. Södring ist ein kleiner Ort an der Ostküste von Dänemark etwa 30 km nordöstlich von Randers. Unser Haus lag in einer sehr weitläufigen Feriensiedlung etwa 2 km östlich von Södring. Das war so richtig in der Pampa. Aber wir gewöhnten uns schnell daran, denn es war nicht weit zum Strand. Und im Angebot war auch ein Ruderboot.

Sofort wurde das Boot klar gemacht und an den Strand getragen, bevor wir eingezogen waren. Natürlich wollten die Buben auch gleich eine Ausfahrt machen. Ich bremste sie ein, denn wenigstens beim ersten Mal wollte ich dabei sein. Schließlich waren wir hier am offenen Meer und da musste man sich erst mal orientieren, wie hier die Wasser-Strömungsverhältnisse sind. Schnell stellte sich aber heraus, dass hier in der Trea Mollebugt keine Gefahr drohte. Folglich konnte ich sie auch alleine fahren lassen, nachdem sie mir versprochen hatten immer nur in Landnähe zu bleiben. Schon am zweiten Tag fuhren sie mit dem Boot zum angeln. Und tatsächlich fingen sie auch einige Fische. Nun gab es wieder die gleiche Prozedur wie in Südfrankreich. Ich versprach ihnen alle Fische, die sie fangen würden aus zu nehmen, zu schuppen und zu braten. Deshalb duftete es manchmal noch recht spät verführerisch aus unserer Küche. Meine Frau hielt sich dabei aber zurück. Sie mochte eigentlich nur Fischstäbchen, die nicht mehr so stark nach Fisch riechen.

Am Tage war dann zuerst Schwimmen angesagt, dabei erkundeten wir gleich den Strand. An vielen Stellen waren kleine Sandbänke dem Strand vor gelagert, das sah man aber erst bei Ebbe. Somit war auch kaum Gefahr, dass man hier ertrinken könnte. Außerdem waren beide Buben gute Schwimmer. Natürlich fuhren wir auch einen ganzen Tag nach Billund ins Lego-Land. An einem Schießstand, wo sie unbedingt ein paar Schüsse abgeben wollten, machte ich eine bestürzende Entdeckung. Nici ist zwar Rechtshänder, aber er zielte mit dem linken Auge. Aufgefallen war mir nur, dass er das Gewehr völlig falsch hielt. Das war dann auch der Anlass, gleich nach dem Urlaub eine Augenuntersuchung machen zu lassen.

Tatsächlich musste das rechte Auge nun durch eine Augenklappe still gelegt werden. Später bekam er dann eine Brille.

Jedenfalls waren das 3 unvergessliche Wochen für uns alle.

37.00 Vaters Tod

Am 19. Januar 88 hatte mein Vater zu seinem 82. Geburtstag wie in jedem Jahr eingeladen. Dieses Mal trafen wir uns im
Sportlerheim in Mittelstadt. Meinem Vater
tat es sichtlich gut, alle wieder beisammen
zu sehen. Nur meine Frau fehlte, aber das
war inzwischen nicht neu, denn sie kam
schon seit Jahren zu keinem Papke-Tref-
fen.
Was sie gegen die Papkes hatte war sehr
vielfältig, aber nicht nachzuvollziehen. Mal
war es die angeblich ungleiche Behandlung
ihrer Schwiegertöchter, mal meine Hörig-
keit gegenüber meiner Mutter, mal hatte
sie etwas gegen meine blonde Schwester.
Zum Geburtstag war der ganze Clan aber
wieder vollständig beieinander. Mein Bruder mit Familie aus Landsberg, meine
Schwester mit Familie aus Mittelstadt und
wir, aber ohne meine Frau.
Aber mein Vater sah dieses Mal nicht so
gut aus. Er hatte abgenommen und das
Rauchen hatte er auch eingestellt.
Da fällt mir ein, dass mein Vater Asthma
hatte. Sein Arzt hatte ihm als er 18 Jahre
war bescheinigt, dass er nicht sehr alt werden würde. Inzwischen feierte er seinen 82.

Geburtstag und hatte dazu viele Jahre recht stark geraucht.

Im März 1988 rief mich meine Schwester an und sagte mir, dass sie in den Winterurlaub fahren wollten. Da es Papa aber gerade nicht so gut ginge, sollte ich mich doch etwas um ihn kümmern. Ich telefonierte mit ihm und merkte, dass es ihm gar nicht gut ging. Darauf fuhr ich zu ihm hinaus nach Mittelstadt.

Er hatte keinen Appetit und hatte sich sogar ins Bett gelegt, was bei meinem Vater eine echte Ausnahme war. Noch die Tage zuvor war er recht aktiv gewesen, hatte eingekauft, was er immer mit dem Fahrrad tat. Und er hatte wie immer sogar vorgekocht.

Ich machte ihm eine Suppe warm, aber es schmeckte ihm nicht. Darauf nahm ich ein paar Tage Urlaub und blieb bei ihm. Von Tag zu Tag ging es ihm aber immer noch schlechter. Darauf holte ich seinen Hausarzt. Der verschrieb ihm zwar ein paar Tabletten, aber sein Allgemeinzustand besserte sich überhaupt nicht mehr.

Nach einer Woche kam meine Schwester aus dem Ski-Urlaub zurück und übernahm die Krankenwache. Um ihn besser betreuen zu können brachten wir ihn zu ihr, sie wohnte ja nur ein paar Straßen weiter.

Von dieser Schwäche erholte er sich aber nicht mehr, sondern starb am 2.3.1988 im Beisein von meiner Schwester und mir.

So traurig sein Tod auch für uns war, hatte er doch wenigstens nicht lange gelitten. Nun waren also unsere beiden Elternteile tot, das war kein angenehmer Gedanke. Gerne waren gelegentlich auch unsere Buben abwechselnd bei meinem Vater ein paar Tage zu Besuch gewesen. Und wie ganz normal, wurden auch immer wieder Fragen zur Vergangenheit gestellt.

Das ging nun alles nicht mehr.

Ab jetzt wurde ich, als der älteste Sohn, gefragt, wenn es um vergangene Ereignisse ging. Dabei war ich bei unserer Flucht doch auch erst 11 Jahre alt gewesen.

38.00 Götz

38.01 Götz bis zum ABI

Götz besuchte in Reutlingen die Freie Evangelische Grundschule.

danach wechselte er an das Albert-Einstein-Gymnasium, wo er am 30.06.87 das Abitur machte.

Er war sehr sportlich, weshalb er eine Zeit in einem Verein Wassersport betrieb, dadurch war er schon sehr früh ein guter Schwimmer.

Später wechselte er zu Volleyball, das ihm wesentlich mehr Spaß machte.

Außerdem blieb sein Interesse beim Motorsport. Er hat bis heute immer noch mehre Motorräder auf dem Hof.

Auch an seinen Autos bastelte er gerne herum. So rüstete er seinen Diesel auf Pflanzenöl um. Sogar in der Urlaub ist er damit gefahren. Da er auch gerne Camping betreibt habe ich ihm unseren Wohnwagen auf den Hof gestellt, mit dem inzwischen fast 60-jährigen Gefährt ist er fast jeden Sommer unterwegs.

38.02 Wehrersatzdienst

Nun stand der Wehrdienst an. Er hatte sich aber entschieden keinen Wehrdienst, sondern Ersatzdienst zu leisten. Den leistete er von Oktober 87 bis Mai 89.

In Mössingen bei der KBF hatte er die Aufgabe mit einem Kleinbus die behinderten Kinder in die Schule zu holen, sie während des Tages mit zu betreuen und danach wieder nach Hause zu bringen. Er engagierte sich so intensiv, dass er die älteren Jugendlichen sogar abends manchmal in die Disco begleitete oder sie sogar zu uns nach Hause brachte. Die Arbeit machte ihm viel Spaß und er lernte, besonders auf sozialem Gebiet, viel dazu.

38.03 Weltreisen

Als die ZIVI-Zeit um war hatte er noch ein halbes Jahr Zeit bis zum Studienbeginn; er wollte an der UNI Tübingen Physik studieren. So kam er auf die Idee die Zwischenzeit für eine Weltreise zu nutzen. Doch bereits nach 2 Monaten ließ er sich wieder exmatrikulieren, weil er von Physik nicht mehr überzeugt war.

Das nötige Geld für die Weltreise hatte er sich schon verdient durch Ferien-Jobs, außerdem erhielt er von mir eine monatliche Unterstützungs-Summe.

Ein Schulkamerad Christian Eyer war Inder und lebte hier mit seinen Eltern. Aber seine Oma war noch in Indien. Als der hörte, dass Götz auch durch Indien reisen wollte bat er ihn, doch seine Oma zu besuchen. Aber da müsse er Geduld haben, die sei sehr viel beschäftigt und oft unterwegs.

Mit dem Rucksack zog er ganz alleine los. Fuhr mit dem Zug quer durch Europa und den Nahen Osten mit einem Bogen um den Iran, der zu dem Zeitpunkt recht unsicher war, bis nach Indien.

Tatsächlich besuchte er die Familie Eyer in Bombay. Der Schulfreund hatte Recht, die Oma war nicht da, sondern nur ihre

Bediensteten, denn sie führte dort ein Leben wie früher die Kolonialherren. Er setzte sich in den Schatten und wartete. Endlich kam die Oma, eine noch sehr mobile und resolute Frau. Sie bat ihn sofort hinein und behandelte ihn, wie ihren eigenen Sohn. Er bekam einen Boy zugeteilt und wenn er irgendwo hinwollte wurde er von Omas Chauffeur gefahren – gar nichts konnte er alleine tun, nicht mal selbst zahlen – das erledigte alles der Boy für ihn.

Ein paar Tage hielt er es aus, dann wollte er weiter, denn er war von zu Hause aus nicht so verwöhnt. Schließlich gelangte er sogar bis nach Japan. Wir hatten ausgemacht, dass er uns ständig über seinen Aufenthalt informiert. Aber wir konnten beruhigt sein, denn es verlief bei ihm alles ohne große Zwischenfälle.

38.04 Berufsfindung

Nach etwa 10 Wochen war er wieder zu Hause mit einem ganzen Rucksack voller Architektur-Bücher aus Japan. Er habe inzwischen beschlossen nicht Physik, sondern Architektur zu studieren. Ich versuchte ihn aufzuklären. Die Bauten, die er da in der Literatur sah, zeigten nur die Ausnahme. Die meisten Architekten in der Welt bauen nur ganz gewöhnliche Bauten oder seien gar nur „Wasserträger" für irgend welche Großprojekte. Und eines war mir bei Götz schon lange aufgefallen, er eignete sich nicht als Angestellter. Er bevorzugte immer die Allein-Stellung.

Er begann sogar ein unbezahltes Praktikum bei uns im Hochbauamt und arbeitete bei einem Baubetrieb auf der Baustelle. Dann packte es ihn noch einmal und er ging nochmals vom 08.10.90 zu einer 5-wöchigen Reise bis nach Japan. Er gab dort Englischunterricht für 50 Mark die Stunde. Damit verdiente er sich das Geld für seinen Aufenthalt. Jetzt lernte er dort die für uns ungewohnten Lebensverhältnisse genauer kennen mit ihren beengten Wohnräumen und den vielen Menschen und den damit verbundenen Problemen.

Als er von dort zurück kam meinte er, dass wir Menschen alles falsch machen.

Wir müssten viel ökologischer denken, mit den Ressourcen besser umgehen und viel weniger Müll produzieren.

Er hatte recht, doch wer hielt sich zu der Zeit daran???

Er würde nun Öko-Bauer werden. Damit war Physik und auch Architektur passe` und er ging an den Bodensee zu einem Öko-Bauern als Tagelöhner. Ich sagte ihm, er könne machen was er wolle, aber einfach nur als Tagelöhner zu arbeiten war wohl der falsche Schritt. Dann sollte er wenigstens eine richtige , anerkannte Lehre machen und hinterher studieren. Damit könnte er vielleicht ein wenig dazu beitragen, die Welt zu verändern. Darauf machte er eine verkürzte Lehre, weil er ja schon das Abitur hatte und ging zum Studium an die Universität nach Kassel und studierte ökologische Landwirtschaft.

39.00 Götz zum Studium

39.01 Marth

Am 08.10.90 schrieb er sich in der UNI Kassel endlich ein. Aber weder für Physik, noch bei Architektur,   sondern für ein Agrarwissenschaftliches Studium. Das Diplom machte er im Juli 1997.

Von Anfang an trug er sich mit dem Gedanken, irgendwo einen alten Bauernhof zu erwerben. Das bot sich hier nahe der ehemaligen Zonengrenze geradezu an. Denn im Laufe der Zeit waren viele Bauern nach Westdeutschland geflüchtet, oder waren enteignet worden. Gerade hier nahe der Grenze war die Landflucht am größten. Noch vor Studienbeginn war er unterwegs, um sich leer stehende Höfe anzuschauen.

Als er mir sein Vorhaben vor schwärmte, habe ich ihn gleich eingebremst. Ich ließ mich aber auf eine gemeinsame ganztägige Besuchertour ein. Danach machte ich ihm klar, dass man für so ein Vorhaben entweder ganz reich sein müsste oder zwei Leben haben. Ein Leben, um den Hof zu erwerben und ein Leben, um ihn wieder auf Vordermann zu Bringen und zu unterhalten. Ich jedenfalls hielte nichts von einem solchen Vorhaben. Außerdem beabsichtigte

ich auch nicht, mich finanziell daran zu be-
teiligen. Ich fürchtete, es würde wie ein
Fass ohne Boden sein.
Bei der Haltung bin ich auch geblieben.

39.02 Kastanienhof

Götz betrieb seine Suche aber intensiv weiter. Er fand auch ein Projekt in Marth bei Ahrenshausen als für ihn geeignet. Zusammen mit ein paar Mitstudenten nahm er Kontakt zum Besitzer auf. Das war eine alte Dame, der es darum ging, dass der Hof als landwirtschaftlicher Betrieb weiter existieren könnte. Nach langen Verhandlungen waren sie sich einig.

Kastanienhof Marth

Am 3.8.95 kaufte die Lebens- und Agrar-
kulturelle Initiative e. gem. V. den denk-
malgeschützen Kastanien-Hof in 37318
Marth, Dorfstraße 52 mit ca. 25 ha. Beab-
sichtigt war, eine lebensfähige ländliche
Lebens- und Arbeitsstätte zu verwirkli-
chen. Deshalb sind Grund und Boden in
gemeinnütziger Trägerschaft. Geplant war,
auf dem Hof zu wohnen und ihn stufenwei-
se zu renovieren. Geplant war die Denkmal geschützten Gebäude zu erhalten, ökologischen Land- und Gartenbau zu betreiben, die Pflanzen-Vielfalt zu erhalten, das
Saatgut zu Pflegen, die Tierzucht zu pflegen, Nachzucht von bedrohten Rassen zu
betreiben. Nicht die Produktion landwirtschaftlicher Produkte stehen dabei im Vor-
dergrund, sondern die Pflege der Landwirtschaft.
Auf der Grundlage Natur bewussten Han-
delns sollen traditionelles Handwerk und
Einfachtechniken mit heutigen Erfahrun-
gen verbunden werden. Leitgedanke soll
sein: ***Fortschritt durch Rückbesinnung***
Dazu zählen Lehmbau, Schlosserei, Zim-
mermanns-Arbeiten und die Herstellung
landwirtschaftlicher Produkte. Dazu ist
ein Hofladen und ein Trödel-Cafe geplant.

Nebenbei soll der Hof aber auch eine Art Sozial-Station werden , wo sich Menschen begegnen, um eine wirksame Lebenserfahrung zu üben. Langfristig ist geplant, mit dem Therapiezentrum in Marth zusammen zu arbeiten. Um z. B. Patienten auf dem Hof arbeiten zu lassen.

Der Innenhof vom Kastanienhof

Ehrlich gesagt, war das eine Mammut-Aufgabe neben dem Studium.

Immer wieder musste ich die Studenten bewundern, wie sie diese große Aufgabe meisterten.

Im Juli 97 machte Götz dann das Diplom.

39.03 Götz Hochzeit

Inzwischen war am 12. 07.1995 bereits seine erste Tochter, Rahel Busch, auf die Welt gekommen. Die Mutter war ein Mitstudentin, mit der er während des Studiums zusammen wohnte, aber nicht geheiratet hatte.

2004 heiratete er Kerstin Kimmerl in der Dorfkirche in Ahrenshausen.

Sein Trauspruch lautete:

Gott ist Liebe
und wer in der Liebe bleibt
der bleibt in Gott
und Gott ist in ihm.

Er hatte inzwischen mit Kerstin Kimmerl drei Kinder. Marja wurde am 10.06. 2000, Elia am 19.01.02 und Jona am 28.10.03 geboren.

Der Kastanienhof sollte der neue Familien-Mittelpunkt werden. Von Marth aus betreibt er nun seine neue Tätigkeit als Lebensmittel-Kontrolleur für BIO-Produkte. Bis jetzt bewohnt er den Kastanienhof, den er wohl auch als seinen Alterssitz sieht.

40.00 Nici

40.01 Nici bis zum ABI

Nici hatte bis zum ABI einen ähnlichen Werdegang , wie sein Bruder Götz. Er war auch sehr sportlich. Belegte im Verein lange Zeit Gymnastik. Als das aber auslief, machte er Leichtathletik, was viel mehr seinem Naturell entsprach, denn er war leicht, schnell und drahtig.

Er ging auch in die Freie Evangelische Grundschule in Reutlingen, vom 15.09.77 bis Juli 1981.

Sein ABI machte er am 15.09.90 am Albert-Einstein-Gymnasium in Reutlingen.

In den Ferien jobbte er einen Monat bei Fa. Bosch in Reutlingen, um sei Taschengeld aufzubessern.

40.02 Ersatzdienst Nici

Nici hatte den Wehrersatzdienst bei Götz genau verfolgt. Als er seinen antrat, meldete er sich auch zur KBF, also zur Behinderten-Betreuung. Bei Nici lief es dann aber doch ganz anders. Seinen Wehr-Ersatzdienst leistete er vom 03.09.90 bis 30.09.91 auch bei der KBF in Mössingen. Auch er holte die Kinder mit einem Kleinbus zu Hause ab und brachte sie in die Schule. Anschließend blieb er auch während des Unterrichts bei ihnen. Nach Schulschluss brachte er sie dann wieder nach Hause. Das hat ihn ungeheuer bewegt und geprägt. Ja, er ging sogar nach Abschluss seines Dienstes in die KBF, um am der Betreuung weiter teil zu nehmen. Man merkte ihm auch an, dass ihn die Einzelschicksale sehr beeindruckt haben. **Sein soziales Verhalten hatte sich völlig geändert.** Aber zwischen Ersatzdienst und Studienbeginn blieb gar keine Zeit. Im Gegenteil, durch die Verkürzung des Wehrersatzdienstes konnte er sogar sein Studium ein ganzes Jahr früher beginnen. Dabei wäre auch er gerne zwischendurch eine Weile durch die Welt gezogen, so wie Götz es ihm vorgemacht hatte.

41.00 Nici zum Studium

Er begann am 01.10.91 in Konstanz Chemie zu studieren. Der Einstieg war schon mal unter ganz widerlichen Umständen, denn es gab zu der Zeit zu wenig Studenten-Buden in Konstanz und der Umgebung. Aber Nici ließ sich nicht entmutigen. Er fuhr einige Tage vor Studienbeginn nach Konstanz und lief durch die Straßen mit einem selbst gebastelten Schild: „STUDENT SUCHT ZIMMER ODER WG". Fast der ganze Tag war vergangen, ohne Erfolg. Da sah er in einem Vorort in einem Garten mehrere Wohnwagen stehen und ihm kam eine Idee. Wenn er dort unseren Wohnwagen dazu stellen dürfte, könnte er zumindest die erste Zeit damit überbrücken. Er fragte und bekam aber eine Absage, weil es kein Campingplatz sei. „Na ja," antwortete er, „Eigentlich suchte ich ja auch keinen Campingplatz, sondern ein Studenten-Zimmer." Darauf antwortete die Frau, er solle doch einen Moment warten, ihr Mann sei gerade dabei, ein Zimmer in Konstanz zu vermieten. Der Mann fuhr mit ihm nach Konstanz und sie wurden sich einig, dass er das Zimmer bekommen sollte. So hatte er das Thema an einem Tag erledigt.

Der Sohn eines meiner Arbeitskollegen war nicht so findig und konnte das Studium in Konstanz nicht beginnen, weil er keine Bleibe gefunden hatte.

41.01 Das Studium

Jetzt gab es aber noch ein Problem.
Schon vor einiger Zeit hatte er mich gefragt, ob ich ihm auch eine Unterstützung
zahlen würde. Er kam sogar mit einer Bro-
schüre in der stand, dass einem Studenten
550 DM zuständen Und da er kein Bafög
bekäme, müsste ich ihm diese Summe zahlen. Ich lehnte grinsend alles ab, überwies
ihm aber 755 DM. Außerdem zahlte ich in
den ersten Monaten noch zusätzlich viele
Anschaffungen, so dass er insgesamt auf
etwa 855 DM kam.
Als er dann zum ersten Mal aus Konstanz
heim kam fragte er mich etwas beschämt,
für wie lange denn die überwiesene Summe reichen solle. Ich antwortete ihm, dass
er diese Summe jeden Monat bekäme.
Denn ich war der Meinung, dass man so
viel Geld haben sollte, dass man nicht nebenbei arbeiten müsse. Dadurch würde
sich das Studium nur unnötig in die Länge
ziehen.
Er bedankte sich und versprach zügig zu
studieren. Nicis Studium war sehr stres-
sig, das lag an mehren Faktoren. Einerseits war die Uni daran interessiert von
den zu vielen Bewerbern nur die Besten

auszusieben und andererseits war Nici in eine Clique geraten, die sich ständig zu überbieten versuchte. Ich hatte richtig Angst, er könnte dabei durchdrehen, denn er arbeitete täglich bis spät in die Nacht und schlief außerdem sehr wenig.

Mit dem Wohnwagen habe ich ihn einmal für ein paar Tage besucht und konnte mich persönlich darüber informieren.

Er wohnte zwar in einem Mehrfamilenhaus praktisch in der Waschküche, hatte dafür aber einen Ausgang direkt in den großen Garten, den er praktisch für sich hatte. Außerdem wohnten noch ein paar nett,. aufgeschlossene türkische Studentinnen im Haus, mit denen er sich sehr gut verstand. Allerdings wurden die vom Vater sehr streng bewacht. Als er sie zufällig in Ihren Zimmern besucht hat klingelte es. Alle erschraken! Als die ältere sah, dass ihr Vater unangemeldet vor der Türe stand, musste Nici tatsächlich aus dem 2. Stock über den Blitzableiter das Zimmer verlassen!

Solche kleinen Begebenheiten sind wie Salz in der Suppe, sie sorgen für Abwechse lung

41.02 Nicis Auszeit

Er überstand zwar die zwei Jahre bis zum Vordiplom unbeschadet und sogar mit ausgezeichneten Noten. Allerdings hatte sich die Situation auf dem Arbeitsmarkt in den zwei Jahren dramatisch verändert. Am Gymnasium hatten die Lehrer den Jungen noch die Zukunft in vielen Berufen in den rosigsten Farben geschildert, dagegen war jetzt totale Ebbe! Keiner der jetzt Studierenden wussten eigentlich genau, ob er den richtigen Berufsweg eingeschlagen habe und ob er am Ende einen Arbeitsplatz finden würde.

In der Situation kam Nici zu mir. Er fragte mich, was ich davon hielte, wenn er sich jetzt für ein Jahr beurlauben ließe, um auszuspannen und auch etwas durch die Welt zu ziehen. Er bliebe Student mit Ausweis und könnte hinterher wieder weiter studieren. Er wolle versuchen, dabei eine Art Praktikum in einem chemischen Betrieb zu machen und gleichzeitig sein Englisch aufbessern und auch über seine Zukunft nach zu denken.

Für mich war sofort klar, dass ihm diese Auszeit gut tun würde.

„Ja, wo willst du denn hin?"

Am liebsten würde er nach Australien oder Neuseeland gehen.

„Ob es nicht weiter weg ginge,"fragte ich scherzend zurück.

Grundsätzlich bejate ich diese Frage, wusste ich doch, dass er es gerne Götz gleich getan hätte. Leider aber war bei ihm überhaupt keine Luft zwischen Ersatzdienst und Studium gewesen. Jetzt bot sich dazu zum ersten, aber auch zum letzten Mal die Gelegenheit dazu. Denn nach dem Studium müsse er zügig einen Arbeitsplatz finden. Da er in der Schule schon der Jüngste gewesen und auch ein Jahr früher zum Studium gegangen war, konnte man es gut heißen.

Und schon war er dabei ganz ausführliche Bewerbungen mit Lebenslauf natürlich in Englisch zu schreiben. Die schickte er an renommierte Chemiefirmen in Australien und Neuseeland; insgesamt fast an die 50 Bewerbungen.

Leider kamen die Antworten recht spät und spärlich. Oft passten aber die Termine nicht.

Dann kam er nach Hause und hatte eine neue Idee: In Bonn gäbe es eine Stelle für Auslandsaufenthalte. Dort könne man sich bewerben für ein halbes Jahr nach Südafrika, mit 3 Monate Studium und 3 Monate Praktikum in einer Chemiefirma. Man müsse aber eine zweitägige Eignungsprüfung in Bonn ablegen. Und schon war er unterwegs.

Als er wieder kam meinte er, dass es recht gut gelaufen sei. Es waren zwar 145 Bewerber da, aber nur 25 Stellen seien zu vergeben. Trotzdem hörte es sich bei der Abschlussbesprechung so an, als wenn dies bereits die Reisegruppe sei.

„So," meinte er, „ob ich nun genommen werde oder nicht. Ich lasse mich nun einfach in der Uni beurlauben und reise vom 10/93 bis 1/94 durch Australien auf eigene Kappe."

Schon buchte er einen Flug nach Adelaide im Süden Australiens als Zielort und Cairns im Norden als Abflugort, dazu mit Zwischenstopp auf der Rückreise in Singapur, der Insel Sumatra und der Insel Bali.

Ich fuhr ihn nach Frankfurt auf den Flughafen. Die Reise finanzierte er zum Teil selbst, wobei ich ihm die Unterstützungssumme von 755 DM monatlich natürlich weiter zahlte. Als wir uns verabschiedeten sagte ich ihm, dass er nun Zeit hätte, über seine Studienpläne nochmals gründlich nachzudenken. Bei seiner Rückkehr würde

ich ihn nur fragen, was er beabsichtigte
weiter zu tun. Fröhlich und zuversichtlich
verabschiedete er sich.

Die Reise war ein voller Erfolg.

Er hatte sich gut erholt, hatte sein Englisch aufpoliert und sogar eine angeschrie-
bene Firma besucht. Die wollten ihn gar
nicht wieder weg lassen.

Die Strecke von Adelaide im Süden bis
nach Cairns im Norden fuhr er mit einem
Fernbus. dabei konnte er an jeder beliebi-
gen Stelle so lange er wollte unterbrechen.

41.03 Studium - Fortsetzung

Als er wider zurück kam erzählte er mir freudestrahlend: „*Chemiker werden in der ganzen Welt gebraucht, man muss nur den Kreis groß genug ziehen, in dem man sich bewegen möchte*". Notfalls wäre er auch bereit nach Australien zu gehen, denn dort würden Chemiker auf jeden Fall gesucht.

Das klang sehr beruhigend und bedeutete, dass er Chemie weiter studieren würde.

Außerdem schwärmte er von der Insel Bali. Die müsste ich einfach mal besuchen. Ich liebe zwar die Wärme, wie in der Wüste, aber ich war mir nicht sicher, ob ich das feucht-warme Klima ertragen würde. Außerdem so weit und alleine – na ja, ich schob den Gedanken auf, behielt ihn aber im Hinterkopf.

Jetzt war aber nur Zeit, um seine Wäsche zu wechseln und schon musste ich ihn wieder zum Flughafen nach Frankfurt fahren. Denn er hatte inzwischen tatsächlich die Zusage für Südafrika erhalten. Das halbe Jahr setzte sich zusammen aus 3 Monate Studium an der Uni in Durban und 3 Monate Praktikum in einer Chemie-Firma in Kapstadt.

Das 3-monatige Studium in Durban hatte ihm gut getan. Und die Arbeit im Chemiebetrieb in Kapstadt hatte ihn richtig gefordert. Er fand dort recht lässige Verhältnisse vor. Der Betrieb produzierte Kunststoffteile, aber mit recht viel Ausschuss, ohne dass jemand intensiv nach den Problemen forschte. Das forderte Nici heraus, sich der Probleme anzunehmen. Der Erfolg ließ nicht lange auf sich warten und der Betrieb wurde wesentlich rentabler. Jedenfalls bekam er am Monatsende einen Lohn. Den lehnte er natürlich ab, denn er war hier ja nur wie ein Praktikant beschäftigt. Aber man machte ihm klar, dass seine Leistung eindeutig zu besseren Produktionsergebnissen geführt hatte und folglich ihm diese Prämie auch zustehen würde.

Gerade als sein Praktikum zu Ende ging, waren in Südafrika die ersten freien Wahlen. Er meldete sich als Wahlhelfer und wurde dafür auch bezahlt. Das Geld verwendete er, um im Anschluss noch eine Gruppenreise durch Südafrika, Botswana und Zimbabwe zu unternehmen.

Insgesamt konnte man sagen, dass dieses Jahr ihm bestens bekommen ist. Er hatte sich von den Strapazen der ersten zwei Studienjahre wieder voll erholt und volles

Vertrauen zu sich und der Welt gewonnen. Für sein Weiterstudium wollte er aber die Uni wechseln, denn seine Mitstreiter waren auch nicht in Konstanz geblieben. Dazu machte er vorher eine Rundreise durch verschiedene deutsche Unis und entschied sich dann für Kaiserslautern.

Stadtbild von Kaiserslautern

Dort zog er nun hin und studierte Chemie zu Ende.

41.04 Und danach?

Als Nici sein Studium beendet hatte blieb
er aber an der Hochschule und machte an
einem Institut seinen Doktor. Auch Anja,
seine Freundin, war zur gleichen Zeit mit
ihrer Doktorarbeit fertig geworden.
Nun ging es um die Arbeitsstellen-Suche.
das gestaltete sich etwas schwierig, denn
auch für Anja musste ein Arbeitsplatz in
gleicher Gegend gefunden werden.
Anja fand zuerst in der Umgebung von
Mainz einen angemessenen Arbeitsplatz.
Aber bald hatte er auch eine Zusage, so
dass es sich sich anbot, in der Umgebung
von Mainz zu bleiben. Dort fanden sie auch
bald ein geeignetes zu Hause. Sie erwar-
ben ein Reihenhaus direkt am Rhein, das
sie auch heute noch bewohnen.
2007 gab es im Kloster Eberbach ein großes Fest- sie haben dort geheiratet.
Inzwischen haben sie zweifachen Nach-
wuchs bekommen. Mea wurde 2009 und
Elli 2012 geboren.

42.00 Marokko mit WW

Für den Sommer 88 hatten wir schon zu Weihnachten Pläne geschmiedet.

Nici hatte vorgeschlagen, mal etwas anderes zu unternehmen, als immer nur auf den Campingplatz nach Südfrankreich zu fahren.

Das war mir gerade Recht, denn wir waren doch immer nur wegen der Buben dort hingefahren. Sie wollten jedes Jahr zur gleichen Zeit an die gleiche Stelle, um ihre alten Freunde wieder zu treffen. Das war ja lange Zeit auch in Ordnung, denn der Kinderarzt Dr. Bonnet hatte uns ausdrücklich ans Herz gelegt, mit Kindern nicht zu kurz und nicht ständig wo anders hinzufahren. Aber jetzt waren sie ja aus dem Alter raus.

Was er denn für ein Ziel hätte, fragte ich.

„Afrika!"

„Damit rennst Du bei mir offene Türen ein," antwortete ich ihm. Als Jugendlicher hatte ich alle Reisebeschreibungen gelesen, die in der DDR über Afrika zu haben war. Besonders die Erlebnisse der jungen Fliegerin Elly Beinhorrn. Geboren 1907, machte te sie 1929 ihren Flugschein und kaufte sich einen kleinen Tiefdecker, eine Messerschmitt M 23, natürlich offen, ohne Kabine. 1931 machte sie ihren ersten Afrika-Flug, um Filmaufnahmen zu machen. Oft hatte sie aber auch Pech und musste einmal sogar in einem Sumpfgebiet in Afrika Not landen und wurde von einem Eingeborenen-Stamm aufgenommen. Schließlich machte sie auch mehrere Kontinentalflüge und eine Weltumrundung.

Ich hatte jedenfalls alle ihre Berichte über Afrika gelesen. Somit war ich also absolut begeistert von Nicis Vorschlag. Und schon bald machten wir uns an eine konkrete Planung:

42.01 Reisevorbereitung

Welches Land, wer, wann und womit.
Wohin: Schnell war das Ziel eingekreist. Es hieß Marokko.
Wer: Meine Frau hatte schon bei der Vorplanung gesagt, dass sie zu einer solchen Fahrt nicht bereit sei. Klar war aber auch, dass wir so eine Tour schon zu dritt machen müssten. Natürlich war auch Götz sofort mit Begeisterung dabei.
Wann: In Betracht kam nur die Sommerferien-Zeit 1988, denn Götz leistete zu der Zeit gerade Ersatzdienst bei KBF und bekam außerhalb der Ferien gar nicht frei.
Womit: Dies war eine sehr wichtige aber schwierige Frage. Die Buben waren einstimmig für ein einfaches Zelt. Da war ich aber strikt dagegen. Ich konnte mir vorstellen nach den vielen Reiseberichten, die ich über Afrika schon gelesen hatte, dass das nicht immer ungefährlich wäre, z.B. schon wegen der Skorpione und auch wegen der Sicherheit. Zudem würde es sicher sehr warm sein. Und was wäre, wenn einer von uns krank werden würde? Ich war eindeutig für den Wohnwagen. Dann sind wir zu langsam, argumentierten die Buben. Dann schon lieber mit Wohnmobil, kam

der Gegenvorschlag. Das besaßen wir aber nicht, müssten es erst kaufen.

Daraufhin sah ich mich auf dem Gebrauchtwagen-Markt um und war ernüchtert. Alles sehr teuer oder desolat! Als ich dann darüber mit meiner Auto-Werkstatt sprach sagte mir Meister Betz:

„Eines sage ich Ihnen, fahren Sie mit ihrem Mercedes und ich garantiere Ihnen, dass alles gut geht! Außerdem ist Diesel in Marokko viel billiger als Benzin."

Ich glaubte ihm und brachte unseren alten Wohnwagen „Troll" von Hymer sofort auf Vordermann. Ich baute eine Toilette ein. Installierte eine elektrische Wasserversorgung und beschaffte ein paar zusätzliche Wasserkanister. Dann war die Sicherheit an der Reihe. Ach so, die beschrieb ich schon bei unserer *Reise in die Vergangenheit*?! Stimmt, aber für *diese* Reise haben wir sie dringend gebraucht.

Bei einem Elektronik-Fachmann kaufte ich für ein paar Mark einen Sicherungs-Satz, für die Zugangstüre. Das Ganze bestand aber nur aus einem Anzeige-Tableau und einem Haufen Drähte. Dazu besorgte ich mir vom Schrottplatz eine zusätzliche Auto-Hupe, einen Ein-Aus-Schalter und einen

geeigneten Türkontakt. Nach einigem Suchen auf dem Schrottplatz war auch der
richtige Kontaktschalter gefunden. Denn
es musste genau die richtige Konstruktion
sein, die als Kontakt an der Türe unter unseren Wohnwagen passte.

Das ganze war nun nur noch zu montieren.
Der Kontakt musste unter dem Wohnwagen aber so montiert werden, dass er nicht
sichtbar war. Das war eine ganz schöne
Fummelarbeit. Das Tableau kam auf das
vordere Fensterbrett, damit man von außen die Lämpchen erkennen konnte. Rot
bedeutete „scharf" und „grün" stand für
aus. In den vorderen verschließbaren Fla-
schenkasten montierte ich die Hupe und
den Ein-Aus-Schalter.

Gespannt nahmen wir diese Eigenkon-
struktion nach getaner Arbeit in Betrieb.
Und- siehe da - es funktionierte auf An-
hieb. Die Hupe war so laut, dass wir sie
schnellstens wieder abschalteten, denn
schon schauten die ersten Nachbarn aus
dem Fenster!

Auch einen Reserve-Reifen sollte unser
Wohnwagen noch erhalten, den wollte ich
unter dem Boden montieren. Dazu hatte
ich mir auch schon im Vorfeld etwas überlegt. Es musste so konstruiert sein, dass

man Ihn entriegeln und dann einfach herausziehen könnte, damit es im Ernstfall schnell ginge. Dazu nahm ich ein altes Zeltgestänge in das ich genau passend zwei Baustähle steckte. Schon war der Auszug perfekt. Nun nur noch anbringen und durch ein Vorhängeschloss sichern.

Zusätzlich legte ich noch einen Autoreifen ohne Felge und einen Auto-Schlauch als Reserve in den Kofferraum. Der würde im Ernstfall sowohl auf dem Zugwagen, wie auch auf dem Wohnwagen passen – das war besonders wichtig. Somit hatten wir für beide Fahrzeuge die dreifache Reifen-Sicherheit. Außerdem besorgte ich noch diverse Ersatzteile, wie Keilriemen, Wasserschläuche und Schlauchklemmen. Fertig!

Aber unser lieber Götz hatte wie immer noch eine zusätzliche Idee. Er hatte sich gerade ein nagelneues 600-er Enduro-Motorrad von Yamaha gekauft. Das wollte er unbedingt in diesem Jahr schon testen. Mit seinem Freund Maier, der auch eine Geländemaschine besaß, hatte er schon eine Wüstentour durch Algerien im Kopf. Auch diese Planung nahm parallel zu unserer Gestalt an. So kam Götz auf den glorreichen Gedanken, beide Reisen miteinander zu verbinden. Zuerst würde er mit seinem Freund Maier durch Algerien rattern und am Ende könnten wir uns dann im Norden Marokkos treffen, während sein Freund von dort aus dann alleine nach Hause fahren müsste. Während Götz uns mit seinem Motorrad begleiten wollte. Mit dieser Verabredung fuhr er vier Wochen vor uns los. Die Freistellung bei KBF hatte er durch enorm viele Überstunden erreicht.

Wir hatten ausgemacht, dass wir uns bei Fes an einer bekannten Ausgrabungsstätte zu einem bestimmten Zeitpunkt treffen wollten. Um sicher zu gehen, dass alles klappt sollte er immer wieder zu Hause anrufen und damit wir seine Reise genauestens verfolgen könnten. Das klappte auch recht gut, bis die beiden fast am Ende ihrer Fahrt in einen rechten Sandsturm gerieten. Da rief Götz an und sagte:

„Von Sand, Sonne und Motorrad habe ich die Nase voll! Wir treffen uns in Agde auf dem Campingplatz in Südfrankreich. Dort stelle ich bei unserem Bekannten Dieter Blume das Motorrad im Vorzelt ab, bis wir wieder zurück sind."

42.02 Anreise

So fuhren Nici und ich von zu Hause einen
Tag vor unserem Treff los. Wir kamen
auch genau pünktlich in Agde an. Stellten
das Gespann vor dem Eingang auf den großen Parkplatz und machten einen Nach-
mittags-Bummel über den Campingplatz.
Aber als wir zu Dieters Wohnwagen kamen, war alles zu.
Keiner da."
Von den Nachbarn, die wir auch kannten,
erfuhren wir, dass Dieter erst ein paar
Tage später kommen würde. Wir infor-
mierten die Nachbarn, was wir vor hatten,
damit sie Bescheid wussten. Dann endlich
gegen Abend ratterten zwei müde Enduro-
Fahrer heran. Sie fielen vor Müdigkeit fast
von den Motorrädern. Nach gemütlichem
Speis` und Trank legten wir uns schlafen.
Das wurde verdammt eng, denn eigentlich
war der Wohnwagen nur für maximal drei
Personen geeignet. Da musste Götz eben
auf dem Fußboden schlafen.
Am nächsten Morgen verabschiedete sich
sein Freud Maier von uns und fuhr alleine
nach Hause. Wir brachten das Motorrad
auf den Campingplatz zu Dieters Zelt.
Dazu schrieben wir ihm einen netten Brief

in dem wir ihm den Schlüssel anvertrau-
ten, damit er jeden Morgen sein Baguette
holen könne. Dann machten wir uns auf in
Richtung Süden.

Ich war richtig froh, dass Götz mich ab
jetzt am Steuer auch mal ablösen konnte.
Denn ständig zu fahren war schon recht
anstrengend. Aber auch das Nichtfahren
war das erste Mal gar nicht leicht. Ich versuchte zu schlafen, aber ständig hatte ich
das Gefühl wach bleiben zu müssen und
schreckte ständig auf. Das legte sich erst
nach Tagen.

Alleine durch Spanien brauchten wir 3
Tage. Allerdings machten wir in **Alicante**
fast einen ganzen Tag Rast, so mit bum-
meln und baden.

Oh Alicante!

Als wir in die Stadt rein fuhren saß Götz
am Steuer. Sein Spruch war: „Ich kenne
den spanischen Verkehr ganz genau, bei
rot wird hier grundsätzlich noch gefahren!"
An der ersten Ampelkreuzung schaltete
die Ampel gerade auf Rot und er gab Gas.
Doch leider hatte er einen korrekten Mer-
cedes-Fahrer vor sich, der bremste. Da
wurde es plötzlich mächtig eng. Hätte er
nicht auf die Nebenfahrbahn wechseln
können, wäre hier wohl unsere Reise schon

zu Ende gewesen. Darauf wechselten wir sofort die Plätze und ich fuhr ab da grundsätzlich immer in die Großstädte hinein.

Am 3. Tag erreichten wir **Algeciras**. Die Überfahrt mit der Fähre nach Ceuta dauerte nur ein paar Stunden. Aber wir landeten nicht in Marokko, sondern waren immer noch in Spanien, denn **Ceuta** am nördlichen Zipfel Marokkos ist noch spanisch. Götz brauchte schnell noch ein paar Schlappen und bat mich in die Stadt zu fahren. Da hatten wir das erste aufregende Erlebnis, allerdings durch eigene Schuld. Die Innenstadt ist so eng und voller Einbahnstraßen, dass wir von einem kleinen Platz nur noch eine schmale Gasse fahren durften. Sie hatte links und rechts hohe Mauern und führte zudem auch noch im leichten Bogen. Ich sah sofort, dass es sehr eng werden würde und nahm die Außenspiegel ab. Einer links und einer rechts bugsierten mich die Buben dann da durch. Ich schwitzte Blut und Wasser, aber es ging ohne Kratzer ab.

Das sollte mir eine Lehre sein!

Erst als wir aus der Stadt raus waren , kam die marokkanische Grenze. Gelesen hatte ich, dass man mit viel Geduld solche „Engpässe" passieren solle. Nordlichter wären immer viel zu hitzig und das brächte dann eher noch Ärger. Denn die Beamten dort mögen einfach keine Hetze. Wir warteten geduldig, während ein einfacher Soldat mit einer Trillerpfeife die Fahrzeuge in Bewegung hielt.

Da schlenderte ganz locker ein Mann in Zivil auf uns zu und fragte wie oft wir schon in Marokko gewesen seien. *„Zum ersten Mal.“*

„Immer langsam, ihr habt ja bei Grenzübertritt ohnehin eine Stunde gewonnen“, war sein Spruch.

Denn in Marokko wurde die Uhr tatsächlich eine Stunde zurück gestellt. Er gab uns noch ein paar interessante Tipps und ging wieder. Nach einiger Zeit waren auch wir an der Reihe, wurden kontrolliert und durften weiter fahren.

Die nächste Überraschung wartete einige Kilometer weiter. Für eine kurze Rast hielten wir an einem Straßen-Restaurant, das aber sehr voll war. Ein Einheimischer bot uns an seinem Tisch drei Plätze an, die wir dankend annahmen. Götz kam mit ihnen sehr schnell ins Gespräch, weil er recht gut französisch sprach. Nach kurzer Zeit sah ich, wie so ein Typ Götz etwas unter dem Tisch anbot. Schnell wurde mir klar, was da wohl ablief. Wir tranken schnell aus und gingen. Nachdem ich unser Gespann ringsum genauer gemustert hatte, fuhren wir weiter.

Auf die Frage, was der da unter dem Tisch angeboten hatte meinte Götz: *„Ach, das war nur Rauschgift zum Rauchen."*

Da fiel mir ein, was im Reiseführer gestanden hatte: Im nördlichen Teil Marokkos wird auch Rauschgift angebaut und vertrieben. Vorsicht wird allen Touristen empfohlen, denn es gibt organisierte Banden, die heften den Touristen Rauschgift ans Auto oder den Wohnwagen. Bei der nächsten „zufälligen Polizeikontrolle" ein paar Kilometer weiter wird dann das Rauschgift gefunden und es ist eine saftige Strafe fällig. Wobei die Polizisten meistens gar nicht echt sind, aber das erkennt der Tourist leider nicht.

Wir hatten Glück, unser Gespann war sauber.

Darauf habe ich Götz vergattert, ja kein Rauschgift irgendwo im Auto oder Wohnwagen zu verstecken, denn ich hatte bei der Einreise beobachten können, wie mit Spürhunden die Autos der Ausreisenden abgesucht worden waren.

42.03 Asilah

Wir fuhren von Ceuta nach Westen bis **Asilah** am Atlantik. Dort fanden wir einen netten kleinen Campingplatz auf dem wir auch vor Schleppern einigermaßen sicher waren. Denn schon bei der Anfahrt wurden wir von Motorrädern begleitet, um uns etwas anzubieten. Am Schlagbaum war jedoch Schluss, da durften die Einheimischen nicht rein.

Campingplatz Ashila

Wir hatten vor, hier ein bis zwei Tage zu bleiben, um uns zu akklimatisieren und auch etwas auszuspannen.

Die Reise sollte ja trotz der vielen Kilometer nicht zur Strapaze werden.

Am Strand lernten die Buben zwei nette etwa gleichaltrige Einheimische kennen. Das fand ich ganz gut, denn dadurch hielten wir uns die vielen Schlepper und Verkäufer vom Hals, die uns ansprechen wollten. Am Abend hatten wir noch einen Stadtbummel vor. Da boten die beiden an, uns die Stadt zu zeigen. Dagegen war nichts einzuwenden.

Nachdem wir die Stadt einigermaßen durchstreift hatten, meinten die Beiden ob wir nicht Lust hätten bei einem Onkel ein Glas Tee zu trinken. Das war für mich schon verlockend, denn gerne wollte ich sehen wie die Menschen hier leben. Also gingen wir mit hinein. Schon im Treppenhaus hing alles voller Kleider und Souvenirs, doch das störte mich nicht.

Wir wurden ins oberste Stockwerk geführt und nahmen gemütlich auf Teppichballen, die ringsum am Boden lagen Platz. Dann kam der vermeintliche Onkel, ein netter älterer Mann in einer weißen Gelaba gekleidet mit dem Tee. Er war lustig und tanzte immer zu der Lautsprecher-Musik von Michael Jackson.

Nach einiger Zeit sagte er unvermittelt zu Götz, er solle mal mitkommen. Sie gingen und nur der Onkel kam nach einiger Zeit alleine wieder.

Es verging einige Zeit. Dann sagte er zu Nici, auch er solle mit ihm mitgehen. Sie verschwanden und er kam alleine wieder. Nun konzentrierte er sich auf mich. Fragte, ob mir die Teppiche hier gefielen, wobei er gleich einige auswickelte. Und schon war ich im schönsten Verkaufsgespräch verwickelt.

Mir gefielen zwar die Teppiche und ich hatte auch gleich einen Gedanken, denn zu Hause suchten wir schon lange nach einem Stück für die große Treppenhaus-Wand. Aber jetzt kaufen kam nicht in Betracht. Erstens müssten wir den dann die ganze Fahrt mitschleppen und außerdem wollte ich mich auch erst am Ende unserer Reise dafür entscheiden, falls dafür Geld übrig sei. Auf mein Zögern meinte er:

„Die Teppiche seien heute gerade besonders billig und ich müsste mich sofort entscheiden. In fünf Wochen gäbe es die nicht mehr."

Nun kamen auch Götz und Nici wieder. Götz hatte eine Lederjacke an und Nici eine Gelaba, also ein „weißes Nachthemd".

Da wurde mir schlagartig klar, wo wir da hinein geraten waren. Blitzschnell überlegte ich mir den Rückzug. Ich fing ganz laut an auf deutsch zu schimpfen, zog den Kindern die Sachen aus und ging die Treppe hinunter. Mein Einfall war nicht schlecht. Der Überraschungseffekt war so groß, dass der Onkel gar nicht reagieren konnte und so standen wir im nächsten Moment wieder auf der Straße.

Nun nahm ich mir meine beiden „Freunde" vor. „Nie wieder einen solchen Trick! Sonst endet hier und sofort unsere Freundschaft!"

Das hatte genau ins Schwarze getroffen. Wir trafen uns weiterhin, aber sie waren uns nur nette Begleiter. Einen ganzen Tag verbrachten wir gemeinsam an einem schönen Strand. Ja, als Götz einige Monate später wieder hier war, wohnte er sogar kostenlos bei deren Familie.

42.04 *Meknes*

Dann fuhren wir weiter nach **Meknes.**
Auch hier war wieder ein ausgiebiger
Stadtbummel angesagt. Die Buben hatten
sich wieder mit einem Einheimischen angefreundet, der uns den ganzen Tag begleitete. So waren wir auch hier vor Schleppern sicher. Vor einem großen, alten Gebäude blieb ich beeindruckt stehen. Da
sprach mich der Hausbesitzer an, ob ich
Interesse hätte, sein Haus anzusehen, das
jetzt ein Teppichladen war. Ich wehrte erst
ab, denn ich wollte ja keinen Teppich kaufen.
„Nein, nein, ich zeige Ihnen aber trotzdem
gerne mein Haus." Und nachdem er sah,
dass wir bereits einen Einheimischen bei
uns hatten meinte er:
„Ich zeige Ihnen auch gerne, wie wir Teppiche verkaufen."
Das klang gut und wir gingen hinein.
Das war wirklich sehr interessant für
mich, denn so bekam ich Einblick in einen
ganz alten Palast, der noch in sehr gutem
und originalem Zustand war, obwohl darin
jetzt Teppiche gewebt und verkauft wurden. Zum Schluss landeten wir zum Tee im

Erdgeschoss, wo an allen Wänden einge-
rollte Teppiche lagen.

Als eine französische Familie in den Laden
trat, gab er mir ein Zeichen, genau aufzu-
passen. Zuerst wurden von seinen jungen
Helfern, die bisher nur gelangweilt ringsum auf den Teppichen gesessen hatten
eine Menge Teppiche kreuz und quer aus-
gerollt. Dann die erste Frage: „Gefallen sie
Ihnen?"

Auf die meist gegebene Antwort: „Ja", geht
es weiter.

„Welche Farbe gefällt Ihnen am besten?"
„Rot."

Kurzes Kommando an seine Leute: „Alles
weg, nur noch rot!"

„Welche Größe könnte denn bei Ihnen passen?"

„2 X 3 Meter."

„Alles weg, nur noch rot in 2 x 3 Meter!"

Auf diese raffinierte Weise wird der Kunde
in seine eigene Falle gelockt und kann am
Ende nur noch über den Preis verhandeln.

Der Franzose aber kannte wohl nicht die
Gepflogenheiten, denn er legte das Geld
hin, ohne zu verhandeln. Als er gegangen
war tippte sich der Verkäufer an den Kopf
und meinte „Dummkopf!"

Mir aber erklärte er mehrere Male jedes
Kommando von vorhin, so als wenn ich ab
sofort bei ihm als Verkäufer anfangen sollte.

Ich kaufte dann ohne Zwang tatsächlich
auch noch einen Teppich, der genau zu
Hause an die riesige Treppenhauswand
passte. Er hat meiner Frau auch auf An-
hieb gefallen.

Als am nächsten Morgen unser Camping-
platz-Nachbar auch einen ähnlichen Teppich auspackte, stellten wir beim Preisver-
gleich fest, dass wir beide ein Schnäppchen
gemacht hatten.

42.05 Fees

Nach **Fes** machten wir nur einen Tages-
ausflug, ohne Wohnwagen.

Auch dort findet man eine alte Medina mit
reichlich vielen Sehenswürdigkeiten, vielen Basaren und kleinen Handwerker -Lä-
den. Sehr interessant fanden wir die Fär-
beien mit ihren vielen bunten Farbbotti-
chen. Grauenhaft war der total ver-
schmutzte Fluss.

Interessant ist es zu beobachten, dass es
immer ganze Straßen mit gleichen Handwerkern gibt. Da ist es einfach, Preisver-
gleiche zu machen.

Bei den Lederfärbern in Fees

42.06 Meski

Eigentlich hatte ich geplant, noch einen Tag hier aus zu ruhen, bevor wir uns auf die nächste große Etappe machten. Deshalb weckte ich die Buben morgens nicht. Als sie dann von selbst wach wurden, wollten sie aber unbedingt heute noch weiter fahren. Allerdings war inzwischen aber kostbare Zeit verstrichen. Letztlich ließ ich mich dann doch überreden sofort weiter zu fahren. Dementsprechend chaotisch verlief dann auch der Tag. Um wieder Zeit gut zu machen, fuhren wir gleich nach dem Mittagessen wieder weiter. Und das bei der sengenden Mittagssonne. Natürlich fuhren wir bei offenen Fenstern und offenem Schiebedach. Doch das sollte sich bitter rächen, denn so bekam ich zeitweise die volle Sonne ab. Trotzdem schaffte wir die vor genommene Strecke an diesem Tag.

Über *Midelt, Er Rachidia* und *Taznakht* bis nach *Meski* fuhren wir nur mit kleinen Unterbrechungen. Einer Furt lud uns ein zu einem kurzen Bad, dann ging es wieder weiter.

In Meski gab es einen kleinen Campingplatz mit Schwimmbecken, denn hier entsprang ein kleiner Fluss. Die Franzosen hatte als Kolonial-Macht hier residiert und mit dem Quellwasser ein primitives Schwimmbad so von 25 x25 Metern gebaut, in dem nicht nur die Menschen, sondern auch dicke Fische schwammen. Es wird *„source blue"* genannt und ist wirklich ein Kleinod in der Wüste. Hier war es auszuhalten im Schatten der großen Palmen und abseits des üblichen Trubels.

Schwimmbad surce blue in Meski

Leider hatte ich mir bei der gestrigen Fahrt bei offenem Schiebedach und ohne Kopfbedeckung anscheinend einen Sonnenstich geholt. Als ich aufwachte hatte ich Kopfweh, Durchfall und leichtes Erbrechen! Weil die Buben noch schliefen ging ich in die Gaststätte des Campingplatzes und ließ mir einen Kamillentee bringen. Gleich setzte sich ein Einheimischer zu mir an den Tisch und fragte wie üblich *wie es mir ginge*. Das war genau die richtige Frage in dem Moment und ich antwortete ihm: „*Ganz beschissen, ich könnte mich wegwerfen*!"

„Ob ich denn schon irgendeine Medizin genommen hätte", wollte er wissen. „Nein, aber der Tee schmecke mir auch nicht."

„Das ist auch nicht der richtige Tee."

„Ja, wo ich denn den richtigen Tee bekommen könnte," fragte ich zurück.

„Auf dem nächsten Markt."

„Und wo ist der?"„In Taznakht, 20 km von hier entfernt."„Fährst Du mit mir dort hin?"„Wenn Du willst?"

Ich wollte - aber nicht unbedingt alleine. Als ich zum Wohnwagen kam, war Nici schon wach und ich bat ihn, mit uns zum Markt zu fahren. So gondelten wir los. Mir war so übel zu Mute, dass ich kaum fahren konnte, aber der Durchfall hatte sich wenigstens beruhigt.

Auf dem Markt angekommen, gingen wir von Stand zu Stand, dann wurde er fündig und ließ eine ganze Tüte von dem *„Wald-Kehricht"* eintüten, denn so sah es aus und so roch es auch. Ich ließ mir auch gleich noch ein Mittel gegen Erkältung geben, denn im offenen Auto zog es ständig. Nun ging es ans Bezahlen und da erwartete ich eine dicke Überraschung, denn man fragt normalerweise in solchen Ländern immer erst vorher, was es denn kostet, ehe man bestellt. Der Ausgang war aber absolut erfreulich. Der Verkäufer verlangte für jede Tüte nur umgerechnet 50 Pfennige. Dafür lud ich meinen Begleiter ein zum Essen. Ich selbst hatte natürlich keinen Appetit. Danach fuhren wir nach Hause und ich war gespannt auf die Wirkung des Tees. Der Tee schmeckte grausam, Aber ich vertraute ihm. Den Tag über ging es mir aber immer noch gleich schlecht. Wenn ich einen Zwieback aß, musste ich sofort wieder auf die Toilette.

Als ich am nächsten Morgen aufwachte war mir als könnte ich fliegen, so wohl war mir. Ich kochte mir einen Kaffee und setzte mich vor den Wohnwagen. Natürlich tat ich mit dem Essen auch heute noch ganz langsam, aber der Kaffee schmeckte wenigstens schon wieder.

Es war noch recht früh, meine Buben schliefen noch, nur ein Nachbar deckte gerade seinen Frühstückstisch. Die Nachbarn, es war ein Pärchen mit riesigem Mo-

torrad aus München, hatten natürlich keinen Tisch dabei, deshalb deckten sie auf
der blanken Erde. Als ich sah, dass auch
der Gaskocher nicht gleich anspringen
wollte, sprach ich sie an. „Kommen Sie
doch einfach zu mir an den Tisch, das ist
gemütlicher. Mein Kaffee ist auch schon
fertig."

Dankend nahmen sie an. Wir saßen gemütlich beisammen stellten uns vor und plauderten. Dieter und Tanja erzählten mir,
dass sie etwa die gleiche Rundreise vor
hatten wie wir. Tatsächlich trafen wir noch
ein paar Mal zusammen. Dann frühstückten wir wieder zusammen.

Mit Zeltnachbarn kam ich ins Gespräch,
sie hatten nur ein ganz kleines Zelt dabei.-
Sie beneideten uns wegen des Komforts im
Wohnwagen. „Aber", sagte die Frau zum
Schluss: *„Dafür waren wir aber schon
in der Wüste!"*„Wie", fragte ich zurück.
„doch nicht zu Fuß?"

„Nein mit einer Taxe."

„Was für ein Auto?"

„Mit einem Mercedes", kam die Antwort.

„Dann fahren wir auch", damit war meine
Entscheidung getroffen.

42.07 Wüstenfahrt

Wir verabredeten uns mit fünf jungen Bundeswehrsoldaten aus Hamburg, um mit unseren Mercedes und deren VW-Bus in die Wüste zu fahren.

Das waren zwar alles stämmige junge Burschen, aber von Organisation verstanden sie nichts. Dafür gab es jeden Tag Bier und Zigaretten mit Haschisch. Natürlich zog es Götz dort gerne hin, denn er war Raucher. Sie waren wie wir über das Hohe Atlasgebirge gekommen. In den hohen Bergen weit weg jeder Besiedlung und natürlich an einem Samstag hatten sie plötzlich einen Reifenplatzer.

Keiner konnte sich erklären warum!? Dabei stand in jedem Reiseführer,

„ dass man bevor man in große Höhen kommt, den Reifendruck reduzieren sollte, weil es sonst zu einem Reifenplatzer kommen kann.“

Zumal sie den Bus ja auch bis unters Dach beladen hatten – alleine schon mit Bier!

Eine Panne ist eigentlich nicht schlimm, denn ein Reifen ist schnell gewechselt. Natürlich hatten sie auch einen Reservereifen dabei. Das Schlimmste nur war, dass das mitgeführte Reserverad gar nicht auf die

Achse passte. Da war dann guter Rat aber wirklich teuer. Sie waren einem Dorfschmied, den sie letztlich doch noch irgendwo ausfindig machen konnten, völlig ausgeliefert. Sie hatten ihre Reise wohl recht locker vorbereitet und das Wesentlichste übersehen.

Für die *Wüstenfahrt* hatte Götz einen etwa 12 bis 14-jährigen Einheimischen gefunden, der uns als Führer dienen sollte. Am nächsten Morgen noch vor Sonnenaufgang fuhren wir los. Als wir am Ende der Straße in die Wüste fuhren, wurde es gerade hell. Ich war von der Wüste total enttäuscht, denn ich hatte nur Sand erwartet. Statt dessen hier nur Steine, Berge und Schotterpisten weit und breit bis zum Horizont.

Langsam kamen wir in eine Ebene und sahen am Horizont Sanddünen. Nur ist in der Wüste sehr schwer einzuschätzen, wie weit das noch weg ist. Dazu war die Ebene zwar eben, aber voller Steine und Querrinnen. Die schüttelten uns durch, als wenn wir alle Schrauben verlieren wollten.

Aber wir hatten ja den Führer. Der stand hinter mir und schaute aus dem Schiebedach. Ich brauchte immer nur seinen Kommandos zu folgen, denn er sah ganz genau, wo Löcher oder gefährliche Querrinnen auf uns warteten. Nur fuhr ich ihm anfangs zu langsam. Weil der Boden Waschbrett artig war, wurde das ganze Auto ständig durchgerüttelt. Erst als ich merkte, dass auf ihn absolut Verlass sei, getraute ich mich mehr als 50 km/h zu fahren. Wir sprangen nun förmlich über die Rillen hinweg und es schüttelte wesentlich weniger.

Irgendwann mitten in der Wüste stand ein Schild „Oberge", dem fuhren wir nach und landeten tatsächlich an einer Herberge. Dahinter dann die großen und hohen Sanddünen.

Auch wir bestiegen die hohe Düne

Da fiel mir ein Witz ein.
Zwei Männer unterhalten sich:
„Was hast Du vor?"

*„Ich werde eine Gaststätte in der Wüste er-
öffnen ."*

„Mensch, da kommt doch keiner!"

*„Aaaaaaber, wenn dann mal einer
kommt!!!"*

Natürlich wollten wir die Dünen auch be-
steigen, was fatale Folgen hatte, denn es
war gerade mittags und die Sonne brannte
unbarmherzig! Ich hatte heute einen Hut
auf. Aber Nici sprang ohne Hut herum.

Am Abend ging es ihm ebenso, wie es mir
vor ein paar Tagen ergangen war. Aber mit
dem Wundertee war er nach einem Tag
auch wieder auf den Beinen.

Als ich am nächsten Tag einen Spazier-
gang in die Umgebung machte begegnete
ich einem netten, jungen Einheimischen.
Er zeigte mir zuerst eine verlassene alte
Stadt auf der anderen Seite des Tales.
Dann fragte ich ihn, ob es hier gar keine
Skorpione gäbe.

„Doch", meinte er und drehte den ersten
Stein herum. Aber kein Skorpion. Aber unter dem dritten Stein saß tatsächlich einer.
Also hieß es künftig, zuerst unter die Steine schauen, bevor man sich setzt.

42.08 Bei Einheimischen

Dann lud er mich zu sich nach Hause ein. Eigentlich wollte ich schon gerne sehen, wie die Menschen hier leben, aber alleine traute ich mich doch nicht so recht. Da meinten meine beiden Buben ich müsse doch keine Angst haben.

So ging ich abends also ins Dorf.

Es war ein geschlossenes Anwesen, das man durch eine Türe betrat, dann stand man in einem Innenhof, um den die Räume für Mensch und Tier angeordnet waren. Wir zogen uns auf das Flachdach zurück, von dem man einen guten Überblick über die Umgebung hatte. Hier wurden wir von seinen Schwestern mit Kaffee und Tee bedient, während die Mutter das Abendbrot auf einem offenen Feuer in der Mitte des Hofes bereitete. Als es schon längst dunkel geworden war – ich wollte gerade aufbrechen – wurde zum Abendbrot gerufen.

Ich musste bleiben.

Alle setzten sich um den großen heißen Kochtopf und langten mit der rechten Hand hinein.

Was tun?

Um nicht dumm aufzufallen tat ich es ebenso und es klappte so leidlich. Es gab

Kuskus, wohl das Nationalessen der Marokkaner. Mit der Zeit bekam auch ich Routine und es klappte genau so wie bei meinen Gastgebern.

Zum ersten Mal in meinem Leben hatte ich mit der Hand gegessen. Wobei man aber aufpassen muss nicht etwa die linke Hand zu benutzen, denn die ist sowohl bei den Moslems, wie auch bei den Hindus unrein und wird nur auf der Toilette benutzt! Es ging aber alles gut und ich blamierte mich nicht.

Nach dem obligatorischen steifen Kaffee danach brach ich auf, um zum Campingplatz zurück zu gehen. Das war gar nicht so einfach. Meine Orientierung war zwar gut, aber die Straßen waren uneben und unbeleuchtet und ich stolperte von Schlagloch zu Schlagloch, fand aber nach Hause.

„Na, wie war es?" war die erste Frage meiner Buben.

„Ausgezeichnet, nun habe ich wenigstens ein echtes Familienleben kennen gelernt."

Das sollte mir bei einer anderen Begegnung sehr hilfreich sein.

42.09 Rückfahrt

Nach ein paar Tagen war es wieder Zeit
zum Aufbruch. Im *Tal der Kasbahs* machten wir einen Zwischenstop um einen Abstecher in die Berge zu machen. Dann ging
es über das Hohe Atlasgebirge mit seinen
insgesamt 4165 Metern bis nach *Marakesch*. Hier hieß es wieder auf den Reifendruck zu achten, damit uns nicht das gleiche Schicksal wie den jungen Männern in
Meski passiert.

Die Dades-Schlucht

Hier lauerte aber auch noch eine andere
Gefahr. Besonders vorsichtig musst man
sein bei Dorf-Durchfahrten, damit man
keine umher laufenden Kinder verletzte.

Denn dann wäre eine kräftige Entschädigung fällig. Es hieß in der Literatur, dass Eltern sogar ihre Kinder vor ein Auto stießen, um eine Entschädigung zu erpressen. Das Gleiche galt aber auch auf freier Strecke. Dort musste man auf Schaf- oder Ziegenherden achten. Bei einer schnellen Bergabfahrt sah ich, wie ein Hirte seine Herde genau vor unser Auto treiben wollte. Und noch eine Gefahr lauerte. Kinder bettelten gerne Ausländer an, um Geschenke zu bekommen. Wenn man aber achtlos an diesen Kindern vorbei fuhr, ohne zu halten, griffen sie zu brutalen Maßnahmen. Sie warfen Steine auf fahrende Autos. Ich konnte einmal gerade noch rechtzeitig erkennen, wie so ein kleiner Steppke einen Stein aufhob und auf uns zielte. Ich zeigte ihm drohend den Zeigefinger und er ließ etwas beschämt den Stein fallen.

Da gab es aber auch viele lustige, kuriose Begegnungen. Neben uns auf dem Campingplatz in Marakesch hielt ein riesiger Bus mit Anhänger. Nach und nach kletterten mindestens 30 Reisende heraus. Es war eine Rotel-Reisegesellschaft aus Deutschland. Natürlich kamen wir auch mit denen ins Gespräch und erfuhren, wie

bei denen so eine Reise ablief. Vor den kleinen Schlafkabinen hätte ich Angst

42.10 Marakesch

Marakesch ist eine interessante Stadt, mit einem riesigen überdachten Basar. Besonders interessant aber ist der *„Djemaa el Fna", der Platz der Geköpften oder Gehenkten.* Dies soll der mittelalterliche Markt- und Henkersplatz gewesen sein. Hier sollen öffentliche Hinrichtungen stattgefunden haben.

Am Tage stehen hier viele Gemüse- und Obststände, die besonders Früchte und frisch gepresste Säfte anbieten.

hts auf dem Platz der Geköpften

Wenn es Abend wird ändert sich das Bild völlig. Es bauen jetzt viele Essenküchen, Schlangenbeschwörer und Gaugler hier ihre Stände auf.

Also ein lebendiger Ort orientalischer Ge-
schichtenerzähler, Gaukler und Schlangenbeschwörer.

Wir schlenderten langsam gemeinsam mit
Dieter und Tanja aus München, die auch
wieder zufällig zur gleichen Zeit hier waren, über den Platz.

Im Vorbeigehen wurde Götz hier eine le-
bende Schlange um den Hals gelegt und er
hielt ganz still. Ja, sogar den legendären
Märchen-Erzähler gibt es noch, der dicht
umringt war, besonders von älteren Leuten, die nicht lesen und schreiben können.
Für uns interessant zu zusehen, aber leider verstanden wir ihn nicht. Ein alter
Mann stand da und wollte seinen wunderschön verzierten Dolch verkaufen. Dieter,
ein Kenner der Materie, besah sich das
Stück aufmerksam. Dabei erklärte ihm der
alte Mann, dass er das Geld brauche, um
Medikamente für seine kranke Frau zu bezahlen. Darauf griff Dieter in die Tasche
und gab ihm das Geld, gab ihm aber den
Dolch wieder zurück. Damit schickte er
den alten Mann mit guten Wünschen nach
Hause. Ich war angenehm überrascht! Da
erklärte mir Dieter, dass das Stück viel zu
wertvoll und sicher das notwendige Werk-

zeug des Mannes sei. Ich fand das eine wunderbare Geste.

Hier blieben wir zwei Tage. Dann zog es uns an den Atlantik.

42.11 Agadir

Wir bezogen einen Campingplatz etwa 5 km nördlich von **Agadir** direkt am Meer. Die Lage am Strand war angenehm, aber die sanitären Anlagen eine Katastrophe, denn es gab nur sogenannte „Eimer- Duschen". Das hieß, man zapfte mit einem Eimer aus einem Tankwagen kaltes Wasser und goss es sich über den Kopf. Fertig! Natürlich erfuhren wir von Nachbarn auch manche kuriose Geschichte. Ein junges Pärchen stand in unserer Nähe. Sie hatte sich einen LKW ausgebaut und wollten damit für einige Monate durch Marokko ziehen. Allerdings hatten sie sich gar nicht gründlich vorbereitet, auch sprachen sie weder englisch noch französisch. Gleich die erste Übernachtung, die sie im Norden am Mittelmeer auf einer einsamen Düne verbringen wollten ging in die Hose. Mitten in der Nacht wurden sie von einer Bande überfallen. Mit großen Steinen versuchte man, das Wohnmobil zu knacken. Es gelang den beiden jedoch den Motor zu starten und Hals über Kopf zu flüchten. Eingeschlagene Scheiben an ihrem Mobil zeugten jetzt noch davon.

Dies erzählten sie allen Leuten. Wobei sie leider übersahen, dass sie selbst die größten Fehler gemacht hatten. Im Reiseführer hieß es:

„Es wird ausdrücklich vor wilden Übernachtungen im nördlichen Marokko, dem Rauschgift-Anbaugebiet, gewarnt."

Außerdem beherrschten sie keine Sprache, um sich im Lande ausreichend verständlich zu machen.

Die Stadt Agadir ist nicht so sehenswert, sie ist durch ein Erdbeben 1963 fast völlig zerstört und danach wieder neu aufgebaut worden Interessant nur die Begegnung mit den vielen Händlern, die jeden Touri nerven. Bei einem Lederhändler blieb ich stehen und fasste nur einen Gürtel an.

„Gute Qualität und billig!"

„Wie teuer?"

„Nur 10 DM."

„Viel zu teuer!"

„Wieviel?"

„Höchstens 1,50 DM."

„Wo kommst Du her?"

„Wir sind durch das ganze Land gefahren. Zuletzt waren wir in Meski."

Als ich weitergehen will fragt er ob ich den Gürtel haben möchte.

„Ja, aber nicht für 10 Mark.“

„Nein zu Deinem Preis.“

Für 1,50 nahm ich ihn mit.

Dann fuhren wir am Atlantik entlang wieder weiter nach Norden. Einen kurzen Halt legten wir ein in Essaouira, wo es wegen des ständigen Windes eine Menge Surfe-Friegs gab.

42.12 El Jadida

Einen größeren Halt machten wir weiter nach Norden in *El Jadida,* um etwas zu entspannen.
Wir faulenzten am Strand und badeten im Atlantik. Interessant die riesigen Wellen, die sich an einem Felsen brachen. Die Buben fühlten sich hier richtig wohl.

Am Strand von el Jadida

An einem Straßenstand wurden süße Küchle angeboten, die ausgezeichnet schmeckten. Da sprach uns auf der Straße ein junger Marokkaner an und fragte, ob uns die Küchle schmecken würden. Und ob man die auch in Deutschland verkaufen könnte. Er hätte nämlich die Absicht nach

Deutschland zu gehen, um dort so einen Stand aufzumachen.

Ich bejate seine Frage, denn die Küchle schmeckten ausgezeichnet.

Ali erzählte von seiner Familie, die in den Bergen wohnte. Er selbst ging hier im Ort auf eine weiterführende Schule, um Fremdsprachen zu erlernen.

Dann fragte er, ob wir unsere Adressen austauschen könnten. Ich hatte nichts dagegen, warum sollte er uns nicht besuchen, wenn er nach Deutschland käme. Das war aber kaum zu erwarten, denn die Marokkaner bekamen nur in Ausnahmefällen einen Reisepass und der kostete dann auch noch sehr viel Geld.

42.13 Heimfahrt

Dann fuhren wir weiter Richtung Norden, unser letzter Halt war wieder auf dem allerersten Campingplatz in Asilah.

Am nächsten Morgen schaute ich nicht schlecht. Tatsächlich standen unmittelbar neben uns Dieter und Tanja. Sie waren ganz spät auf den gleichen Platz gekommen. Da hatte Dieter zu Tanja gesagt: "Schauen wir mal, ob wir die Reutlinger wieder treffen, dann gibt es Morgen früh wenigstens wieder einen ordentlichen Kaffee."

Auf der Fahrt durch den Norden bis an die Grenze hielten wir aber unterwegs aus Sicherheitsgründen an keiner Kneipe. Wir wollten sicher sein, dass uns niemand heimlich Rauschgift ans Auto heftet. man konnte nämlich in der Literatur lesen, dass Banden im Norden Marokkos unterwegs sind, die Rauschgift in fremden Fahrzeugen verstecken. Und dann steht ein Stück weiter ein vermeintlicher Polizist auf der Straße und stoppt das Fahrzeug. Natürlich findet der dann auch das Rauschgift, denn der arbeitete ja mit den Gaunern zusammen. Wir hatten aber durch unsere Vorsicht keine Probleme.

Dann ging es nach Algeciras an die Fähre. Dort erfolgte dann tatsächlich die schon beschriebene Durchsuchung des ganzen Gefährtes. Mit Spürhunden wurde jeder Winkel und besonders der Kofferraum abgesucht. Ich schwitzte Blut und Wasser vor Angst, Götz könnte doch irgendwo Rauschgift versteckt haben.

Es ging gut, wir durften passieren.

Den gleichen Weg durch Spanien und Frankreich ging es nun wieder zurück, wobei wir jetzt in Barcelona einen Stopp einlegten. Dort war gerade ein Fest mit einem riesigen, nächtlichen Feuerwerk, bei dem viele Auto-Alarmanlagen von selbst ansprangen. Schon im Vorfeld hatte man uns gewarnt, dass in dieser Nacht die meisten Auto-Einbrüche passieren würden.

Gott sei Dank, bei uns blieb alles unberührt. Weil wir auf einem Hügel parkten, von dem aus man die ganze Umgebung übersehen konnte. Ich war nicht mit in die Stadt gegangen, sondern hatte mich schon vorher in den Wohnwagen zurück gezogen, um das Schauspiel von innen zu bewundern.

In Agde auf unserem Campingplatz machten wir natürlich einen ganzen Tag bei Dieter Station. Es gab viel zu erzählen und ich merkte, dass er ein wenig neidisch war. Na, vielleicht macht er solche Tour auch mal. Dieter hatte unser Motorrad kaum genutzt, aber gut darauf aufgepasst.

Dann ging es getrennt heim. Denn Götz musste sich nun wieder auf seine Maschine schwingen. Nach fünf Wochen kamen wir zwar müde und etwas abgekämpft wieder unbeschadet zu Hause an. Die Reise hatte uns viele interessante Eindrücke beschert, von denen wir noch lange schwärmten.

Was aber am wichtigsten war, wir hatten überhaupt keine Panne gehabt. Hatte mein Werkstatt-Meister Betz doch Recht gehabt. Denn von den diversen Ersatzteilen und Reservereifen hatten wir aber auch gar nichts gebraucht. Um so besser.

Als Auszeichnung erhielt unser Wohnwagen die Aufschrift: „MAROKKO 88", natürlich auf arabisch geschrieben. Das sollte später noch oft Verwunderung und Neugier auslösen.

42.14 Besuch aus Marokko

Etwa ein Jahr später bekamen wir unerwartet einen Anruf aus Marokko von Ali, den wir auf unserer Marokko-Reise 1988 in El Jadida getroffen hatten. Er hätte jetzt einen Reisepass und würde nach Deutschland kommen. Ob er bei uns vorbei kommen dürfte?

Ich sagte ihm zu, denn wir hatte inzwischen in unserem Haus genügend Platz, weil die Buben bereits aus dem Hause waren. Meine Frau machte mir allerdings eine riesige Szene, weil sie Angst hatte vor dem fremden Mann, wenn ich zur Arbeit sei. Darauf sagte ich zu ihr:

„Wenn er mit einem Messer zwischen den Zähnen hier ankommt, bleibe ich natürlich zu Hause. Schauen wir ihn erst mal an!"

Ali ist kein hübscher, aber sehr netter junger Mann mit sehr viel Wissensdrang und recht guten Deutsch-Kenntnissen jedenfalls so gut, dass man sich mit ihm fast einwandfrei unterhalten kann. Als er da war fand ihn meine Frau ganz sympathisch und hatte auch gar keine Angst vor ihm. Ich konnte sie also beide alleine lassen.

Er wohnte oben im Zimmer von Götz, wo
auch viele Bücher im Schrank standen.
Ein Anekdoten-Buch hatte er sich ausgesucht, in dem er ständig schmökerte. Natürlich verstand er oft nicht gleich den
Sinn und fragte dann immer meine Frau,
die ihm aber gerne Auskunft gab.

Dann hatte er ein Problem, denn eigentlich
wollte er nicht lange bei uns bleiben, sondern weiter nach Berlin zu einer bekannten Familie, die auch bei ihm zu Hause gewesen waren. Als wir dort anriefen, wollten die aber von ihm gar nichts wissen.
Darauf sprach ich mit denen und machte
ihnen klar, dass sie ihn ja in Marokko bei
ihrem Besuch bereits eingeladen hatten.
Aber sie lehnten trotzdem mit vielen Ent-
schuldigungen ab. Ich bat sie dann wenigstens Ali etwas Geld zu schicken, was sie
auch taten.

Aber eigentlich suchte er Arbeit, damit er
sich seinen Unterhalt hätte selbst verdienen können. Leider war zu der Zeit nichts
zu finden, wo ich ihn hätte mit gutem Gewissen unterbringen können. Schwarzar-
beit konnte ich ihm ohnehin nicht vermitteln, arbeitete ich doch selbst beim Staat.

Dann hatte er noch eine Adresse in Heims-
heim, in der Nähe von Stuttgart. Dort rief

ich an und erklärte denen unseren Gast.
Es war ein Lehrerehepaar, das Ali auch
nur ebenso wie wir auf der Straße kennen
gelernt hatte. Aber sie hatten eine Lösung
für ihn. In der Umgebung wurden gerade
die Erdbeeren gepflückt und dazu brauchten die Bauern Helfer. Ich fuhr ihn hin
und er arbeitete dort ein paar Wochen auf
den Feldern. Leider nahmen die Bauern
aber beim Essen keine Rücksicht auf den
Moslem und es gab oft Schweinefleisch.
Seine Haupternährung bestand zu der Zeit
wohl hauptsächlich aus Erdbeeren! Danach holte ich ihn wieder zu uns und nach
einiger Zeit reiste er wieder zurück nach
Marokko.

Lange noch standen wir in Brief- und Telefon -Kontakt, bis er uns eines Tages mit-
teilte, dass er eine deutsche Frau geheiratet hatte. Das war eigentlich immer sein
Ziel gewesen, um hier dann arbeiten zu
können.

43.00 Deutschland-Reisen mit WW

43.01 Markdorf mit WW

Auch in diesem Jahr machten wir zu dritt einen Ausflug. Das Wetter versprach schön zu werden und so nahmen wir den Wohnwagen, um nach **Markdorf** am Bodensee auf den Campingplatz zu fahren. Von hier aus boten sich viele interessante Ausflüge an. Zuerst ging es nach **Friedrichshafen**, um das Zeppelin-Museum zu besuchen.

Natürlich besichtigten wir auch ausgiebig die Pfahlbauten in Unteruldingen. Da gab es natürlich für Buben sehr viel zu sehen.

Affenberg Salem

Danach fuhren wir nach **Salem** auf den Affenberg, um Affen zu füttern. Die fressen einem tatsächlich aus der Hand. Allerdings ist das nicht ganz ungefährlich, denn wenn sie nicht bekommen, was sie wollen, dann klauen sie einfach. Also alles was glänzt und glitzert, besser vorher wegstecken – besonders Sonnenbrillen. Die kann man sonst nur noch von Weitem betrachten!

Am Sonntag dann hatte Nici Geburtstag, da musste ich mir etwas einfallen lassen. Am Vortag hatte ich in Markdorf eine große Tasse gekauft und mit Konfekt gefüllt. Am Sonntagmorgen stand ich etwas früher auf und pflückte auf den nahen Wiesen einen großen, bunten Blumenstrauß. Als Nici aufwachte war er total überrascht, denn er hatte selbst seinen Geburtstag ganz vergessen.

43.02 Oberschwaben 91

Im Mai 1991 machte ich mit dem Wohnwagen eine 10-tägige Frühjahrs-Tour durch Oberschwaben.

Mein eigentliches Ziel war aber Brachenteuthe, wo Götz gerade seine landwirtschaftliche Lehre begonnen hatte.

Doch bevor ich an den Bodensee kam machte ich verschiedene Zwischen-Stopps. Mein erster Halt war im Kloster **Obermarchtal**. Mich interessierten die barocken Klosteranlagen, wie ich sie ja von Zwiefalten her kannte.

Dann kam ich an den Federsee bei *Bad Buchau*. Bis ins Jahr 770 reicht die Geschichte Bad Buchaus zurück. Am interessantesten ist die Stiftskirche, bei der sich französischer Klassizismus und oberschwäbisches Barock auf das schönste verbinden. Sehenswert auch die Krypta, die aus dem 10. Jh stammt.

Bekannt ist Bad Buchau aber heute viel mehr durch seine Bedeutung als Kurort mit seinem milden Reizklima und den Moorschlamm-Angeboten gegen Gelenk-Probleme. Aber für mich besonders interessant das neue, moderne Federsee-Museum ganz in Holzbauweise. Natürlich gehörte auch ein Spaziergang mit Führung an den See mit dazu.

Dann fuhr ich weiter nach **Steinhausen** und besichtigte die 1728 erbaute barocke Wallfahrts-Kirche mit den berühmten 20 Tierstuckaturen.

Den nächsten Halt machte ich in **Bad Schussenried**. Hier ist im Kloster, genau wie in Zwiefalten, ein Psychiatrisches Landeskrankenhaus untergebracht. Ich kannte es schon von früheren PLK-Arbeits-Besuchen. Heute hatte ich genügend Zeit, um alle Klostergebäude ausgiebig anzuschauen. Am beeindruckendsten ist wohl der spätbarocke Bibliotheks-Saal von Johann Jakob Schwarzmann eingerichtet von 1754 bis 1761.

Zur Abwechslung hielt ich am Freilicht-Museum in **Kürnbach**. Hier ist ein ganzes altes Dorf mit all seinen Einrichtungen zu besichtigen. In den alten Gebäuden wird die bäuerliche Kultur Oberschwabens dokumentiert. Das erste und älteste Bauernhaus stammt von 1664.

Dann ging es weiter nach **Bad Waldsee**. Hier ist die Wiege meines Hymer-Wohnwagens „Troll" von Eriba. Natürlich machte ich eine kurze Werksbesichtigung und nach einem ausgiebigen Stadtbummel auch noch einen Spaziergang um den See. Am Rathaus und am Kurzentrum, das zu einem modernen Moorheilbad erweitert wurde hielt ich mich länger auf.

In **Reuthe** suchte ich mir einen ruhigen Übernachtungsplatz, nachdem ich die Klosterkirche besichtigt hatte.

In **Aulendorf** wurden gerade umfangreiche Vorbereitungen für Fronleichnam getroffen. Plätze und Gehwege waren schon reich mit Mustern aus Blumen geschmückt.

In **Altshausen** machte ich am Schloss Halt. Dort gibt es einen schönen und gepflegten Schlossgarten, der regelrecht zum Verweilen einlädt. Auch sitzen hier gelegentlich Maler, denen man bei der Arbeit über die Schulter schauen kann.

Auf der Weiterfahrt nach Weingarten kam ich an dem kleinen **Hecklerweiher** kurz vor *Fronreute* vorbei. Der schien mir so romantisch, so dass ich mich entschloss einen Rundgang um den ganzen See zu machen, dabei fand eine Menge Fotomotive.

Weingarten war Stammsitz der Welfen und ist schon in der 1. Hälfte des 9. Jahrhunderts entstanden. 1055 wurde das Benediktinerkloster auf dem Martinsberg erbaut. 1715 bis 24 entstand die berühmte

Barockanlage mit der größten Barock-Kir-
che Deutschlands. Beeindruckend in der
Kirche ist der Chor und das Chorgitter.
Die Stadtrechte gibt es seit 1865.

Alljährlich findet hier der sogenannte
Blutritt statt, an dem 50.000 Menschen
und 2.000 Reitpferde teilnehmen.

Ravensburg ist fast zusammengebaut mit
Weingarten. Es war der zweite Stammsitz
der Welfen. Ravensburg wird auch die
Stadt der Türme und Tore genannt. Es
gibt das *Gemalte Tor*, das *Untertor*, den
Spitalturm, den *Turm am Hirschgarten*,
den *Mehlsack*, das *Frauentor* und den *Grünen Turm.*

1276 wurde es zur Freien Reichsstadt. Seinen Ruf und Reichtum bekam Ravensburg
durch seinen Tuch- und Leinenhandel. Das
sieht man auch heute noch an den pracht-
vollen alten Fassaden.

Auf der Weiterfahrt machte ich Halt in
Langenargen, um zu übernachten.

In *Immenstadt* saß ich am Bodensee-Ufer
und machte ein paar Skizzen, ehe ich weiter fuhr nach *Brachenreuthe,* wo Götz gerade auf dem Hofgut der Heimsonderschu-
le eine landwirtschaftliche Lehre absolvier-
te. Götz hatte nach seiner Rückkehr aus
Japan beschlossen, in den ökologischen

Landbau zu gehen. Er begann auf einem Bauernhof am Bodensee als Landarbeiter zu arbeiten. Allerdings habe ich ihm da gehörig ins Gewissen geredet. Nicht, dass ich ihm den ökologischen Landbau ausreden wollte. Nein, ich machte ihm klar, dass er nicht nur als Hilfsarbeiter gehen sollte. Dann müsste er wenigstens eine Lehre machen, nach der er dann studieren könne. Genau das fing er nun hier auf dem Hofgut an.

Nachdem ich mich vergewissert hatte, dass es ihm hier gut geht verabschiedete ich mich nach einigen Tagen und fuhr wieder nach Reutlingen zurück.

43.03 Schwäbischer Wald 89

Im Herbst 1989 hatte ich mir vorgenommen eine Woche durch den Schwäbisch-Fränkischen Wald zu fahren. Mit dem Wetter hatte ich wie immer Glück. Die Wälder leuchteten bunt in allen Farben, denn es wurde Herbst.

Kloster Lorch

Meine erste Station war das **Kloster Lorch**, ein ehemaliges Benediktinerkloster. Es wurde 1102 von dem Staufer Herzog Friedrich I. gegründet. Gedacht war es langfristig als Familiengrablege der Staufer. Aber erst 1139 konnte die Überführung der verstorbenen Staufer von der Stiftskirche in die Klosterkirche erfolgen.

Nach der Königswahl des Habsburgers Rudolf I. stellte dieser das Kloster Lorch unter die Vogtei des Reiches. Ziel wurde jetzt der Weinbau an Enz und am mittleren Neckar, denn der Weinbau und der Weinhandel erwiesen sich als besonders gute Einnahmequellen.

Bald aber wurde der arbeitsintensive Weinbau um Stuttgart aufgegeben und man widmete sich mehr dem Geistigen und Kulturellen.

1556 hob Herzog Christoph das Kloster auf und richtete eine Klosterschule ein, die aber 1583 auch wieder aufgegeben wurde, wohl aus wirtschaftlichen Gründen. Der letzte katholische Abt starb 1563 und ab nun wurden vom Herzog evangelische Äbte bestimmt, die das Kloster verwalten sollten. Im Dreißigjährigen Krieg kamen noch zwei Mal katholische Mönche nach Lorch, konnten sich aber nicht lange halten.

Im Zuge der Säkularisation ging das Kloster 1807 in das Oberamt Lorch auf. Ab 1937 wurde die Klosterkirche zu einer „Staufer- Gedenkstätte und für nationalsozialistische Feierstunden" umgewidmet. Heute beherbergen die Abtsgebäude ein Altenheim und in der Prälatur ist eine Schule für soziale Berufe eingerichtet.

Noch heute kann man die reizvolle Anlage mit Kirche, Klausur, Wirtschaftsgebäuden und Klostergarten, umgeben von einer noch vollständigen Klostermauer besichtigen. Ferner haben sich ansehnliche Reste der Befestigung erhalten, unter anderem ein alter Wehrturm.

Nach ein paar Stunden hatte ich die ganze Anlage gesehen und fuhr nach dem Mittagessen, das ich mir im Wohnwagen selbst machte, wieder weiter. Nun kam ich in ein sehr interessantes Gebiet um Welzheim. Hier gibt es sehr viele alte Mühlen, die

Die berühmte Meülesmühle

auch heute noch funktionieren. Im Tal des Gerbbaches steht eine der ältesten Mühlen entlang des Mühlenwanderweges.

Man nimmt an, dass sie schon im 13. Jh. bestanden hat. Woher der jetzige Name Meulesmühle kommt, ist bis heute nicht endgültig geklärt. Dort spielen *Hanne und der Bürgermeister.* Das Fachwerkgebäude besitzt ein 7 m großes Wasserrad, das größte im Schwäbischen Wald. Erst 1970 wurde die Getreidemühle stillgelegt. Mit ihrer Mühleneinrichtung aus der Zeit um 1900 ist sie heute noch voll funktionstüchtig.

Dann widmete ich mich ausgiebig dem gemütlichen Städtchen *Welzheim* mit seinen alten bestaunenswerten Fachwerkhäusern. Auf einer etwa 1,00 m großen Bronzescheibe, die vor der Kreissparkasse zu besichtigen ist, ist die Geschichte der Stadt nieder geschrieben.

Aber noch mehr interessierte mich der Limes und dessen Bauwerke, die vor fast 2000 Jahren gegen die „wilden Germanen" errichtet wurden. In der Römerzeit bildete der Limes mit Erdwall, Graben und Palisadenzaun eine bedeutende Grenze.

Zahlreiche Orts- und Flurbezeichnungen , wie Grab oder Pfahlbronn, erinnern noch heute an die römische Vorherrschaft. 70 römische Anlagen standen einst entlang des obergermanisch- rätischen Limes auf dem Gebiet des Rems-Murr-Kreises. Eines von vielen Überresten ist der restaurierte römische Wachturm Nr. 116 an der Landesstraße 1120. Mit 560 Metern über dem Meeresspiegel markierte er gleichzeitig den höchsten Punkt des obergermanischen Limes. Auf dem Heidenbuckel südlich von Grab wurde ein Limesturm restauriert und völlig wieder hergestellt. Dies ist der erste Limesturm des römischen Grenzwalles in Süddeutschland, der in Steinbauweise errichtet wurde. Eine weitere wichtige Anlage ist das römische Ostkastell bei Welzheim, denn mit zwei Kastellen auf der Hochfläche über der Lein gehörte Welzheim zu den wichtigsten Truppenstandorten am äußeren germanischen Limes. Das Westtor des Ostkastells wurde völlig wieder hergestellt und restauriert.

Vom Welzheimer Westkastell sind so gut wie keine oberirdischen sichtbaren Spuren erhalten geblieben. Es hatte zwar eine Größe von 236 x 181 m, lag aber genau unter der heutigen Schlossgartenstraße und dem Bahnhof.

Dann fuhr ich weiter zum **Ebnisee**. Die Landschaft war so faszinierend, dass ich eine Rundwanderung um den Ibnisee machte. Bunt spiegelte sich an jeder Stelle die Kulisse des jetzt so farbigen Waldes in der Abendsonne.

Meine letzte Station heute sollte **Murrhardt** sein. Ein kleines überschaubares Städtchen mit ca. 14.000 Einwohnern. Auch hier gab es einst ein Kloster, von dem aber nur noch Reste neben der Stadtkirche zeugen. Die Kirche auf dem oberhalb von Murrhardt gelegenen Friedhof trägt den Namen des letzten Abtes Walterich. Hier suchte ich mir wieder ein ruhiges Plätzchen in einer Nebenstraße zum Übernachten. Am nächsten Morgen ging es weiter. Doch vorher hielt ich noch am Waldsee bei Murrhardt und machte auch hier eine Rundwanderung um den herrlichen See, dieses Mal bei Morgensonne.

Dann fuhr ich weiter zum **Benediktinerkloster Comburg.** Die Grafen von Comburg-Rothenburg stifteten 1078 ein Benediktinerkloster an der Stelle ihrer Burg. Graf Burkard, einer der Gründer, trat selbst als Mönch in das Kloster ein.

Die ersten Mönche kamen aus Brauweiler im Rheinland. Da die Comburger Mönche nur aus dem Adel stammten, stießen die Reformbewegungen des Benediktinerordens im 15. Jh. auf rechten Widerstand. Der Konvent weigerte sich, Nichtadelige aufzunehmen und seine Lebensweise der strengen Ordensregel anzupassen. Daraufhin wurde das Kloster mit der Unterstützung des Bischofs von Würzburg 1488 in ein adliges Chorherrenstift umgewandelt.

Die Comburg bei Schwäbisch Hall

1802 ließ Friedrich I. von Württemberg das Reichsstift Comburg besetzen und 1803 aufheben. Der Kirchenschatz wurde in der Ludwigsburger Münze eingeschmolzen. Die wertvolle Bibliothek mit zahlreichen mittelalterlichen Handschriften befindet sich heute in der Württembergischen Landesbibliothek in Stuttgart. Seit 1947 ist die Comburg Standort einer Staatlichen Akademie für Lehrerfortbildung.

Die gesamte Klosteranlage wird von einer Ringmauer mit Wehrtürmen aus dem 16. Jahrhundert umschlossen, die der Gesamtanlage einen wehrhaften, burgartigen Charakter verleiht. Der schlichte romanische Kreuzgang wurde 1965 teilweise rekonstruiert. St. Ägidius ist die einzige weitgehend unverfälscht erhaltene romanische Kirche in der Region. Die Klostergebäude des 18. Jahrhunderts gelten als künstlerisch unbedeutend und können nicht besichtigt werden. Interessant ist der riesige romanische Rad-Leuchter aus dem 12. Jh. in der Stiftskirche mit seinen 502 cm Durchmesser.

Nach etwa 3 Stunden hatte ich alles gesehen und fuhr weiter nach Hall.

Schwäbisch Hall entstand im tief eingeschnittenen Kochertal an einer Salzquelle als gewerbliche Siedlung. 1037 erstmals urkundlich erwähnt, wurde die Stadt unter den Staufern erheblich erweitert. Die Heilquellen werden noch heute im Solenhallenbad und im Freibad therapeutisch genutzt. Dominierender Bestandteil des Stadtbildes war die Befestigung mit Mauern und Türmen, damit schützte man sich gegen Angreifer und zugleich war es ein Symbol für den Status einer Stadt. Der Slogan hieß damals „Stadtluft macht frei!"

Ich schlenderte durch die malerische Altstadt mit prächtigen Bürgerhäusern aus der Gotik, der Renaissance und dem Barock. Beeindruckend die Stiftskirche St. Michael aus dem 12. Jh. mit ihren 54 Stufen davor, wo auch regelmäßig Theateraufführungen stattfinden.

Gegen Abend kam mir der Gedanke, einen Abstecher zu Paula und Alfred , den Verwandten von meiner Frau, zu machen, denn ich war ja fast vor ihrer Tür. Ich rief an und wurde herzlich eingeladen.

Also fuhr ich nach *Möckmühl*, den Wohnwagen parkte ich direkt vor der Tür, aber Paula ließ mich nicht im Wohnwagen schlafen, sondern hatte schon längst für mich ein Bett gemacht. Am nächsten Morgen, bevor ich wegfuhr, wollten sie doch unbedingt meinen Wohnwagen von innen sehen. Von dort aus ging es nach 8 -tägiger Reise wieder zurück nach Hause.

43.04 Saarland u. Pfalz 94

Immer wieder fand ich wunderschöne Ecken, die mit dem Wohnwagen ohne Probleme zu bereisen waren. Mein eigentliches Ziel war dieses Mal Nici in Kaiserslautern, wo er ab diesem Herbst 1994 weiter studieren wollte.

Ich benutzte diesen Besuch gleichzeitig, um ihm hierher einige Sachen mitzunehmen, denn im Wohnwagen hatte ich ja genug Platz.

Kaiserslautern ist eine alte aber interessante Stadt. Schon um 250 n. Chr. entstanden im Bereich der heutigen Innenstadt römische Siedlungen.

Die Römer waren es auch, die unter Claudius die wichtige Verbindungsstraße von der Mosel zum Rhein bauten. In einer Urkunde aus dem Jahre 850 n. Chr. wird erstmals der Königshof *Lutra* erwähnt, in dem bereits 822 König Ludwig *der Fromme* übernachtete. Eine entscheidende Entwicklung des Dorfes *Lautern* trat ein als Kaiser Friedrich I. *Barbarossa* eine Pfalz errichtete, weshalb Kaiserslautern heute noch den Beinamen Barbarossastadt hat. Lautern wurde größer und bedeutender und erhielt 1276 durch König Rudolf von

Habsburg die Stadtrechte. Immer wieder besuchten Kaiser, Könige und Fürsten die Stadt, die sich seit 1322 urkundlich „Kyserslautern" nannte. Wenn sich Kaiserslautern heute eine der waldreichsten deutschen Städte nennen darf, dann verdankt man diesen Reichtum König Albrecht I., der 1303 der Stadt das südliche Waldgebiet schenkte. Mitte des 19. Jh. wurde die Eisenbahnverbindung Ludwigshafen – Kaiserslautern – Bexbach gebaut, die der Grundstock für die Industrialisierung legte. Betriebe wie die Kammgarnspinnerei und der Nähmaschinenhersteller Pfaff wurden gegründet.

Der erste Weltkrieg ging nahezu spurlos an der Stadt vorbei. Erst 1944/45 wurde die Stadt durch Fliegerbomben zu 2/3 zerstört. Obwohl die Stadt zur französischen Besatzungszone gehörte, bauten die Amerikaner ab 1951 in und um Kaiserslautern zahlreiche militärische Anlagen und machten die Stadt zur größten US- und NATO-Garnison in Europa.

1970 ging mit der Gründung einer Universität ein lange gehegter Wunsch in Erfüllung. Und an dieser neuen und modernen Uni studierte Nici nun.

In Kaiserslautern war das Zimmerangebot viel besser als vor zwei Jahren in Konstanz. Nici bekam von der Schule eine WG in der Bierstrasse in der Altstadt angeboten, wo er zusammen mit einem älteren Studenten einige Zeit wohnte. Ich half ihm beim Einzug.

Nach ein paar Tagen ging es weiter durch die Pfalz Richtung Saarbrücken. Mein nächster Halt war in **Homburg,** eine sehr alte Stadt. Sehr Interessant ist das riesige Freilichtmuseum in Homburg mit römischen Bauten, die schon um Christi Geburt errichtet wurden. Die bauliche Gliederung des Ortes entsprach deutlich den charakteristischen römischen Merkmalen. Es gab breite, rechtwinklig aufeinander treffende Straßenzüge mit zum Teil überdachten Gehwegen. An den Straßen entlang verliefen Kanäle für das Regen- und Abwasser. In der Umgebung gab es große Villen und Bauernhöfe. Auf den Bergen standen Tempel, wo die Römer ihre Götter verehrten.

Die Stadt wird erstmals 1172 urkundlich erwähnt. 1680-1692 wurde eine riesige Festungsanlage vom Festungsbaumeister Vauban gebaut, die aber nach den Friedensschlüssen von Rijswijk und Baden 1697 und 1714 geschleift wurden.

Besonders interessant sind die Buntsand-
steinhöhlen auf dem Schlossberg. Mit
ihren mächtigen Kuppelhallen und kilome-
terlangen Gängen in 12 Geschossen übereinander, sind sie die größten Buntsand-
steinhöhlen Europas. Alleine die obersten
drei Stockwerke, die heute noch besichtigt
werden können sind 800 m lang. Die Anlage wurde zwischen dem 11. und 17. Jh. angelegt. Die Temperatur in den Höhlen be-
trägt im Sommer wie im Winter konstant
10 Grad Celsius.
Zum Schutz und zur besseren Verteidigung
der Hohenburg sollen damals Fluchtwege
zu den umliegenden Ortschaften geführt
haben. Im 2.Weltkrieg dienten sie auch als
Luftschutzbunker für die Bevölkerung.
Von hier ging es weiter, nach *Saarbrücken,* wo ich Zwischenstopp zur Übernachtung machte.
Nach kurzem Besuch der Innenstadt, ging
es weiter nach *Ottweiler,* einer alten Resi-
denzstadt mit vielen hübschen alten Fachwerkhäusern. Unverwechselbar ist das
Rathaus aus dem Jahre 1717 mit einem
kecken sechseckigen Glockentürmchen.
Die nächste Station war *St. Wendel*, bekannt durch seine *Kunst in der Landschaft.* Das sind Skulpturen, die von 17

Künstlern, anlässlich des Symposiums 1971, in mehreren Monaten Arbeit geschaffen und in die Landschaft gestellt wurden. Heute stehen die Skulpturen zwischen den Äckern, Raps- und Getreidefeldern, als seien sie schon immer dagewesen.

Dann kam ich nach **Idar-Oberstein**. Das Städtchen liegt in dem wohl malerischten Winkel des Hunsrück-Mittelgebirges, fast ebenso weit von Mainz, wie von Saarbrücken entfernt. Noch ehe sich die Straße in die Stadt einfädelt, sind über Felsspitzen am Waldrand zwei alte Burgruinen sichtbar. Dann erscheint in einer Höhlung in der Steilwand das auffällige Wahrzeichen der Stadt: Die Felsenkirche.

Ein Brudermord, so berichtet die Sage, den ein Ritter vom Oberen Stein aus Liebesneid verübte, soll Anlass zum Bau der Felsenkirche gewesen sein.

In Wirklichkeit reicht die kultische Bedeutung dieser Stätte noch zu weit tieferen Ursprüngen zurück: Schon zur Zeit der alten Kelten wurde hier, 60 m über der Talsohle, eine Gottheit des heiligen Brunnens verehrt. Bis an den heutigen Tag rinnt tatsächlich derselbe klare Quell wie ehedem aus der rückwärtigen Felswand in dem 1842 errichteten Gotteshaus.

Idar-Oberstein ist aber bekannt viel mehr durch seinen Schmuck und Edelsteine, die einem aus jedem Schaufenster anleuchten. Dann machte ich kurz Halt in **Meisenheim,** es liegt auf dem Weg zwischen Idar-Oberstein und Bad Kreuznach, meinem nächsten Ziel.

Meisenheim ist vermutlich als fränkische Siedlung im 7. Jh. entstanden. Im 12. Jh. bauten die Grafen von Veldenz auf dem heutigen Schlossplatz eine Wasserburg. 1315 erhielt Meisenheim die Stadtrechte. Ihre erste Blüte währte bis zum 30-jährigen Krieg und die zweite bis zur Französischen Revolution. Das ist heute noch an hervorragenden Bauwerken im Stadtbild abzulesen. Viele Fachwerkhäuser bereichern noch heute die Altstadt. Das stolzeste Wahrzeichen ist die spätgotische Schlosskirche von 1479 – 1504.

Dann kam ich nach **Bad Kreuznach,** dem Naturparadies im sonnigen Nahetal. Nur 15 km vom Rhein liegt dieses beliebte Heilbad in einer der schönsten Landschaften des Landes Rheinland-Pfalz. Im Nahetal befindet sich ein beachtliches Reservoir an Mineralquellen mit idealer heilwirksamer Zusammensetzung von Salzen und Mineralstoffen. Das haben schon die Kelten genutzt, später auch die Römer mit ihrer Vorliebe für Bäder und Thermen. Dazu entstanden gewaltige „Gradierwerke", das sind etwa 8 m hohe Bauten gefüllt mit Dornengestrüpp. Über die Kronen der Gradierwerke wird Heilwasser versprüht, das durch das Gestrüpp bis nach unten in Auffangwannen läuft und verdunstet. Diese feuchte Luft hat eine enorme Heilkraft. Insgesamt haben die Gradierwerke in Bad Kreuznach eine Länge von 1000 m.

Das Rheuma-Zentrum hat eine Tradition von über 175 Jahren. Heute findet man in Bad Kreuznach Kurmittel, Anwendungen und ärztliche Betreuung nach dem neuesten Stand der Forschung und Technik und zwar zu allen Jahreszeiten. Als das *Bad Kreuznacher Verfahren* wurde die neuartige Behandlung mit Sole-Radon bekannt.

Die Route führte mich dann weiter nach **Oppenheim** am Rhein. Ich parkte meine Wohnwagen wieder etwas außerhalb der Altstadt in einem gemischten Wohngebiet, gegenüber einem großen Wohnhaus. Hier war es sehr ruhig und die Straßen sehr breit.

Dann schlenderte ich in die Altstadt.

Zuerst besuchte ich die wuchtige Schlosskirche. Sie zählt neben dem Straßburger

Münster und dem Kölner Dom zu den schönsten gotischen Bauwerken am Rhein. Der Bau wurde 1220 begonnen und in vier Abschnitten 1439 beendet. Dies geschah: Romanisch, frühgotisch, hochgotisch und spätgotisch. Berühmt das Fenster mit der „Oppenheimer Rose".

Neben vielen Grabstellen befindet sich unter der Michaelskapelle das sogenannte Beinhaus. Hier liegen etwa 20.000 Gebeine von Oppenheimer Bürgern aus den Jahren 1400 bis 1750 und Soldaten des 30-jährigen Krieges.

Dann schlenderte ich weiter durch die schöne Stadt und blieb unwillkürlich vor einer Weinkellerei stehen. Dort stand ein Anhänger beladen mit Trauben, die gerade gelesen worden waren. Da es Anfang November war, sahen die Trauben aber nicht mehr sehr Vertrauen erweckend aus. Ein dementsprechendes Gesicht machte ich gerade als ein Mann an mir vorbei gehen wollte.

„Was schauen Sie so misstrauisch?", fragte er.

„Was soll das noch geben?"

„Gehen Sie rein und schauen Sie zu, dann werden Sie es sehen, was daraus noch wird."

Das Tor stand weit offen und ich ging hinein.

Dort arbeitete ein älterer Mann alleine. Ich sagte zu ihm nur, dass ich herein geschickt worden sei, um zuzusehen.

Er aber nickte nur.

Ich sah nun, dass die Trauben vom Hänger in die Presse geladen wurden, aus der der Mann gerade den Tröster des vorigen Pressganges auf einen leeren Hänger laden musste. Er hatte also im Moment zwei Arbeiten zugleich zu tun. Als ich das sah, suchte ich mir einen Nagel an der Wand, um meine Jacke aufzuhängen. Dann nahm ich die Schaufel und lud den Tröster auf.

Wir waren fast zeitgleich mit unseren Arbeiten fertig, er mit dem Beschicken der Presse und ich mit dem Aufladen des Tröster. Da endlich sprach der Mann zu mir:

„So, jetzt gehen wir mal in den Keller und schauen, wo wir den Saft hinein leiten."

Wir gingen hinunter und legten den Schlauch an ein leeres Fass. Da kam es mir so vor, als wenn der da draußen scheinbar gar nicht der Chef war, wie ich vermutet hatte, sondern wohl der alte Mann hier.

Und ich fragte: „Sind Sie hier der Chef?"

„Ja", sagte er, „der da draußen ist mein Nachbar gewesen."

Ich entschuldigte mich, aber er winkte ab.

„Schon gut, wir vespern jetzt miteinander, dann haben wir Zeit uns zu unterhalten, während der Saft läuft.

„Dazu suchen wir uns jetzt eine guten Wein aus."

„Oh", sagte ich, „jetzt werden Sie vielleicht Probleme haben, denn ich bevorzuge Rotweine:"

„Jetzt trinken wir erst mal einen Weißwein zum Essen und dann bekommen Sie auch noch einen Rotwein!"

Es gab eine interessante Unterhaltung.

Dabei erzählte mir Herr Glaßer, dass er seit einiger Zeit Witwer ist und alleine lebt. Gerade seien sie dabei, den letzten Wein zu lesen, aber leider ist ihm für morgen ein Mann ausgefallen. Da bot ich mich spontan an, noch einen Tag zu bleiben und einzuspringen. Doch er lehnte ab, denn es sei eine schwere Arbeit, die Wanne zu tragen. Also nahm ich Abstand, denn ich war nicht mehr der Jüngste und hatte ja auch gar keine geeigneten Kleider dabei.

Nach dem Frühstück kam dann der Nachbar wieder vorbei, um eine ganze Milchkanne voll Rotwein zu holen. Dabei erzählte ich ihm von meiner falschen Annahme. Er lachte aus vollem Hals!

Aber Herr Glaßer ergänzte sofort, dass ich ihm tatkräftig geholfen hatte. Dabei goss er mir dann tatsächlich auch einen Rotwein ein.

Der schmeckte wirklich „ganz lecker".

Während des Gespräches trank ich mein Glas nach und nach aus. Doch jedes Mal, wenn ich es fast leer hatte nahm es der Nachbar und füllte es erneut aus seiner Milchkanne.

Nach einiger Zeit begann ich nachzuzählen und kam auf vier Viertele!

„Au weia"! Da wurde ich stutzig! Würde ich meinen Wohnwagen überhaupt noch wiederfinden, wenn ich hier so weitermachte?

Ich fand ihn aber noch und ließ im Bett den Tag noch einmal „Revue passieren". Es war ein ereignisreicher, Tag gewesen – dabei schlief ich schnell und selig ein.

Am nächsten Morgen fuhr ich weiter entlang der Deutschen Weinstraße bis nach *Bad Dürkheim*.

In Bad Dürkheim gibt es viele Zeugnisse großer Vergangenheit. Mehr als tausend Jahre vor Christi siedelten hier schon die Kelten. Dann kamen die Römer, die den Rebstock mitbrachten, der trefflich ge-

deiht. Fast südlich ist das Klima hier, so
dass neben Trauben auch Feigen, Man-
deln, Kiwi und Spargel prächtig gedeihen.
Aus Millionen von Rebstöcken gibt es einen prächtigen Wein, der weit über die
Grenzen bekannt ist. Eine Attraktion ist
das größte Weinfass der Welt, es fasst
1.700.000 Liter!

Nächste Station war *Deidesheim*. Hier
schlenderte ich durch die romantischen
Gassen und schaute in einige Winzerhöfe.
Auf dem Herbstmarkt probierte ich manchen Wein und auch den berühmten Pfäl-
zer Saumagen, von dem Altkanzler Kohl so
schwärmt.

Dann wanderte ich zu den Heidenlöchern
oberhalb von Deidesheim. Etwa 2,5 km
westlich der Stadt auf dem Kirchberg wurde im 9. oder 10. Jh. eine sogenannte
Fliehburg angelegt. Sie sollte den Menschen Schutz bieten vor eindringenden
Normannen oder Ungarn, die das Land
bedrängten. Ausgrabungen legten zwei
Tore und Fundamente von 65 Steinhäu-
sern frei. Das Ganze war eingefasst von einem Wall mit einer 450 m langen Trocken-
mauer. Die Ausgrabungsreste sind noch
bis zu zwei Meter Höhe erhalten und noch
deutlich zu erkennen.

Mein letzter Halt war in *Landau* in der Südpfalz. Gegründet wurde Landau 1260 von Graf Emrich IV. von Leiningen-Landeck. Dieser ließ eine in der Ebene vorgelagerte Befestigung als zusätzlichen Schutz für seine Burg Landeck errichten. 1274 erhielt Landau von König Ludwig I. von Habsburg die Stadtrechte.Derselbe erhob die Stadt 1291 in den Rang einer Reichsstadt. Im Laufe der Jahrhunderte wechselten nicht nur die Besitzer, sondern auch die Nationalität, denn es gehörte mehrmals zu Frankreich. Nach dem Krieg 1871 war Landau nicht mehr Grenzstadt, da sich die Westgrenze des Deutschen Reiches infolge der Annexion von Elsass- Lothringen deutlich nach Westen verschoben hatte. Die Festung wurde geschleift, neue Straßenzüge entstanden. Mit dem Reichsgesetz zur Gleichstellung jüdischer Bürger 1871 kam es zum Zuzug vieler jüdischer Bürger. Bald wurde Landau zum Zentrum des pfälzischen Weinhandels. Sie galt als wohlhabendste Stadt der Pfalz. Dies lässt sich noch immer an der für eine Kleinstadt vergleichsweise prächtige Architektur ablesen. Es entstanden prächtige Bürgerhäuser entlang der neuen Ringstraße. Das vorherrschende Baumaterial war Sandstein.

So war aus der alten Festungsstadt eine
moderne und reiche Stadt geworden. Im
Jahre 1949 veranstaltete die Stadt die
Südwestdeutsche Gartenschau (SÜWE-
GA), als erste Gartenschau mit überregio-
naler Bedeutung im Nachkriegsdeutsch-
land. Später entwickelte sich daraus die
Bundesgartenschau. Interessant auch die
nickenden Ölpumpen im Umfeld von Landau; dieses Bild findet man sonst kaum in
Deutschland.

Damit endete meine 8-tägige Rundreise
durch die Pfalz. Ich hatte wieder ein gutes
Stück von Deutschland näher kennen gelernt. Auch hatte ich wieder genügend Abwechslung gefunden und Kraft getankt für
das nächste Halbjahr bis zu den Sommerferien.

43.05 Schwarzwald u. Elsaß 98

Schon lange hegte ich den Wunsch einmal ausgiebig die Kirche von Le Corbusier in Ronchamp zu besuchen. Ich kannte sie bisher nur aus der Literatur und von einer Durchreise 1967. Im Herbst 1998 plante ich eine 10-tägige Tour alleine mit dem Wohnwagen durch das Elsass mit Abstecher nach Ronchamp.

Chapelle Notre-Dame-du-Haut de Ronchamp

Natürlich fuhr ich wieder in Etappen. Mein erster Halt war in **Freiburg**. Ich fuhr bis ans Zentrum und dann etwas an den Stadtrand, so dass ich nicht zu weit zu Fuß in die Stadt hätte. Ich suchte mir eine Straße, wo auf der einen Seite Villen standen und auf der anderen Seite ein kleiner Sportplatz war. Dort stellte ich mich ge-

genüber den Häusern auf die andere Stra-
ßenseite. So störte ich niemand, war aber
trotzdem in einer bewohnten Straße. Wenn
möglich fuhr ich den Wasserablauf des
Wohnwagens genau über einen Straßen-
einlauf, dann konnte ich sogar das Abwasser einfach laufen lassen. Als ich am
Abend im Wohnwagen beim Abendbrot saß
hörte ich plötzlich Motorengeräusch dicht
neben mir. Ich schaute hinaus und sah
eine Polizeistreife.

Ich wartete. Aber sie fuhren weg, ohne
mich anzusprechen. Damit war wohl klar,
dass ich zumindest für eine Nacht hier geduldet war.

Am Tage bummelte ich kreuz und quer
durch die Stadt und besichtigte die Sehenswürdigkeiten. Sogar auf den Münster-
turm stieg ich, um die Stadt von oben zu
betrachten.

Am interessantesten an Freiburg finde ich
die Fußgängerzone mit ihren Wassergrä-
ben. Natürlich ist hier Rad fahren verboten und trotzdem wagen es immer wieder
besonders junge Leute da durch zu radeln.
Aber es ist ständig Polizei unterwegs die
dann von denen, die sie erwischen, 10 €
kassiert. Die Omas und Opas auf den Sitz-

bänken in der Fußgängerzone beobachteten das Spiel belustigt.

Am nächsten Tag ging es weiter nach
Muhlhouse, mit kurzem Halt in Sulzberg
mit seinem Bergbau-Museum.

Muhlhouse ist bekannt für seinen ausgeprägten Sinn seiner Bewohner für Freiheit
und Unabhängigkeit. Ein Sinn der sich
schon sehr früh offenbarte, denn als Kai-
serstadt erklärte sie sich schon ab dem 18.
Jh. als *Freie Stadt*.

Natürlich gibt es dort auch einige Museen,
wie das Historische, das Kunst-, das Feu-
erwehr-, das Eisenbahn-, das Automobil-,
das Tapeten-, und das Stoff-Museum.

Nach kurzem Aufenthalt fuhr ich weiter
nach *Belfort*, das bekannt ist durch seine
sechseckige Stadtbefestigung und der Zitadelle. Sebastian Le Preste de Vauban` war
der berühmte Militär-Architekt des Son-
nenkönigs Ludwig des XIV. Er ließ ab 1686
die Stadt durch einen 5-eckigen Befesti-
gungsring vergrößern und baute in der
Mitte die riesige Zitadelle.

Der Befestigungswall, die Zitadelle mit
dem Museum für Kunst und Geschichte,
sowie der berühmte Löwe von Bertholdi
sind allesamt unverwischbare Zeichen der
Vergangenheit.

Dann ging es weiter zu meinem eigentlichen Pilgerziel der diesjährigen Reise, nach **Ronchamp.** Ich kam gegen Abend im Ort an, machte ein paar Einkäufe und fragte nach der Kirche.

„Ja, die liegt außerhalb, dort ganz oben auf dem Berg." Das war mir gar nicht mehr so genau in Erinnerung. Also fuhr ich mit meinem Gespann dort hoch. Die Straße wurde aber immer enger, bis sie auf einem großen Parkplatz ganz endete. Hier standen einige Autos und ein Restaurant gab es auch. Prima, hier würde ich in der Nähe des Restaurants auch den Wohnwagen abstellen und übernachten.

Doch zuerst ging ich zur Kirche.

Sie ist ein Wahrzeichen des Fortschrittsgeistes der 50-er Jahre. In seiner Generation hat Le Corbusier die extremsten Utopien zu denken und zu formulieren gewagt. Er hat Bauten geschaffen, die sich überzeugt in die Sphäre der Kunst erheben. Dazu zählt ganz sicher die Kirche *„Notre -Dame du Haut in Ronchamp.*

Und doch blieb gerade seinen selbstbewußten Prototypen die Demütigung durch die Geschichte nicht erspart. Noch vor seinem 100-sten Geburtstag musste die 1960 eingeweihte riesige Wohneinheit für 1600 Bewohner in Briey-la-Foret, nahe der Luxemburger Grenze, von der Polizei geschlossen werden, weil sich die wenigen verbliebenen Bewohner nicht mehr sicher fühlten. Das langsam verwahrlosende Innere des „gestrandeten Betonklotzes" mit seinen beängstigenden langen , künstlich beleuchteten „inneren Straßen, nackten Betonwänden und Winkeln" war nicht mehr bewohnbar.

Eigentlich sollten hier einst glückliche Menschen wohnen, tatsächlich wurde Kriminalität gezüchtet. Heute steht der Komplex unter Denkmalschutz und ist nur noch Touristenziel.

Ich nahm mir Zeit, um die Kirche in Ruhe zu erleben. Nach Betrachtung von außen ging ich hinein.

Dann ging die Sonne unter und es begann schnell zu dunkeln. Als ich wieder zum Wohnwagen kam, stand der aber nur noch alleine da. Und wie ich so überlegte was nun zu tun sei sah ich, dass auch im Restaurant die Lichter ausgingen und der Wirt sich ins Auto setzte und wegfuhr.

Jetzt war ich dort oben ganz alleine. Nein, nicht ganz, denn neben der Kirche wohnte der gehbehinderte Pfarrer der Kirche!

Was nun tun?

Es gab nun zwei Möglichkeiten: Wieder hinunter ins Dorf fahren und morgen den beschwerlichen Weg wieder hinauf oder hier alleine oben bleiben und übernachten? Ich entschloss mich für das Obenbleiben!
Ich setzte mich in meinen Wohnwagen, heizte etwas ein und aß Abendbrot. Plötzlich hörte ich draußen ein Motorengeräusch. Ich ging hinaus und sah ein französisches Polizeiauto. Als die mich sahen fuhren sie langsam an mir vorbei, ohne zu halten und verschwanden wieder. Da ich nun schon mal draußen war, beschloss ich noch einen kleinen Spaziergang zu machen. Eigentlich war es richtig gespenstisch, denn der Wind wehte mal schwach und mal kräftig durch die Baumwipfel und in der Ferne hörte ich immer wieder einen Kauz rufen. Mir lief es dabei eiskalt über den Rücken! Aber ich hatte beschlossen oben zu bleiben, also blieb ich auch!
Den Wohnwagen verschloss ich und machte die Alarmanlage an. Dann legte ich mir den eisernen Tischfuß so hin, dass ich ihn im Bedarfsfalle benutzen könnte. Sollte sich nachts etwas tun würde ich erst abwarten, bis jemand den Kopf zur Türe hinein stecken würde. Aber dann würde ich

beherzt zuschlagen! Ich trank noch einen Schluck Rotwein und legte mich schlafen.

Erst am nächsten Morgen, als es schon wieder hell wurde, wachte ich auf. Es hatte sich ringsum also nichts bewegt und so kehrte ich wieder zurück zur Tagesordnung. Heute wollte ich ein paar Fotos machen und ein paar Skizzen zeichnen.

Danach fuhr ich wieder weiter. Mein nächstes Ziel war **Colmar.** Colmar ist ein romantisches Städtchen mit vielen sauber restaurierten Fachwerkhäusern, die in Fußgängerzonen und an Wasserläufen wie der Lauch, der Ill und am Canal du Lagelbach liegen. Alle Häuser waren noch in vollem Blumenschmuck, obwohl es schon recht herbstlich war.

Diese Hauptstadt des Elsässischen Weines zählt, als Stadt der Kunst und der Geschichte, zu den schönsten und am meisten besuchten Orte des Elsass. Colmar ist berühmt durch seinen historischen Kern, zu dem man über eine weit angelegte Fußgängerzone gelangt. Er ist zwar winzig klein, aber wimmelt nur so von engen Gassen, begrenzt von mittelalterlichen Fachwerkhäusern mit fein verzierten Giebeln, Balkonen mit geschmückten Brüstungen, Erkern und mit Jahreszahl versehenen Tü-

ren. Stundenlang könnte man hier herum
schlendern und entdeckt immer noch neue
interessante Details. Aber ich wollte weiter
auf der Elsässischen Weinstraße.

Auf seinen Sonne verwöhnten Hängen reifen die bekannten sieben elsässischen Re-
ben. Sieben große französische Weine mit
kontrollierter Ursprungsbezeichnung, die
ganz selbstverständlich die große Küche
ihrer Landschaft begleiten und bereichern.
Dies sind:

- **der *Sylvaner,*** leichte und erfrischend
- der *Riesling,* männlich, elegant und dabei fruchtig,

   mit seinem einzigartigen zarten Bukett,
der König unter den Weinen,

- **der *Gewürztraminer,*** körperreich, elegant mit seinem ausgeprägten Bukett,

- **der *Muscat d`Elsace*** mit seinem zar-
ten Aroma,

- **der *Tokay Pinot Gris*,** opulent und
kräftig

- **der *Pinot Blanc,*** ausgewogen, weich
und nervig, oder

der *Klevner* und schließlich

- **der Pinot Noir,** köstlich, fruchtig in Rot
oder Rose`.

Die typischsten unter diesen Weinen tragen die kontrollierte Herkunftsbezeich-

nung „*Alsace Grand Cru*", sowie den Namen der berühmtesten Hänge.

Der erste Ort war **Eguisheim** mit seinen verwinkelten Gassen voller romantischer Fachwerkhäuser.

Dann ging es durch die riesigen Weinberge und -felder weiter nach **Kaiserberg,** wo einst Albert Schweizer geboren wurde. Sehenswert ist das Renaissance-Rathaus und die Kirche aus dem 12. Jh. Natürlich auch die vielen Winzerhäuser.

Dann fuhr ich durch *Requiwihr, Hunawihr* und *Ribeauville* nach *Bergheim.* Alle Orte gleich romantisch und interessant.

Jetzt kam ich nach *Strasburg*, einer großen ebenfalls innen recht romantischen Stadt. Sie erinnert ein wenig an das „Klein Frankreich" in Colmar.

Aber auch das neue Europa-Parlament steht hier, es ist ein interessantes Pendant zum Alten. Allerdings gibt es auch Gegenden die weniger anziehend sind, weil soziale Brennpunkte, erkennbar an Wandschmierereien und ausgebrannten Autos.

Von Straßburg trat ich dann wieder die Heimreise an, vorbei an Rust mit Europa-Park – der aber gerade geschlossen war. Wyhl war mir in Erinnerung von den

großem Protesten gegen ein Atomkraft-
werk, das verhindert und nie gebaut wurde.

Mein letzter Halt war in Freiburg, weil ich
dort wieder übernachten wollte. Von Freiburg war es dann am letzten Tag nur noch
eine Tagesetappe bis nach Hause.

44.00 Ungarn-Rundreise m. WW

44.01 Vorbereitung

Nachdem die Reise durch Marokko 1988 so gut geklappt hatte, wurde ich mutiger und plante schon die nächste. Gerne würde ich ja mal meine Heimat Pommern besuchen, aber das war mir zu gefährlich. Schließlich war ich ein Republik-Flüchtling! Selbst wenn ich die DDR meiden würde, könnte es doch sein, dass mich die Polen auslieferten. Aber in Ungarn sah es im Sommer 1989 recht nach einem politischen Frühling aus. Da könnte ich es wagen hinzufahren.

Nici war noch Schüler und so planten wir in seinen Sommerferien zusammen eine Ungarn -Rundreise zu machen.

Aber auch er hatte schon etwas vor. Er wollte mit der 600-er Yamaha, die er von Götz inzwischen gekauft hatte, mit einigen Freunden zusammen eine Skandinavien-Rundreise machen. Es ließ sich aber so arangieren, dass beide Reisen sich nur um ein paar Tage überschnitten.

Ich schlug vor, er solle sein Motorrad komplett packen und in die Garage stellen. Er könnte dann ein paar Tage früher nach Hause trampen und mit den Freunden nach Norden fahren. Er war von dem Vorschlag begeistert. Daraufhin bereitete er alles für seine Reise vor und ich traf alle Vorbereitungen für unsere gemeinsame Reise durch Ungarn.

Nici war gerade 18 geworden und hatte vor einer Woche seinen Führerschein gemacht. Als wir zu Hause abfuhren, fragte er mich ganz vorsichtig, ob ich ihn auch mal ans Steuer lassen würde.

„Natürlich, aber ich fahre die Geißlinger Steige hinauf, denn wenn es dort Stauungen gibt, muss man am Berg anfahren und das ist mit vollem Wohnwagen nicht so ganz einfach."

Als wir oben waren ließ ich ihn fahren. Ich lehnte mich zurück, als wenn ich schlafen würde, genau wie bei der ersten Fahrt mit Götz 1988 nach Marokko. Mit einem Auge beobachtete ich aber ihn und den Tacho; strikt hielt er immer 80 km/h ein. Er fuhr so vorsichtig, dass ich ihm nach einer Weile sagte, er könne ruhig etwas über 80 fahren, denn der Tacho geht immer etwas vor. Am Ende unserer Reise habe ich grob zusammen gezählt und musste feststellen, dass er die meisten Kilometer gefahren war.

44.02 *Wien*

Unser erster Halt war in Wien. Hier war eine Stadtbesichtigung geplant. Unseren Wohnwagen stellten wir am Stadtrand ab und übernachteten.

Besonders interessierte mich hier die Bauten von Architekt Hundertwasser. Schon verrückt, was der manchmal geplant hat. Nicht realistisch ist ein gewellter Fußboden in einem Kindergarten. Es ist zwar richtig, dass man mit solchen Maßnahmen die Geschwindigkeit der Nutzer drosseln kann. Aber von Kindern ist das wohl zu viel verlangt. Hier führt diese Maßnahme eher zu vermehrten Unfällen.

Am nächsten Morgen nach dem Frühstück ging es dann weiter zum *Neusiedler See. Hier konnten wir wieder ein kühles Bad nehmen.*

Weiter ging es über die Dörfer Richtung Hauptstadt Budapest.

44.03 Budapest

In **Budapest** fanden wir einen kleinen Campingplatz am Stadtrand, von wo wir jeden Tag mit der Straßenbahn in die Stadt fahren konnten.

Interessant, die Stadt wieder zu sehen, die ich auf meiner Flucht 1963 schon kennen und lieben gelernt hatte. Jetzt war hier aber politisch alles noch viel offener. Im Radio konnte man im ganzen Land einen Westdeutschen Sender empfangen, der auch dauernd berichtete von den vielen DDR-Flüchtlingen im Lande.

Das erste Geld wechselten wir offiziell an der Grenze bei der Einreise. Später wechselten wir immer auf der Straße, obwohl im Radio ständig vor Gaunern gewarnt wurde nicht aber, dass es verboten sei. Deshalb brauchten wir vor der Polizei keine Angst zu haben. Wir mussten nur vorsichtig sein, keinem Gauner auf den Leim zu gehen.

Das erste Mal tauschten wir sonntags im Fischerviertel vor einem Geschäft. Der Mann sah ehrlich aus und bot uns an, das Geld im Laden vorher prüfen zu lassen, ehe wir ihm die DM geben würden. Es war alles in Ordnung.

Das zweite Mal tauschten wir vor der großen Markthalle bei einem Mann, der uns sagte, dass er das Geld brauche, um in Österreich Baumaterial einkaufen zu können. Das dritte Mal wurden wir auf der Kettenbrücke angesprochen. Es wurde ein verlockender Kurs geboten, vor dem genau im Radio immer wieder gewarnt wurde. Er zeigte uns mehrere Male die Scheine, die er uns anbot, indem er sie genau vor zählte. Wo sollte hier noch ein Trick sein? Also tauschten wir bei ihm 100 DM.

Kettenbrücke in Budapest

Der Mann entfernte sich schnell, statt dessen tauchte ein anderer Mann auf, der uns in ein Gespräch verwickelte,. Ich sagte zu

Nici, der die Scheine in Empfang genommen hatte, er solle doch das Geld sofort anschauen und nach zählen.

Da stellte er fest, dass in diesem Bündel mehrere kleinere Scheine steckten, also der Kurs für uns wesentlich schlechter ausgefallen war.

„Wo ist der Mann hin", fragte Nici.

Dort nach links! Und er lief schon los. Kam aber nach ein paar Minuten zurück, weil er ihn nicht gefunden hatte. Ich hatte derweil das Ufer beobachtet und sah, wie dieser Maann zusammen mit einem anderen Mann gerade schnell unter der Brücke hervor kam, um jetzt am Ufer langsam weiter zu gehen.

Wir rannten zum Ende der Brücke und Nici pirschte sich von hinten heran, wobei ich etwas Abstand hielt für den Fall, er würde einen Ausreiß-Versuch machen wollen. Als Nici ihm von hinten die Hand auf die Schulter knallte blieb er wie angewurzelt stehen!

„Geld zurück!"

Er griff in die Tasche und gab uns wortlos unser Geld zurück. Nun hätten wir ihn sogar noch betrügen können indem wir ihm nur die Hälfte zurück gegeben hätten. Aber daran dachte jetzt niemand. Zufrieden aber recht geläutert gingen wir wieder auf die Brücke, um in die Stadt zu kommen. Da sahen wir vor uns, wie eine deutsche Familie genau den gleichen Tausch machte. Ich warnte die Frau vor Betrügern, aber sie wollte davon nichts wissen. Nach einer Weile, die Familie lief vor uns, sah ich wie der Mann ein Bündel Scheine in die Donau warf mit der Bemerkung: „Das sind ja alles falsche Scheine!"

Das passierte uns aber nicht wieder.

Am Abend machten wir es uns dann meistens auf dem Campingplatz gemütlich, badeten, faulenzten und plaudern mit den Nachbarn. Da fragte mich ganz unvermittelt eine deutsche Nachbarin, wie denn unser nettes Chalet heiße. Ich antwortete lächelnd:„Das steht doch dran."

„Ich kann es aber nicht lesen."

„Ja, Sie müssen von rechts nach linke lesen, es ist nämlich arabisch und heißt „*Marokko 88.*" Dann musste ich ihr die ganze Marokko-Reise erzählen.

An einem Abend aber kam Nici und fragte, ob ich ihm mal den Autoschlüssel geben würde.

„Schon, aber mache keine Dummheiten, du weißt wir sind weit weg von zu Hause!"

Er fuhr und kam ewig nicht wieder. Ich
machte mir tatsächlich schon Sorgen, obwohl ich unterwegs gesehen hatte, dass er
ein besonnener Fahrer ist. Endlich tauchte
er grinsend wieder auf, es wurde gerade
fast dunkel.

„Mensch, wo warst du so lange?"

„Ich bin einfach durch die ganze Stadt gefahren, kenne jetzt jede Straße."

Mir war wohler, es war nichts passiert.

44.04 Weiter zum Plattensee

Die Fahrt ging weiter über **Miscol** und **Debrecen** ganz im Osten.

Dann ein Abstecher nach **Hortobagy**, einem Landschaftsschutzgebiet mit vielen Tieren; ganz besonders mit Pferden und Rindern.

Weiter über **Kescemet**, *Szeged, Pecs* zum **Balaton.** In *Keszthely*, einem Badekurort

Ziehbrunnen in der Puszta

blieben wir ein paar Tage. Das Wasser in diesem Natur-See mit Seerosen kam aus warmen Quellen, das konnte man beim Schwimmen richtig spüren

Die letzte Station war dann **Revfülöp** am Plattensee. Hier wollten wir am Ende noch

ein paar Faulenzer-Tage einlegen, bevor
Nici nach Hause starten wollte. Der Platz
war knüppeldicke voll, aber wir bekamen
doch noch einen Platz, weil ich den Platz-
wart mit ein paar kleinen Scheinchen ge-
schmiert hatte. Der Platz war fest in DDR-
Hand, nur gelegentlich ein paar Westdeut-
sche. Ich hatte Nici eingeschärft, dass wir
von uns nichts erzählen. Wusste ich doch
nicht, ob und wie viel DDR-Spitzel es hier
gäbe. Sogar eine Sportler-Gruppe aus Anklam war dabei, mit denen ich mich schon
gerne unterhalten hätte, denn immerhin
hatte ich doch sieben Jahre gewohnt. Gelegentlich wurden wir auch gewarnt, uns vor
dem oder dem vorzusehen. Aber mit der
Zeit bekamen wir selbst ein Auge dafür,
wer hier gefährlich sein konnte. Ein Nachbar saß morgens und las provokativ die
Bildzeitung. Ich lästerte, er solle sie nicht
so schräge halten, sonst könnte das Blut
heraus laufen. Er warnte mich vor einem
Nachbarn, der sei eine Größe bei der Armee in der DDR. Genau mit dem Nachbarn
bahnte sich dann aber unverhofft eine
Freundschaft an.
An einem Abend, es regnete in Strömen,
sprang sein Skoda nicht an. Ich sagte zu
Nici: „Möchtest Du ihm nicht schieben hel-

fen? Wenn notwendig, komme ich auch.
Sage ihm, dass wir ein Ladegerät dabei haben und morgen seine Batterie aufladen."
Am nächsten Morgen bot ich ihm mein Ladegerät an. Ja, wir machten sogar miteinander einen Ausflug mit unserem Auto in
die Umgebung. Als Dank luden die uns
dann am Abend in ihr Zelt ein zum Essen
und einem Glas Wein. Und so kamen wir
miteinander auch in vertrauliche Gespräche. Sie stellten sich vor als Familie Bayer
aus Leipzig. Er hieß Josef und sie hieß Ingrid. Sie war Frauenärztin in Leipzig. Dann
hatte ich sogar den Mut ihn direkt nach
seinem Beruf zu fragen.
Er stutzte erst, sagte aber dann frei heraus, dass er Schulungsoffizier bei der
Volks-Armee der DDR sei. Beide machten
sie aber einen offenen und freundlichen
Eindruck. Wir tauschten sogar unsere
Adressen aus und versprachen uns, miteinander wenigstens in brieflichem Kontakt zu bleiben. Josef hatte mich sogar gewarnt vor den verkappten Spitzeln. Man
würde sie erkennen an den grünen Trai-
ningsanzügen, die nur von „Staatsdienern"
getragen würden. Genau so einer war der
Nachbar mit der Bildzeitung!!! me.

44.05 Heimreise

Eine Woche vor Ende dieser Rundreise musste Nici dann aufbrechen, weil er sich für eine Motorrad-Tour mit Freunden verabredet hatte. Ich hatte versprochen, ihn zur Autobahn zu fahren, das waren ca. 100 km. Als ich sah, dass es bis zur Grenze etwa nur 25 km weiter waren, fuhr ich ihn gleich an die Grenze. Ein Soldat, der die Autos abfertigte, fragte ihn wo er denn hin wolle. Darauf fragte der gleich die Autofahrer, ob sie ihn mitnehmen könnten. Es dauerte aber doch eine ganze Weile, bis sich die richtige Mitfahr-Gelegeheit bot. Es war eine Familie aus Karlsruhe.
Inzwischen hatte ich den Grenzbetrieb beobachtet. Als sich der erste Stau bildete sah ich einen Offizier zu den kontrollierenden Soldaten gehen und ein paar Worte sagen. Darauf winkten die Soldaten die Autos nach der Passkontrolle einfach durch, bis die Schlange weg war. Dann ging die Kontrolle wieder wie üblich mit Kofferraum auf, Wohnwagen Besichtigung usw. weiter. Ich musste ehrlich staunen!!! Nach einer Stunde war Nici weg. Auch mein Urlaub ging nach einer Woche zu Ende und ich begab mich auch auf den Heimweg.

45.00 Mauerfall 89

45.01 Sensationelle Nachricht

Dann fiel überraschend am 9. November 1989 die Mauer in Deutschland - die Trennung zwischen Ost und West. Der Druck der Demonstranten war von Tag zu Tag in allen ostdeutschen Großstädten, wie Berlin, Leipzig, Halle, Dresden, Jena, Rostock immer größer geworden. Sie riefen zu Tausenden und Abertausenden:

„Wir sind das Volk".

Sie forderten Demokratie und Reisefreiheit. Der Druck auf die Regierung wurde immer größer, so dass sie sich zum Handeln gezwungen sah. Erich Honnecker wurde abgesetzt und Egon Krenz trat an seine Stelle. Jedoch das Gesamtprinzip blieb erhalten. Dann kam der 9. November und die Ereignisse überschlugen sich. Am Morgen erhielt Oberst Gerhard Lauter, Hauptabteilungsleiter für Pass- und Meldewesen im Innenministerium der DDR, die Aufgabe ein neues Reisegesetz zu erarbeiten. Der Entwurf wurde noch am gleichen Tag vom Politbüro bestätigt und in Richtung Ministerrat weitergeleitet. Die daraus erarbeitete Minister-Vorlage wurde noch leicht handschriftlich abgeändert und von Egon Krenz an das SED-Mitglied Günter Schabowski übergeben, der zu einer Pressekonferenz ging, wo über die Ergebnisse der ZK-Tagung berichtet werden sollte. Diese Pressekonferenz, die über das Fernsehen und im Rundfunk live übertragen wurde und daher von vielen Bürgern zeitgleich mitverfolgt werden konnte, wurde zum Auslöser der Maueröffnung.

Nachdem Herr Schabowski ausführlich über die ZK-Tagung berichtet hatte, fiel ihm ganz beiläufig ein, dass er die neuen Reiseregeln auch noch vorstellen sollte.

Und er begann mit dem Verlesen des von Krenz übergebenen Papiers, das er selbst vorher aber auch noch nicht gelesen hatte:

„ Und deshalb haben wir uns dazu entschlossen, heute eine Regelung zu treffen, die es jedem Bürger der DDR möglich macht, über Grenzübergangpunkte der DDR auszureisen. Privatreisen nach dem Ausland können ohne Vorliegen von Voraussetzungen (Reiseanlässe und Verwandtschaftsverhältnisse) beantragt werden. Die Genehmigungen werden kurzfristig erteilt. Die zuständigen Abteilungen Pass- und Meldewesen der VPKÄ – der Volkspoli-

**zei-Kreisämter in der DDR sind ange-
wiesen, Visa zur ständigen Ausreise**

Günter Schabowski verkündet den Mauerfall!!!

*unverzüglich auszustellen, ohne dass
dafür noch geltende Voraussetzungen
für eine ständige Ausreise vorliegen
müssen. Ständige Ausreisen können
über alle Grenzübergangs-Stellen der
DDR zur BRD erfolgen."*
Auf die Zwischenfrage eines Journalisten,
wann das denn in Kraft treten würde antwortete Schabowki wörtlich:
*„Äääh,......das tritt nach meiner Kennt-
nis.......ist das sofort, unverzüglich!"*
Er hatte übersehen, dass diese Regelung
eigentlich   mit einer Sperrfrist bis 4.00
Uhr morgens versehen war. Dadurch soll-

ten alle betroffenen Ämter vorher informiert werden. Mit dieser Aussage aber waren alle betroffenen Stellen völlig überrum-
pelt, denn sie hatten noch gar keine neue
Weisung erhalten.

Da alle Menschen der DDR gehört hatten,
dass die Grenzen sofort offen seien, ström-
ten sie in Berlin sofort zu den Grenzüber-
gängen. Schlimm traf es die Soldaten an
den Schlagbäumen.

Das waren alles hohe Offiziere,die immer
klare Befehle gewohnt waren. Aber jetzt
gab kein Vorgesetzter klare Anweisungen,
denn sie waren ja selbst noch nicht in
Kenntnis gesetzt worden, eben weil die
Sperrfrist nicht eingehalten worden war.

Karlshorst schien tief zu schlafen!

Nur zögerlich öffneten sie die Schlagbäu-
me, nachdem der Menschenandrang zu
groß wurde. Die ersten Grenzgänger bekamen dann auch noch einen Stempel in
ihren Ausweis, der ihn zugleich auch un-
gültig machte. Aber der Menschenstrom
war nicht mehr aufzuhalten und so gaben
sie den Widerstand mit der Zeit auf. So öffneten sich nach und nach alle Schlagbäu-
me in Berlin. Wir konnten es alle live im
Fernsehen miterleben.

Wer hatte das gedacht?

Niemand!

Alle, die nachher behaupteten sie hätten es kommen sehen, lügen glatt. Es konnte niemand wirklich voraus sagen, denn es war von so vielen Faktoren abhängig. Die Militär-Maschinerie war bereits auf hohen Touren und die Soldaten standen einsatzbereit auf ihren Panzern. Leicht hätte es auch zu einem großen Blutbad kommen können, wie schon 1953 beim Aufstand der Bauarbeiter der Stalin-Allee in Berlin.

Auch das Papier von Oberst Lauter hätte ganz anders lauten können oder es hätte auch vom Politbüro gestoppt werden können. Alleine die enormen friedlichen Volksdemonstrationen und die Besonnenheit einiger maßgeblicher Führungskräfte war es zu verdanken, dass es zu keinem Blutvergießen kam.

Nachdem ich am 13 August 1961 den Mauerbau und die völlige Schließung hautnah miterlebt hatte, wäre ich unbedingt auch gerne bei der Öffnung persönlich dabei gewesen. Hätte ich dieses Ereignis voraus gesehen, wäre ich unbedingt nach Berlin gefahren. Leider war ich den ganzen Tag beruflich unterwegs gewesen und sah erst am Abend im Fernsehen die Dinge live.

Da war es zu spät, nach Berlin zu reisen.

45.02 Nach dem Mauerfall

Jetzt konnten sich wieder alle frei in ganz Deutschland bewegen. Auch ich als Republikflüchtling brauchte nun keine Angst mehr zu haben.

Sofort setzte ein reger Busverkehr in die ehemalige DDR ein. Alle Sehenswürdigkeiten wurden angesteuert. Auch wir waren mit dabei. Unsere erste mehrtägige Reise führte uns nach **Dresden und Meissen.** Die zweite Busreise führte uns nach **Wittenberg, Berlin und in den Spreewald.** Eine Woche waren wir unterwegs mit Zwischenstopp an der **Mecklenburgischen Seenplatte**, mit Ziel **Insel Rügen** und der **Insel Hiddensee.**

Eine weitere Reise führte uns nach **Anklam, der Insel Usedom** mit Abstecher sogar über die **polnische Grenze** nach Stettin.

Es gab einen Riesenboom auf dem Sektor der Busreisen.

46.00 Wiedersehen mit Jochen

Mein erstes Anliegen war es nun, mich nach so langer Zeit mit meinem besten Studienfreund Jochen Schulze wieder in Verbindung zu setzen.

Allerdings dauerte es eine Weile bis wir die Telefonverbindung gefunden hatten. Uns war ja nach meiner Flucht jeglicher Kontakt untersagt worden unter Androhung von Strafen für Jochen. Und das hatte immerhin 26 Jahre gedauert.

Wir telefonierten und verabredeten uns in Weimar für Frühjahr 1990. Endlich konnte wir uns wieder ungehindert austauschen. So manches Ereignis bewegte uns, vor allem meine Flucht und deren Folgen.

Wir verabredeten uns in Weimar, denn schließlich war Weimar für uns beide doch so eine Art zweite Heimat gewesen, denn immerhin hatten wir hier miteinander etwa acht Jahre verbracht. Außerdem hat Jochen noch einen Schwager in Weimar, zu dem er recht guten Kontakt hatte. Weimar war auch etwa die Mitte zwischen Berlin und Reutlingen, so dass jeder fast den gleichen Anreiseweg hatte.

Es war ein eigenartiges Gefühl, sich nach so langer Zeit wieder zu sehen.

46.01 Rückblick

Dann beim Glas Bier gingen wir die Situation nach meiner Flucht noch einmal in jeder Einzelheit durch: Ich hatte bei meiner Flucht alle meine Dokumente, einschließlich der Diplomurkunde, in Berlin zurück gelassen.

Was Jochen nicht wusste war, dass ich von allen Dokumenten Fotos auf Dokumentenfilm gemacht hatte, die mein Bruder bei seinem Besuch kurz vor meiner Flucht, bereits nach Westdeutschland mitgenommen hatte. Jochen meinte, dass ich die Dokumente sicher bei der Arbeitssuche benötigen würde und gab sie einer Tante mit, die aus Westberlin bei ihm zu Besuch war. Leider aber steckte sie die Papiere so in ihre Tasche, dass sie zu erkennen waren und ein Grenzer fragte bei der Grenzkontrolle am Bahnhof Friedrichstraße (im Volksmund genannt:"Palast der Tränen") was das sei. Natürlich war es verdächtig, dass sie fremde Dokumente bei sich hatte und das löste eine Menge Fragen aus.

Sie gab zu, die Unterlagen von ihrem Neffen bekommen zu haben - aber der hieß Schulze.

Auf den Dokumenten stand aber Papke!

Sofort rief das die Stasi auf den Plan. So kamen sie zu Jochen.

Am 11. 11. 63 wurde Jochens Wohnung in Berlin- Adlershof durchsucht und Jochen verhört.

Der gab sofort alles zu, was er wusste. Aber Gott sei Dank, wusste er von mir so gut wie nichts, was ihm die Stasi natürlich nicht glauben wollte. Deshalb wurde er immer wieder verhört.

Alle von mir dort deponierten Dinge wurden beschlagnahmt. Das waren:

- 67 Negativ-Filme,
- 1 Kasten mit Farbdias
- 1 Berufsbildungszeugnis,
- Diverse Papierbilder,
- 1 Karton mit Briefen und Ausweisen,
- 1 Lexikon,
- 1 Buch „Eisen und Stahl",
- 1 Klemmhefter mit Zeugnissen und anderen Papieren,
- 1 Notizbuch
- 1 Urkunde vom „Rat der Spötter" in Leipzig.

Erst am 12. und 13.11.63 wurde meine Wohnung in der Marienstrasse 28 durchsucht. Komisch, hätte man die Dokumente nicht entdeckt, wäre meine Wohnung wohl nie aufgemacht worden?!

Beschlagnahmt wurden dort:
- 1 Kasten mit Dias
- 1 Betriebsausweis
- 1 Notizbuch (von der Baustelle).

Ich hatte aber eigentlich alle wichtigen Dinge, wie Briefe und Adressen, verbrannt. Der Ofen hatte ein paar Tage lang vor meiner Abreise schier geglüht.

Was sie aber nicht merkten war, dass ich meinen Trabi an Jochen vermacht hatte.

Das Ergebnis war, dass die Stasi Jochen jeglichen Kontakt zu mir verboten hat. Er müsse sonst mit ernsthaften beruflichen Konsequenzen rechnen.

So kam es zu den 26 Jahren Funkstille zwischen uns. Für Jochen und Sofia war das sicher eine harte Zeit und ich bin ihnen heute noch dankbar, dass sie das für mich durchgestanden haben.

Unser Treffen in Weimar verlief aber sehr harmonisch und ungetrübt. Ich wollte nur noch einmal bestätigt wissen, dass Jochen meine Restschuld meines geliehenen Geldes für den Trabi an einen Arbeitskollegen auch wirklich zurück gezahlt hatte. Das hatte er erledigt, wie er mir schon 63 geschrieben hatte.

Dass ich Jochen den Trabi quasi geschenkt hatte, war für mich kein Thema mehr. Im

Gegenteil, er hatte es immer etwas schwerer im Leben gehabt als ich. Und schließlich war ich durch meine Flucht ja auch nicht ärmer geworden.

In Weimar war alles noch fast so wie wir es kannten, nur dass die Leute jetzt viel offener und fröhlicher waren. Die Altstadtstraßen hatten noch ihr altes buckliges Kopfsteinpflaster.

Am Karl-Marx-Platz prangte noch das Schild ABF.

Natürlich gab es auch schon alles zu kaufen, denn die Supermärkte hatten sofort überall Filialen eröffnet, manchmal in einer Garage oder in einem Schuppen. Das Geschäft des Jahrhunderts wollten sie sich nicht entgehen lassen.

47.00 Ostdeutschland mit WW

47.01 Von Weimar bis Leipzig 94

Im Frühjahr 1994 lud mich Familie Bayer ein, sie in Leipzig zu besuchen. Wir hatten uns am Plattensee in Ungarn 1989 kennen gelernt und waren bisher in ständigem Telefon- und Brief-Kontakt geblieben.

Da ich ohnehin meinen Resturlaub von 93 verbrauchen musste damit er nicht verfällt, legte ich mir eine kleine Reise zurecht.

Der Wohnwagen stand vor der Tür und bot sich geradezu an für einen solchen Ausflug. Schnell waren die paar Sachen für mich alleine eingepackt und schon ging es los. Natürlich sollte auch diese Reise nicht nur zum Zielort führen. Ich wollte bei allen am Wege liegenden Sehenswürdigkeiten halten, die ich noch nicht kannte oder die ich besonders sehenswert fand.

Meine erste Station war der kleine Ort **Hassenhausen** bei Bad Kösen. ich kramte die Adresse von meiner Cousine Rosel Papke heraus und fuhr einfach vorbei. Sie hieß zwar nicht mehr Papke, wohnte aber noch im selben Haus, zusammen mit ihrem Partner Otto. Sir freute sich riesig, denn wir hatten uns seit 1945 nicht mehr gesehen.

Dann fuhr ich weiter nach **Bad Kösen** bei Naumburg in Thüringen. Bad Kösen ist ein Vorort von Naumburg und liegt im Naturpark Saale-Unstrut, einer bekannte Weingegend. 1730 wurde von Johann Gottfried Borlach die Salzgewinnung erschlossen. Das Salz diente aber auch zur Heilung, davon zeugen heute noch das 325 m lange Gradierwerk im Park und die Reha-Kliniken. Das gigantisches Gradierwerk, das aus aufgeschichtetem Gestrüpp besteht, welches laufend von oben mit Solewasser besprüht wird. Besonders Menschen mit Atemwegerkrankungen finden Heilung durch das Einatmen der Soleluft. Neben dem Gradierwerk gibt es sogar einen Soleschacht. Nach einem ausgiebigen Bummel durch den Kurpark fuhr ich weiter nach *Naumburg*.

Naumburg wurde erstmals 1012 urkundlich erwähnt. Wahrzeichen der Stadt Naumburg ist der spätromanisch-frühgotische Dom St. Peter und Paul. Weltberühmt sind die zwölf Stifterfiguren im Westchor, die nach 1250 entstanden. Alle Figuren sind lebensgroß und aus Kalkstein gehauen. Die bekanntesten Figuren sind Uta

und Ekkehard an der Nordseite des West-
chors Ausgiebig schaute ich mir den Dom
an.

Hier wurde 1869 der Maler und Architekt
Paul Eduard Schultze geboren. Seinem Namen hing er während des Studiums den
Namen der Stadt an und nannte sich von
da an Schultze-Naumburg. Als Direktor
der Weimarer Kunsthochschule war Paul
Schultze-Naumburg führender Wegberei-
ter und Mitwirkender der nationalsozialistischen Kulturideologie. Wir hatten uns in
Weimar während des Studiums auch damit auseinander zu setzen.

Gegen Abend kam ich in *Leipzig* an. Auch
ohne Navi fand ich den Triftweg von Familie Bayer und stellte mein Gefährt direkt
hinter das Haus. Die Begrüßung mit Ingrid und Josef war herzlich und es gab viel
zu erzählen. Ingrid war studierte Frauenärztin und arbeitete nach wie vor in ihrem
Beruf in einer Poliklinik. Josef war als
Schulungsoffizier bei der Armee natürlich
jetzt ausgemustert worden und quasi ar-
beitslos. Er managte jetzt seine Frau, die
seine Hilfe auch dringend brauchen konnte. Er war sozusagen der ruhende Pool in
der Familie. Es hatte sich hier inzwischen
schon recht viel verändert. Aber es war

auch manches genau wie vorher oder noch schlimmer.

Natürlich fuhr ich in die Saßstraße, wo ich gewohnt hatte. Die Villa war verfallen und total eingewachsen. Das Nebengebäude, in dem ich gewohnt hatte stand auch nur noch teilweise. Fenster und Türen waren raus und es war unbewohnt. Ich kam mir vor wie im Märchen vor einem verwunschenen Schloss, das im Dornröschenschlaf liegt. Anscheinend war die alte Dame gestorben und die Erben kümmerten sich um nichts. Schnell machte ich mich wieder davon. Natürlich fuhr ich auch durch die Altstadt und zum Völkerschlacht-Denkmal.

Dann machte ich mich wieder auf.

Mein nächstes Ziel war *Dessau*, das 1925 die Nachfolge des Weimarer Bauhauses angetreten hatte.

Das Bauhaus Weimar war 1925 auf politischen Druck aufgelöst worden.

Der Bürgermeister von Dessau, Fritz Hesse und sein Kulturreferent Ludwig Grote ermöglichten Gropius die Verlagerung der Schule nach Dessau, wo das Bauhaus in den Jahren 1925 bis 1926 nach Entwürfen von Gropius neu errichtet und 1926 als

Staatliche Hochschule von Anhalt aner-
kannt wurde.

Mit der Gründung 1926 wurde erstmals
auch eine Architekturabteilung aufgebaut,
deren Leitung 1927 der Schweizer Hannes
Meyer übernahm. 1928 trat Gropius von
der Leitung zurück. Der politisch stark engagierte Hannes Meyer übernahm am 1.
April 1928 seine Nachfolge und baute die
Architekturabteilung weiter aus, wurde
aber ebenfalls aus politischen Gründen am
1. August 1930 entlassen.

Ihm folgte Ludwig Mies van der Rohe, dem
es trotz fachlich-wissenschaftlicher Stär-
kung der Schule nicht gelang, das Bauhaus
aus den politischen Wirren herauszuhal-
ten.

1945 brannte das Gebäude nach dem
schweren Luftangriff auf Dessau teilweise
aus, auch die Glasfassade des Werkstatt-
flügels war zerstört. Es wurde vereinfacht
wieder aufgebaut. Die Glasvorhangfassade
wurde 1976 bei einen ersten Versuch der
Rückführung auf das originale Erschei-
nungsbild, anhand eines erhaltenen Rest-
stückes rekonstruiert.

Seit 1994 ist das Gebäude in Dessau Sitz
der Stiftung Bauhaus Dessau, die *das
Erbe des historischen Bauhauses zu*

bewahren und der Öffentlichkeit zu vermitteln und angesichts dieses Erbes Beiträge zur Gestaltung der heutigen Lebensumwelt zu leisten verpflichtet ist. Seit 1996 ist der Gebäudekomplex in der Liste des Weltkulturerbes der UNESCO eingetragen.

Es war klar, dass ich mir diesen Komplex ganz genau ansah. Auch den Betrieb konnte ich hautnah miterleben, denn niemand fragte mich, ob ich da hineingehörte.

Die Altstadt streifte ich nur kurz, weil sie nach 1945 fast ganz neu aufgebaut werden musste. Durch die Luftangriffe sind 80 % des bebauten Stadtgebietes zerstört worden. In der Altstadt wurden nahezu 97 % aller Gebäude vollständig zerstört oder irreversibel beschädigt. Das historische Stadtbild mit seinen Kirchen, Schlossanlagen, vielen öffentlichen Gebäuden, Adels- und Bürgerbauten ist sehr interessant.

Gegen Abend fuhr ich weiter. Zur Übernachtung hatte ich mir ein ruhiges Plätzchen am **Wörlitzer See** nach der Karte ausgesucht. Wörlitz ist mit dem Wörlitzer Park der Höhepunkt des Dessau-Wörlitzer Gartenreiches, das in der zweiten Hälfte des 18. Jahrhunderts konstruiert und u.a. als Berufsschule genutzt wurde. Unter der

Regentschaft von Fürst Leopold III. Friedrich Franz von Anhalt-Dessau (1740–1817) geschaffen wurde. Im Jahr 2000 wurde die Anlage von der UNESCO in das Verzeichnis des Weltkulturerbes aufgenommen.

Das nächste Ziel war **Quedlinburg**, hierhin hatten wir während der Studienzeit ein zweitägige Exkursion gemacht und ich hatte das Fachwerkstädtchen noch in sehr angenehmer Erinnerung.

Ich suchte mir wieder einen Platz zum Übernachten, denn ich wollte 2 bis 3 Tage hier bleiben. Ich parkte in einer Neubau-Siedlung. Doch als ich in die Stadt gehen wollte fiel mir auf, dass alle parkenden Autos eine Diebstahlsicherung angelegt hatten, die besteht aus einer verstellbaren Stange mit Schloss, die unten ins Gaspedal und oben ins Lenkrad eingehängt wird.

Das machte mich stutzig! Sollte die Gegend hier so unsicher sein? Dann würde ich mir doch lieber gleich einen anderen Platz suchen. Ich stieg wieder ein und fuhr weiter, Richtung Innenstadt. Ziemlich nahe an der Altstadt fand ich eine ruhige Straße direkt an der Bode, nur einseitig bebaut, wo ich ohne Probleme das Gespann abstellen konnte. Es kam auch keine Polizei, um mich zu kontrollieren, was ich gelegentlich schon erlebt hatte.

Quedlinburg ist eine Stadt an der Bode nördlich des Harzes im Landkreis Harz (Sachsen-Anhalt), 994 mit dem Stadtrecht versehen. Die ersten Siedlungsspuren von Quedlinburg reichen bis in die Altsteinzeit zurück. Die Gegend war fast durchgehend besiedelt. Die ertragreichen Böden machten die Gegend für Siedler während des Neolithikums besonders interessant, was sich durch über 55 Siedlungsreste dieser Epoche nachweisen lässt.

Das Fachwerk-Museum in Ständer-Bauweise errichtet, zählt zu den ältesten Fachwerkhäusern in Quedlinburg. Neuere Untersuchungen ergaben eine Datierung von 1346/1347. In der historischen Altstadt mit ihren kopfsteingepflasterten Straßen, verwinkelten Gassen und kleinen Plätzen befinden sich 1200 Fachwerkhäuser aus sechs Jahrhunderten. Am Markt liegt das Renaissance-Rathaus mit der Roland-Statue, südlich davon der Schlossberg mit der romanischen Stiftskirche und dem Domschatz als Zeugnisse des Quedlinburger Damenstiftes. Quedlinburgs architektonisches Erbe steht seit 1994 auf der UNESCO-Liste des Weltkulturerbes und macht die Stadt zu einem der größten Flächendenkmale in Deutschland.

Das waren ein paar interessante Tage hier. Nach zwei Tagen fuhr ich weiter. Zwischenstopp machte ich im Naturschutzgebiet *Teufelsmauer*. Gespenstig diese Felsformationen aber doch ganz natürlich. Die Teufelsmauer ist eine aus harten Sandsteinen der oberen Kreide bestehende Felsformation. Die Teufelsmauer bei Weddersleben wird auch *Adlersklippen* genannt. Viele Sagen und Mythen haben sich gebildet, um die Besonderheit dieses Ortes. Er wurde daher bereits 1833 sowie 1852 durch den Landrat unter Schutz gestellt, um den Abbau des begehrten Bausandsteins zu unterbinden. Die Teufelsmauer bei Weddersleben ist seit 1935 auch als Naturschutzgebiet gesichert und zählt damit zu den ältesten Naturschutzgebieten Deutschlands. Die Gesteinsschichten wurden wie alle Schichten am Harz-Nordrand durch die bis zur Kreidezeit andauernde Heraushebung des Harzes steil gestellt oder überkippt, so dass die Schichtoberflächen heute nach unten weisen. Durch die anschließende Abtragung der weicheren Gesteinspartien wurden die harten Gesteinsschichten zu markanten Schichtrippen, die mit bis zu 20 m hohen Felsen ihre Umgebung überragen.

Dann ging es weiter nach Weimar.

Doch weil ich an Buchenwald vorbei kam, machte ich zuerst hier Halt, obwohl ich schon mehrfach hier war. Das *Konzentrationslager Buchenwald* war eines der größten Konzentrationslager auf deutschem Boden. Es wurde zwischen Juli 1937 und April 1945 auf dem Ettersberg bei Weimar als Arbeitslager betrieben. Insgesamt waren in diesem Zeitraum etwa 250.000 Menschen aus allen Ländern Europas im Konzentrationslager Buchenwald inhaftiert. Die Zahl der Todesopfer wird auf etwa 56.000 geschätzt, darunter 11.000 Juden.

Bereits seit dem 8. April 45 hatten viele Häftlinge durch Boykott und Sabotage ihre „Evakuierung" verhindert und die US-Armee per Funk um Hilfe gerufen. Während der Annäherung der 3. US-Armee übernahmen am 11. April 1945 die Häftlinge die Leitung des Lagers von der abziehenden SS.

Die Amerikaner haben dann viele Weimarer gezwungen das Lager und die vielen Toten zu besichtigen. Danach erzählten viele, dass sie von dem Lager nichts gewusst hätten.

Da Weimar im sowjetischen Sektor lag, zogen die US-Truppen ab. Die sowjetischen Besatzungsmacht hat in der Folgezeit Teile des Geländes als Speziallager Nr.2 genutzt, um dort Nazi-Größen einzusperren, von denen es gerade in Weimar genug gab. Es existierte bis 1950 und forderte 7.000 Todesopfer. Auf dem Gelände des ehemaligen Lagers ließ die Regierung der DDR 1958 die Nationale Mahn- und Gedenkstätte Buchenwald erbauen. Heute finden sich in der ab 1991 neugestalteten Gedenkstätte Buchenwald viele Ausstellungen zur Geschichte des Konzentrationslagers. Ich schaute mir in Ruhe das Museum und alle noch vorhandenen Anlagen genau an. Dann fuhr ich zum Mahnmal auf der Seite zu Weimar und machte einen Rundgang. Für mich war das eine Zeit der Besinnung. Von dort ging es dann nach *Weimar*, wo ich mich wieder ein paar Tage aufhielt.

Ich ging in die Museen, schlenderte durch die Stadt und genoss das schöne Wetter. Natürlich fiel mir da so manche Geschichte aus der Studentenzeit ein. Am meisten bewegte mich aber doch die Geschichte meiner ersten Freundin.

Wie hieß sie doch noch? Aber der Name wollte mir nicht einfallen, obwohl er mir noch im Ohr klang.

Am nächsten Morgen, als ich aufwachte, hatte ich ihn klar vor mir:

Annemarie Büchner!

Sie war 1952, als ich hier mit dem Abitur begann in der Verwaltungsschule, die im gleichen Gebäude untergebracht war. Wir hatten uns während der ersten Ferien angefreundet.Vom Tanzen hatte ich sie nach Hause gebracht – aber sie wohnte so weit weg, dass ich erst mit dem ersten Hahnenschrei wieder daheim war. Als ich zwei Jahre später an die Hochschule ging, verloren wir uns aus den Augen. Aber am Ende, als ich meine Diplom machte, erinnerte ich mich wieder an sie. Sie arbeitete zu der Zeit als Sekretärin in der Musikhochschule in Weimar. Als ich sie fragte, ob sie mir den schriftlichen Teil zu meiner Diplomarbeit tippen könnte , war sie sofort bereit.

Nun erinnerte ich mich wieder an sie.

Wo sie wohl jetzt sei und wie es ihr wohl geht? Gerne würde ich mich nochmals bedanken und ein wenig plaudern. Ich fragte in der Musikhochschule, aber da war sie schon lange nicht mehr. Dann kam mir der Gedanke, Ich könnte im Einwohnermeldeamt einfach nachzufragen. Aber die Dame fand unter dem Namen Annemarie Büchner niemand. Vielleicht war sie ja verheiratet und hieß jetzt ganz anders.

Dann kam mir ein zündender Gedanke. Ich fuhr einfach hinaus in die umliegenden Dörfer, aber keines sah so aus, wie ich es in Erinnerung hatte. In einem Dorf, dass es nach meiner Erinnerung hätte sein müssen, stieg ich aus. Ging den Weg zum Bahnhof zu Fuß und schaute mir jedes Haus an. Vor einem blieb ich stehen, aber kein Schild mit dem Namen Büchner. Ich klingelte trotzdem. Eine junge Frau kam vor die Tür und fragte was ich wolle. Dabei schaute sie mich recht skeptisch an. Ich erklärte ihr, dass ich eine ganz ausgefallene Frage hätte. Ich suche eine Annemarie Büchner, die ich von früher sehr gut gekannt hätte und erzählte ihr die ganze Geschichte. Daraufhin wurde sie zutraulich und sagte „Ja,die hat hier im Hause mal gewohnt!"

Sie gab mir eine Adresse in Berlin, die ich später dann auch anrief. Aber Annemarie konnte sich nicht mehr an Weimar und an mich erinnern. Ihre Stimme klang müde und schlaff, gar nicht wie früher. Schade, ich wollte mich doch nur noch einmal für damals bedanken.

Nun kann ich sie auch vergessen.

Nach ein paar Tagen hatte ich Weimar und Umgebung abgegrast und es wurde Zeit zur Weiterfahrt.

Nach einem kurzen Zwischenstopp in *Erfurt* machte ich Halt in *Eisenach*.

Ausgeschildert waren zwei große Parkplätze. Einer mitten in der Stadt, direkt vor dem Bach-Haus.

Der hatte aber so viel Gefälle, dass ich keine Stelle fand, um den Wohnwagen zum Schlafen einigermaßen gerade aufzustellen. Also steuerte ich den zweiten Parkplatz an.

Burschenschafts-Denkmal bei Eisenach

Der lag wunderbar auf einem Berg direkt vor dem alten Burschenschafts-Denkmal. Ich stellte den Wohnwagen hin und setzte mich mit Tisch und Stühlen davor auf eine Blumenwiese in die Sonne.

Wunderschön!

Als es dunkel wurde legte ich mich ins Bett. Doch kaum war ich eingeschlafen, hörte ich draußen Geräusche. Vorsichtig schaute ich durchs Fenster und sah eine Gruppe Jugendlicher mit je einem Bier in der Hand. Jetzt erst wurde mir klar, das ich den falschen Standplatz gewählt hatte. Eine Straße weiter wäre ich in einer Siedlung gewesen, aber hier war ich ganz alleine. Das hatte ich noch nie gemacht!

Ich machte die ganze Nacht kein Auge zu, denn es kam immer ein Auto nach dem anderen. Und als ich am Morgen, es wurde gerade hell, wieder zum Fenster hinaus schaute traute ich meinen Augen nicht. Da stand doch direkt neben mir ein Förster mit seinem Moped. Er schob es aber ein Stück weg, bevor er es anließ. So hätte ich auch den nicht gehört.

Die Nacht verlief für mich ohne Komplikationen, wenn auch mit beträchtlicher Angst. Es hätte ja nur ein paar Raufbolde dabei sein können. Dann hätte ich unter

Umständen schlechte Karten gehabt. Es ging aber alles gut und ich nahm mir vor, mich künftig wieder neben Wohnbebauung zu stellen.

Ich fuhr hinunter in die Stadt, fand dort auch einen Parkplatz und schaute mir alle Sehenswürdigkeiten an. Nachdem ich der Stadt durch hatte ging ich hinauf zur *Wartburg*.

Bekanntheit erlangte Eisenach durch die über der Stadt gelegene Wartburg, die zum UNESCO-Weltkulturerbe gehört und im Mittelalter Sitz der Landgrafen von Thüringen war. 1817 fand hier das Wartburgfest statt, eines der wichtigsten Ereignisse des *Vormärz*. Wie kaum eine andere Burg Deutschlands ist die Wartburg mit der Geschichte Deutschlands verbunden. 1211 bis 1227 lebte die später heilig gesprochene Elisabeth von Thüringen auf der Burg. 1521/22 hielt sich der Reformator Martin Luther als „Junker Jörg" hier versteckt und übersetzte während dieser Zeit das Neue Testament der Bibel in nur elf Wochen vom Griechischen ins Deutsche. Johann Wolfgang von Goethe weilte mehrfach hier, erstmals im Jahr 1777. So ist es nicht verwunderlich, dass die Burg bereits

Die Wartburg bei Eisenach

im 19. Jahrhundert als nationales Denkmal galt.

Die heutige Wartburg ist größtenteils im 19. Jahrhundert unter Einbeziehung weniger erhaltener Teile neu gebaut worden.

Nach diesem schweißtreibenden Fußmarsch setzte ich mich wieder ans Steuer und fuhr weiter.

Nun lag *Rothenburg* an der Tauber noch auf meiner Route, also beschloss ich auch hier noch einen Stopp einzulegen und hier auch zu übernachten.

Einen geeigneten Platz fand ich außerhalb der Stadtmauer, denn die Stadt hat an mehren Stellen außerhalb der alten Stadtmauer Parkplätze angelegt, sogar für

Wohnmobilisten, damit der umfangreiche Fremdenverkehr reibungslos funktioniert.

Die Wurzeln von Rothenburg liegen in Detwang, einem heutigen Stadtteil von Rothenburg. Diese Pfarrei wurde um 970 von einem ostfränkischen Adligen namens Reiniger errichtet. Es folgten die Errichtung der Comburg bei Schwäbisch Hall, sowie die der Grafenburg oberhalb der Tauber, aus deren Standort sich der Namenszusatz *ob der Tauber* ableitet. Neben Rothenburg ob der Tauber gründete die Familie Comburg-Rothenburg sechs weitere Städte mit dem Namen Rot(h)enburg.

Wohl am bekanntesten ist hier das Rathaus mit seiner Renaissance-Fassade und dem dahinter liegenden gotischen Teil und dem 60 m hohen Turm, sowie das Fleisch- und Tanzhaus am Markt mit seinem aufwendigen Fachwerk. Auch das Heiligblut-Retabel in der Stadtkirche St. Jakob, das Tilman Riemenschneider zwischen 1500 und 1505 geschaffen hat, ist beeindruckend. Aber ebenso interessant, wie amüsant war wohl der mittelalterliche Schandkorb vor dem jetzigen Kriminal-Museum. Nach einem Tag machte ich mich wieder auf den Weg. Jetzt war es etwa noch 200 km bis nach Hause.

47.02 *Weimar mit WW*

Inzwischen hatte ich unseren Wohnwagen zu Götz nach Marth gebracht, weil ich ihn nicht mehr viel gebrauchen würde. Andererseits könnte ihn Götz für seine Familie sicher sehr gut gebrauchen. Ich behielt mir aber vor, ihn gelegentlich zu nutzen. Götz war mit ihm inzwischen schon oft unterwegs. Wenn er ihn nicht brauchte stellte er ihn hinten auf die Wiese. Dort wohnte ich, wenn ich bei Götz war zum Beispiel als ich seinen Hof aufgemessen habe.

Weimar zog mich aber immer noch magisch an, so dass ich im Jahr 2000 nochmals eine ganze Woche mit dem Wohnwagen von Marth nach Weimar fuhr. Ich blieb 10 Tage, sah mir jede Ecke gründlich an und machte viele Fotos.

Natürlich hielt ich mich oft in der Hochschule auf und schaute mir alle Neuheiten an. Keiner fragte mich, wenn ich mich einfach unter die Studenten mischte. Recht interessant auch das neue Bauhausmuseum am Theaterplatz, das ich noch nicht kannte.

Dabei vertiefte ich mich intensiv in die Geschichte der Schule, die sehr reich an Fassetten ist.

Die **Bauhaus-Universität Weimar** geht auf die *1860* von Großherzog Carl Alexander gründete *Großherzoglich-Sächsische Kunstschule* zurück.

1902 wurde sie in eine staatliche Institution umgewandelt. Die *Kunstschule* vereinigte zuletzt die *Weimarer Malerschule* und die 1905 gegründete *Weimarer Bildhauerschule.*

1910 wurde die Institution schließlich zur *Großherzoglich-Sächsischen Hochschule für bildende Kunst* erhoben.

Die Schulen wurden 1919 durch Walter Gropius zum *Staatlichen Bauhaus* vereinigt. Damit entstand ein neuer Typus, Vorreiter der Moderne, deren Titel heute die Universität bezeichnet.

1923 fasste Gropius seine Idee in der radikalen Formel „**Kunst und Technik – eine neue Einheit**" zusammen. Sein Konzept war auf Zusammenarbeit mit der Industrie ausgerichtet. Das stieß jedoch auf Ablehnung nicht zuletzt, weil er von Anfang an fest entschlossen war, einer neuen Kunst gegen alle Widerstände den Weg zu ebnen, die auf die Architektur ausgerichteten war. Das Bauhaus existierte in Weimar aber nur bis Frühjahr 1925. Dann wurde es aus politischen Gründen geschlossen und zog nach Dessau. Dort begann für das Bauhaus als Hochschule für Gestaltung eine neue bedeutende Entwicklungsetappe. Da sie ganz im Sinne von *van de Velde* und *Gropius* lag knüpfte sie an die Idee des Bauhauses an.

Als Nachfolgeeinrichtung des Bauhauses in Weimar galt 1926 die *Staatliche Hochschule für Handwerk und Baukunst*, kurz genannt **Bauhochschule.**

1930 übernahm *Paul Schultze-Naumburg* die Leitung, allerdings mit nationalsozialischer Färbung! Viele alte Mitarbeiter wurden entlassen und eine dreigliedrige Hochschule geschaffen. Diese *Staatlichen Hochschulen für Baukunst,bildende Kunst und Handwerk* wirkten im Sinne der nationalsozialistischen Kulturpolitik der bisherigen Moderne entgegen.

Nach dem 2. Weltkrieg wurde die Hochschule im Sinne einer antifaschistisch-demokratischen Neuordnung neu strukturiert. Seit 1946 leitete sie Architekt Hermann Henselmann als Direktor (später Chefarchitekt der Stalinallee in Berlin), der sich bemühte die Hochschule auf den Wiederaufbau zu orientieren und gleichzeitig wieder an das Bauhaus anzuknüpfen.

Mit der Gründung der DDR kam es 1951 zu strukturellen Wandlungen. Die bildende Kunst wurde aufgelöst.

1954 erhielt die um die Fakultät **Bauingenieurwesen** und **Baustoffkunde und Baustofftechnologie** erweiterte Hochschule eine Rektoratsverfassung.

Der erste Rektot der *Hochschule für Architektur und Bauwesen Weimar (HAB)* wurde der Prof. Otto Engelberger. Das war mein erster Rektor ab 1954 bis 57, ihm folgte Prof. Batereau.

1989 gab es erneut eine politische Wende und es begann ein gravierender Prozess des Umbaues mit dem Ziel der Anpassung an die *freiheitliche demokratische Grundordnung.* Überflüssige Bereiche (Wie Maxismus-Leninismus, Russisch usw.) wurden abgeschafft, dafür kamen wichtige neue hinzu. Mit der neuen Fakultät *Gestaltung* ab 1993 kam die künstlerische Disziplin wieder in den Verband der Hochschule zurück. Mit der Fakultät *Medien* konnte 1996 die Progressivität der Hochschule unterstrichen werden.

Seit 1996 trägt die Hochschule nun den verpflichtenden Namen **Bauhaus-Universität Weimar.**

Heute noch zeugen großartige Gebäude von der Vergangenheit. Dazu zählen das Hauptgebäde von 1904-11, die Kunstgewerbeschule von 1919-25, beide von Henry van de Velde, sowie das Haus am Horn.
Das Bauhaus Weimar und Dessau wurden 1996 in die Welterbeliste der UNESCO aufgenommen.
Das war für mich ein interessanter Ausflug in die Vergangenheit und in die Geschichte meiner Hochschule. Selten hatte ich mich so intensiv damit befasst. Aber auch am Karl-Marx-Platz sah ich mich um und fand hier auch viele Veränderungen. Die große *Hitlerhalle* hatte ein Dach und ein neues Gesicht bekommen. Untergebracht ist dort jetzt ein riesiges Einkaufszentrum. Vor dem Freibad wurde gerade ein großer Parkplatz erstellt, der auch Abstellplätze für Wohnwagen vorsah. Weil der zwar schon benutzbar aber noch nicht ganz fertig war, durfte man dort kostenlos parken.
Am Abend ging ich regelmäßig ins Freibad, um mich zu entspannen und einen Kanister Wasser zu holen. „Komisch, sagte ich zur Kartenverkäuferin, „ Hier zahle ich immer nur die Hälfte. Früher war ich Student und jetzt bin ich längst Rentner!"
Sie fand das lustig und lachte mit mir.

48.00 Israel mit Fahrrad 91

48.01 Vorbereitungen

Als es zu Weihnachten 1990 um den nächsten Sommerurlaub 1991 ging schlug Nici vor, etwas ganz anderes zu tun. Er würde gerne mit dem Fahrrad eine größere Tour machen.

Meine Frau wehrte gleich ab: „Aber ohne mich!"

„Kein Problem," sagte ich, „ich bin dabei. Das traue ich mir noch zu, trotz meiner 57 Jahre."

Auf die Frage wohin meinte er:

„Irland würde ihn interessieren."

Das konnte ich mir nun gar nicht vorstellen. Von Berichten wusste ich, dass es dort oft windig und regnerisch ist. Auf dem Fahrrad hätte man den Wind garantiert immer von vorne. Ich kannte das, war ich doch 1957 mit dem Fahrrad bis nach Prerow auf dem Darß gefahren.

Trotzdem gingen wir aber in die Stadtbücherei, um uns zu informieren. Bereits beim Querlesen und den Bildern sah ich, dass das Wetter in Irland nicht immer sehr beständig ist. Das war natürlich geradezu Gift für meine Gelenke, das wollte ich mir nicht antun.

Aber beim Umsehen im selben Regal „I"entdeckten wir *Israel*. Das wäre doch etwas. Dort ist es warm, das Land ist klein und interessant ist es allemal. Wir nahmen einige Bücher und Reiseführer mit und lasen uns ein. Auch die Möglichkeit zu campen gab es genug laut Reiseführer.

Nun hieß es nur noch eine Flug-Gesellschaft zu finden, die unsere Fahrräder auch mitnehmen würde. Das war gar nicht leicht. „Buchen Sie erst mal, dann sagen wir es Ihnen," war meistens die Antwort, denn zu der Zeit wurde noch kein Sportgerät mitgenommen. Bei der israelischen Fluggesellschaft *Arkia* in Frankfurt bekam ich sofort die Zusage, dass sie unsere Fahrräder auf jeden Fall mitnehmen würden und das sogar kostenlos. Sofort buchten wir einen Flug für 5 Wochen. Als dann die Bestätigung kam, bekam Nici ein Problem. Er machte zu der Zeit gerade seinen Zivildienst bei KBF in Mössingen und durfte erst in den Schulferien Urlaub nehmen. Wir hatten aber genau eine Woche vorher gebucht. Sofort rief ich wieder bei Arkia an und konnte Nici sogar kostenlos umbuchen. Mein Urlaub aber ging nicht mehr zu ändern. Es blieb mir nichts anderes übrig, als die erste Woche alleine zu fahren.

48.02 Anreise

Nici brachte mich zum Flughafen und musste sich am Eingang zur Abfertigung bereits verabschieden. Das kannte ich bisher nicht. Es kam aber noch viel heftiger. Alle Reisende nach Tel Aviv saßen in einem großen Raum und warteten geduldig. Dann wurde jeder zu einer Befragungen zu einem israelischen Zivil-Beamten gerufen. Das dauerte so ungefähr 20 Minuten. Das gleiche aber noch einmal bei einem zweiten Beamten. Sie nahmen den Reisepass und stellten viele Fragen, insbesondere zu vorherigen Reisen in arabische Länder.

In meinem Pass interessierte sie besonders der marokkanische Eintrag. Ob ich dort Freunde hätte oder Adressen, was ich dort getan hätte usw. usw. Danach steckten beide Beamte die Köpfe zusammen und verglichen die Antworten. Wenn es Übereinstimmung gab war alles in Ordnung. Wenn nicht, dann gab es eine zweite Befragung sogar mit genauer Leibesvisitation. Das haben wir unterwegs von einem etwas exotischen Pärchen erfahren, mit bunten Haaren und poppiger Kleidung.

Ich merkte sofort, dass es darum ging, sich nie zu widersprechen. Dabei ist es am rat-

samsten, wenn man immer bei der Wahrheit bleibt. Ich wurde weiter gereicht. Jetzt
kam die Gepäckkontrolle. Deutsche Zöllner
ließen alles auspacken und sahen jedes
Stück einzeln an. Elektrische Geräte, etwa
ein Rasierer wurde geprüft, ob er funktioniert. Wenn nicht, musste man ihn abgeben. Die meisten Reisenden hatten riesige
Koffer, die sie ganz auspacken mussten.
Ja, sogar jede Socke wurde einzeln geprüft.
Ich hatte aber den Eindruck, dass dies bei
Arabern besonders genau genommen wurde. Jedes kontrollierte Stück bekam dann
einen kleinen Aufkleber mit einem kleinen
Vermerk.

Dann war ich an der Reihe mit recht eigen-
artigem Gepäck: 1 Zelt, 1 Schlafsack, Fahr-
rad-Packtaschen, die aussahen wie ein
Pferdesattel und dann das Fahrrad selbst.
Bei den Packtaschen wurde es schon kri-
minell, denn was da so alles drin steckte.
Aber der Zöllner ließ alles durchgehen.
Beim Fahrrad war er dann aber sprachlos.
Er fragte seinen Kollegen, was er da wohl
tun solle. Der schicktet ihn zum Chef. Als
er zurückkam meinte er: „Chef sagt Bepper
drauf und fertig!"

Es bekam nämlich jedes kontrollierte Gepäckstück einen Kleber mit Signatur darauf.

Nicht mal den Sattel brauchte ich herausziehen. Da hätte ich im Rahmen natürlich sogar Sprengstoff haben können!

Dann kam noch die Personen- und Handgepäckkontrolle. Und da gab es dann doch noch Ärger, denn im Handgepäck hatte ich meinen Finnendolch, also ein feststehendes Messer – das ging natürlich gar nicht. Die Zöllnerin aber beruhigte mich: „Gehen Sie nochmals zurück zur Gepäckkontrolle und lassen sich einen Umschlag geben und beschriften sie ihn. Dann geht es den gleichen Weg wie ihr Gepäck."

Na, ob das wohl gut geht? Schließlich brauchte ich das Messer dringend unterwegs.

Zwischendurch jedoch immer wieder warten und warten, denn wir hatten ja schon 3 Stunden vor Abflug da sei müssen. Und nun stellte sich noch heraus, dass sich der Abflug um eine Stunde verschieben würde. Ich hatte aber eine nette Mitreisende schon bei der Gepäckkontrolle kennengelernt und wir setzten uns zusammen. Es war eine junge Kinderärztin aus Heidelberg, die zu ihrer hochschwangeren

Schwester nach Jerusalem flog. Sie kannte den Rummel und auch das Land, denn sie flog nicht zum ersten Mal. So konnte ich viele Fragen stellen die mich bewegten. Ich erfuhr, was ich beispielsweise im Lande besonders beachten sollte. Sie sagte mir auch, dass man in Israel überall das Wasser trinken und sich gut an den Straßenständen ernähren könne. Am besten schmecke die gefüllte Pitta. Das ist eine Teigtasche gefüllt mit Gemüse, Falaffelbällchen Gewürz, Soße usw.. Man kann selbst bestimmen, was man darin haben möchte. Und außerdem schmeckt es an jedem Stand anders. Und der Preis ist auch erschwinglich. So war ich für den Alleingang der ersten Woche einigermaßen vorbereitet. Und die drei Stunden vergingen auch recht schnell.

Bei der Ankunft in Tel Aviv sah das aber lustig aus. Zuerst kamen meine Packtaschen, die aussahen wie ein Pferdesattel. Die umstehenden Leute warteten nun gespannt auf das Pferd. Dann kam aber erst der Umschlag mit dem Messer, erst danach auch das Zelt und der Schlafsack. Endlich dann auch ....mein Fahrrad! Schmunzelnd drehten sich die Umstehenden um und gingen. Ich sah den Leuten richtig die Erleichterung an.

Was nun tun in einem fremden Land um 1.00 Uhr nachts bei Dunkelheit und keinerlei Kenntnis vom Land. Ich machte es ebenso wie eine Gruppe Schüler, die wohl auch erst am Morgen abgeholt werden würden. Eigentlich war es draußen wunderbar warm, aber alleine mir zu gefährlich. In der Flughalle war die Klimaanlage so tief eingestellt, dass man nach kurzer Zeit fror. Also pendelte ich zwischen drinnen und draußen mit jeweils ein paar Minuten Schlaf zwischendurch.

48.03 Alleine nach Cäsaria

Endlich graute der Morgen und ich packte meine Sachen zusammen. Doch zuerst noch an einen Kiosk, um eine Pitta zu erstehen. Die schmeckte wirklich lecker.
Dann fuhr los.
Als Ziel hatte ich mir Cäsaria auserkoren. Ich wusste, dass dort interessante Ausgrabungen gemacht wurden. Die Temperatur war angenehm, kein Wind und die Straße eben.- es lief ganz ausgezeichnet. Schon vor 9.00 Uhr war ich in **Netanya** *am Meer*. An einem Straßenstand am Stadtrand hielt ich und aß wieder eine gefüllte Pitta und trank eine Cola dazu. Schmeckte ausgezeichnet.
Dann ging ich an den Strand, badete und holte im Schatten ein wenig den versäumten Schlaf nach. Gegen Abend fuhr ich weiter. In der Nähe sollte laut Reiseführer ein Campingplatz sein. Den wollte ich ansteuern, um hier eine Nacht zu bleiben. Nachdem ich ihn alleine nicht finden konnte fragte ich. Leider wurde ich immer wieder in eine andere Richtung geschickt. Das wurde mir zu dumm. Ich ging auf die nächste Polizei-Station und fragte dort.

Aber auch dort konnte man mir nur unge-
fähre Angaben machen. Als ich mich nach
der Beschreibung auf einem Schuttplatz
wieder fand , fragte ich erneut. Eine junge
Frau wusste, dass es in **_Beit Janai_** eine
Herberge gäbe, bei der man auf einer Wiese zelten dürfe. Es sei auch ganz nahe am
Meer. Tatsächlich fand ich diese Wiese, allerdings war sie noch ganz leer. Aber als
ich nach dem Preis fragte bekam ich einen
Schreck. Wollten die doch glatt 10 Dollar
für 2 Quadratmeter Wiese für eine Nacht
haben! Natürlich mit Benutzung der Toiletten und des Waschraumes, versteht
sich! Dafür war es nicht weit zum Bade-
strand,wo ich ein erfrischendes Bad nahm.

Amphitheater Cäsaria

Ich zahlte und fuhr am nächsten Morgen weiter Richtung *Cäsaria.* Die ausgegrabene Stadt, der alte Hafen, das Aquädukt und das Amphitheater mit der Bühne zum Meer war schon interessant. Im Amphitheater finden auch heute noch regelmäßig Vorführungen statt. Ich hielt mich bis zum Abend dort auf.

Daneben war ein Kibbuz. Im Reiseführer hatte ich gelesen, dass man auch in Kibbuzim zelten könnte. Also fragte ich nach. Erst hörte es sich fast wie eine Zusage an, dann sagte der Chef doch ab. Er verwies mich auf *Sdot Jam,* einem Ort am Meer mit einer Ferienanlage aus Bungalows und einer Zeltwiese. Wieder das gleiche wie gestern, nur hier noch etwas teurer.

48.04 *Auf nach Jerusalem*

Am nächsten Morgen frühstückte ich und beschloss spontan weiter zu fahren. Die Ärztin im Flugzeug hatte so von Jerusalem geschwärmt. Da es ja nur etwa 85 bis 90 km sein müssten könnte ich es sogar an einem Tage schaffen. Ich trat mächtig in die Pedalen und machte nur mittags kurz Halt, um etwas zu Essen und zu trinken. Als es begann Abend zu werden, sah ich die Berge vor mir. Denn Jerusalem liegt auf etwa 915 m über dem Meeresspiegel, aber das hatte ich bei meiner Überlegung vergessen. Ernüchtert musste ich feststellen, dass ich den Berg heute auf keinen Fall schaffen würde. Ich musste mich jetzt schleunigst um ein Quartier kümmern. Doch einen Campingplatz gab es hier weit und breit nicht. Auf einem Hügel sah ich ein Dorf, aber davor stand ein riesiger Panzer auf einem Podest. Das war sicher ein Militärlager. „Nee, da gehe ich nicht hin" sagte ich leise zu mir.

Ein Stück weiter wieder auf einem Berg ein Gebilde wie ein Kloster. Ich würde nachfragen, ob ich mein Zelt dort aufschlagen dürfte. An einem riesigen, eisernen Tor klopfte ich und man machte mir auf.

Kloster Latrum

Auf meine Frage nach einem Platz für mein Zelt kam die unsichere Antwort, im Prinzip ja, aber ich müsste auf der anderen Seite des Anwesens fragen.

Mürrisch schob ich also mein Fahrrad immer an der Mauer entlang bis auf die andere Seite. Dort klopfte ich erneut ans Tor. Ein Mönch in einer Kutte machte mir auf und ich betete meinen Spruch erneut herunter:

„Ich bin mit dem Fahrrad nach Jerusalem unterwegs und suche einen Platz für mein Zelt, doch leider gibt es hier keinen Zeltplatz."

Zu meinem Leidwesen sprach dieser Mönch nur französisch, denn ich war hier im *französischen* **Trapisten- Kloster Lat- rum** gelandet, was ich aber erst später aus dem Reiseführer entnahm. Ich fragte, ob jemand englisch spreche. „Moment" und er verschwand wieder.

Etwas später kam ein anderer Mönch, der perfekt englisch sprach und fragte nach meinem Anliegen. Ich betete erneut meinen Spruch herunter.

„Wo ist das Problem? Hier im Garten ist doch Platz genug " Dabei zeigte er auf den großen Klostergarten. Leider aber war der schon bewohnt, denn hier sprangen drei riesige Schäferhunde lose herum, die fürchterlich kläffend sofort auf mich zuge- sprungen kamen.

Ich überlegte kurz - mehr Zeit war auch nicht - denn schon standen sie vor mir und bellten mich an. Angst hatte ich nicht, ob- wohl sie recht Angst einflößend und be- drohlich vor mir standen!

Nachdem der Mönch sie aber nicht sofort zurückpfiff nahm ich an, dass sie friedlich sind, ging auf sie zu und sprach sie an. Ich hatte Glück, sie beruhigten sich langsam, bellten aber immer noch. Denn schließlich war ja ein Fremder in ihr Revier einge- drungen.

Hier können Sie zelten. Frisches Wasser ist dort vorne, sagte der Mönch und zeigte dabei auf einen Auslauf in der Gartenmauer. Darauf, drehte er sich um, ging ins Haus und ließ mich mit den drei Hunden alleine. Das hieß eindeutig, dass ich mit den Viechern alleine fertig werden musste.

Meine Zeltnachbarn

Sie beruhigten sich bald und sahen mir neugierig zu. Ich ließ mich aber nicht aus der Ruhe bringen und tat so, als wenn ich sie gar nicht beachtete, behielt sie aber genau im Auge. Nun war es höchste Zeit mein Zelt aufzubauen, denn es begann bereits dunkel zu werden. Dann legte ich meine Sachen hinein. Jetzt nur noch Zeit,

schnell einen Happen zu essen. In ange-
messenem Abstand standen die drei Hunde dabei und beobachteten ganz genau
mein Tun. Als ich die Salami von zu Hause
auspackte, wedelten sie mit den Schwänzen. Natürlich wusste ich, was sich gehört
und bot jedem ein Stück an. Ich teilte ge-
recht, immer wenn ich mir ein Stück ab-
schnitt, bekam jeder der Hunde auch ein
Stück. So bahnte sich ganz schnell eine re-
gelrechte Freundschaft an.

Nun wurde es tatsächlich ganz dunkel.
Schnell wusch ich mich noch an dem laufenden Brunnen im Garten und kroch ins
Zelt. Wobei die drei mich immer noch genau beobachteten.

Müde war ich und so schlief ich auch sofort
ein. Doch da bellte scheinbar ein Hund in
der Ferne und der größte Schäferhund hier
im Garten antwortet ihm.

Sofort schreckte ich auf und rief:

"Kerle, mach das ja nicht die ganze Nacht,
dann mache ich kein Auge zu."

Das Ergebnis war, dass er vom Zeltein-
gang, an dem er bisher gesessen hatte, zu
meinem Kopfende wechselte, weil er meine
Stimme geortet hatte. Ich konnte im
Mondschein seine bedrohliche Silhouette

auf der Zeltwand neben meinem Kopf sehen.

Ich schlief aber bald wieder ein. Die Nacht verlief wider Erwarten ganz ruhig und ich schlief durch bis um 5.00 Uhr.

Als ich aufstand wurde ich von den Hunden schon mit wedelnden Schwänzen empfangen. Nun Schnell zum Brunnen, um mich zu waschen und dann das Zelt abgebaut, dabei waren meine neuen Freunde aber ständig dabei. Dann ein schnelles Frühstück, denn ich wollte früh aufbrechen. Den Nescafe rührte ich mit kaltem Wasser an. Natürlich bekamen meine Freunde wieder ein Stück von der Salami für die treue Nachtwache.

Dann klopfte ich, um zu fragen, was ich schuldig sei. Es kostete natürlich hier nichts. Für jeden Hund nun noch eine Streicheleinheit und dann schwang ich mich wieder in den Sattel. Fröhlich bellten sie mir hinterher, als wenn sie sagen wollten :

„Leb` wohl und komm` wieder mal vorbei. Vergiss aber deine Salami nicht!"

Jetzt merkte ich erst, dass ich gestern zuerst am Wirtschaftseingang des Klosters gefragt hatte. Das Personal dort hatte natürlich gar nicht die Befugnis mich hinein zu lassen.

Eigentlich sind hier Fahrräder nicht erlaubt!

Bis zur Autobahn war es höchstens ein Kilometer. Ich trat in die Pedalen und war schon nach einigen Kilometern am Beginn der Berge. Die Straße wurde enger, so dass am Rande gar keine Reserve war.

Eigentlich war die Autobahn für Fahrräder grundsätzlich gesperrt, das konnte ich am Schild eindeutig erkennen. Aber ein Land-

straße sah ich weit und breit nicht. Also
fuhr ich auf die Autobahn, bis mich eine
Streife erwischen würde.

Platz war hier nicht viel, denn nach dem
weißen Strich kam gleich die Leitplanke.
Manche Autofahrer machten es sich zum
Spaß, genau dicht hinter mir auf die Hupe
zu drücken. Ich bekam jedes Mal einen
Schreck und fiel beinahe vom Rad.

Sie freuten sich!

So sind eben Israelis!

48.05 Endlich Jerusalem

Am Nachmittag war ich dann endlich müde und abgekämpft in *Jerusalem*. An der ersten großen Ampel fragte ich einen orthodoxen Juden, wie ich zum *Kibbuz Ramat Rahel* komme.

Ganz sicher zeigte er mir den Weg.

„Immer geradeaus"!

Nachdem ich eine Zeit in angegebener Richtung gefahren war wurde ich unsicher und fragte vorsichtshalber nochmals, denn ich fuhr nach Norden. Der Kibbuz sollte aber am südlichen Stadtrand liegen.

Die Antwort lautete jetzt aber genau in umgekehrter Richtung!

Natürlich bekam ich einen Groll auf den orthodoxen Juden, der mich in die falsche Richtung geschickt hatte. Später las ich aber rein zufällig im Reiseführer, dass die Juden nie zugeben, etwas nicht zu wissen. Dabei kann es sein, dass sie ohne böse Absicht eine falsche Auskunft geben. Das beruhigte mich wieder.

Nach einiger Zeit fand ich den Kibbuz und konnte mein Zelt auf einer Wiese, wo schon einige Wohnwagen und Zelte standen, aufbauen. Von dort fuhr ich dann jeden Tag mit der Straßenbahn in die Stadt. Meisten hielt ich mich in der Altstadt auf.

Schnell vergingen die Tage und es wurde Samstag. Inzwischen hatte ich mit Nici telefoniert und ihm genaue Anweisungen gegeben über die Befragung im Flughafen in Stuttgart.

Gegen Mittag fuhr ich los, ohne große Eile zu haben, denn bis zu seiner Landung um Mitternacht war es noch lange. Genau 6 km vor dem Flughafen ereilte mich das Schicksal: ich hatte mir einen Platten geholt! Ständig hatte ich die Straße vor mir genau im Auge gehabt, aber da hatte ich wohl etwas übersehen.

Rechts ran und zuerst das T-Shirt aus, denn wenn man vom Rad steigt bekommt man sofort einen Hitzestau, wegen des fehlenden Fahrtwindes.

Da steckte eine Glasscherbe von etwa 5 mm im Reifen! Sofort machte ich mich an die Arbeit, obwohl die Sonne unerbittlich sengte - aber was sein musste, musste sein.

Normalerweise gar kein Problem, aber in meinem Falle eine aussichtslose Situation, denn jetzt erst stellte ich fest, dass ich keine Luftpumpe dabei hatte. Wir waren bei der Planung so schlau gewesen und meinten Luft immer an der Tankstelle zu holen,weil wir Auto-Ventile hatten. Leider war die nächste Tankstelle aber 6 km weg.

Reifen-Reparatur vor dem Flughafen

Ich stellte mich auf die Straße und versuchte per Anhalter weiter zu kommen. Es war aber Samstag und da fuhren leider keine Juden, weil jede Art von Feuer - dazu gehört auch der Zündfunke im Auto - an Sabbat verboten ist. Ich musste also eine ganze Weile warten, bis eine arabische Familie anhielt und mich mit nahm. Ich zahlte ihm die Fahrt und gab auch den Kindern noch jedem ein kleines Taschengeld, das die Eltern aber scheinbar sogar erwartet hatten.

Ich war froh, nun direkt vor dem Flughafen-Gebäude zu sein, setzte mich unter eine Palme und reparierte in Ruhe meinen Reifen.

Schon gegen 18.00 Uhr war ich fertig, hatte aber immer noch keine Luft. Die nächste Tankstelle war ca. einen km entfernt. Eigentlich nicht weit, aber mit dem ganzen Gepäck nicht zu schaffen. Und das Gepäck hier einfach liegen lassen, ging gar nicht. So beschloss ich hier auf Nici zu warten. Ich vertrieb mir die Zeit indem ich das Treiben hier genau studierte.

Besonders interessant die Bewachung des ganzen Flughafen-Areals. Alle paar Minuten gingen junge Männer in Civil herum und schauten überall nach herrenlosen Gegenständen. Besonders genau schauten sie in jeden Papierkorb und jeden Mülleimer.

Ich hatte mir sagen lassen, dass verdächtige Gegenstände sofort in einen unterirdischen Bunker gebracht würden, damit sie keinen Schaden anrichten könnten. Gefährliche Gegenstände würden sogar gesprengt. Anfangs wurde ich auch etwas misstrauisch beobachtet, bis die Männer mitbekommen hatten, dass ich harmlos sei. Es war also absolut richtig, mein Gepäck hier nicht herrenlos stehen zu lassen!

Gegen Mitternacht kam Nici an. Er schob sein Fahrrad, weil er weder vorne noch hinten Luft in den Reifen hatte.

„Warum hast Du denn keine Luft in den Reifen?"

„Man sagte mir beim Abflug, ich müsse die Luft ablassen, sonst würden die Reifen wegen des fehlenden Druckausgleichs im Laderaum platzen."

„Aber doch nicht ganz ablassen, sondern nur reduzieren,"antwortete ich ihm.

Egal, er musste ja wegen meines Reifens ohnehin an die Tankstelle. Da nahm er eben gleich alle drei Räder mit. Als er zurück kam sah ich im Lampenschein, dass der Schlauch an einer Stelle aus dem aufgepumpten Reifen hing. Sofort ließ ich die Luft so weit ab, bis ich den Schlauch wieder ganz unter die Decke bekam. So sagte ich, jetzt darfst Du damit noch einmal zur Tankstelle!

Als er zurück kam überlegten wir, was nun zu tun sei. Nici war so aufgedreht, weil er im Flugzeug mehrere Kaffee getrunken hatte, dass er sofort losfahren wollte. Ich bremste ihn ein, denn ich kannte inzwischen den israelischen Straßenverkehr. Es wäre für uns tödlich gewesen nachts auf die Straße zu gehen.

Ich machte ihm einen besseren Vorschlag. Ich kannte mich inzwischen hier schon einigermaßen aus und hatte in der Nähe ein kleines Wäldchen neben einer Wiese gesehen. Dort könnten wir uns in der Dunkelheit hinlegen und schlafen. Am Morgen bei Sonnenaufgang würden wir aber sofort aufstehen und weiterfahren. Es fuhr hier zwar ständig ein Militärfahrzeug Kontrolle, aber wir dürften uns von dem eben nicht erwischen lassen.

Ein ruhiges Plätzchen im Mondschatten der Bäume war schnell gefunden. Dort breiteten wir eine Folie aus und legten uns unter den Sternenhimmel und schliefen trotz der ständigen Autos auf der nahen Straße recht schnell ein.

48.06 Gemeinsam nach Ashkelon

Kurz vor 5.00 Uhr wachten wir auf, es graute gerade. Als es hell war saßen wir schon im Sattel und radelten los Richtung Küste, denn wir beabsichtigten die ersten Tage am Mittelmeer zu bleiben, um uns zu akklimatisieren.

Nach etwa zwei Stunden waren wir schon auf dem ersten Campingplatz, die Leute standen gerade erst auf. Der Platz gefiel uns aber nicht, so fuhren wir weiter. Nach knapp 4 Stunden hatten wir bereits 75 km hinter uns und waren in Ashkelon. Das liegt etwa 15 km vor dem Gaza-Streifen. Das Tempo war aber auf die Dauer viel zu schnell, denn immerhin hatten wir eine Menge Gepäck dabei. Dann könnte man ja unterwegs gar nichts ansehen. Außerdem stellte ich fest, dass ich viel zu viel Gepäck auf meinem Rad hatte, also luden wir das Zelt um auf Nicis Rad.

Hier in **Ashkelon** wollten wir bleiben, um uns an das Klima zu gewöhnen, bis es uns langweilig werden würde. Als wir ankamen zog ich zuerst mein total durchgeschwitztes T-Shirt au und wusch es aus. Nici aber meinte, dass er es morgen so wieder anziehen wollte. Man müsse sehen, dass er viel geschwitzt hatte! Doch als er es wieder anziehen wollte war es Taunass! Und ds Salz kratzte auf der Haut. Kurzum, es war einfach eine Zumutung, so etwas anzuziehen. Aber er tat es trotzdem.

Wir badeten im Meer, machten Spaziergänge, besichtigten die Ausgrabungen in der Umgebung, kauften ein und faulenzten. Am Abend des zweiten Tages meinte Nici:

„Jetzt wird es hier schon langweilig.“

„Dann fahren wir morgen früh weiter“, sagte ich.

Campingplatz in Ashkelon

48.07 *Nach Beer Sheva*

Nun ging es Richtung Beer Sheva in die Wüste. An der ersten Kreuzung, wo es auch in den Gazastreifen ging, hielt uns ein bewaffneter Siedler an. Barsch fragte er uns, wo wir hin wollten und ließ sich sogar unsere Ausweise zeigen. Das war keine sehr freundliche Begrüßung!

Wir hatten zwei Fotoapparate dabei, damit wir abwechselnd fotografieren könnten. Aber Nici überließ das fast ausschließlich mir. Natürlich sah ich immer wieder interessante Dinge und hielt. Das ging aber Nici auf die Nerven und er fragte:

„Soll ich auch halten oder weiter fahren?"

„So kommen wir ja auf keinen ordentlichen km-Schnitt!"

Er meinte wir wären zu langsam.

„Gut", sagte ich, „dann fährst Du eben weiter und ich fahre Dir nach."

Das hätte ich nicht sagen sollen. Denn wenn man weiter fährt ist man schnell am Horizont verschwunden. Es kostete enorm viel Kraft, ihn wieder einzuholen. Einmal hielt ich an einem großen Kakteenbusch und die reifen Früchte lachten mich an. Ich kannte sie vom Markt und aß sie sehr gerne. Ich hielt und pflückte einige, um sie zu essen. Dabei hatte ich nicht bedacht, dass sie von Natur aus viele kleine Stacheln haben. Die auf dem Markt waren abgerieben, diese hier hatten aber noch ihre Stacheln. Bald hatte ich zuerst die Hände und dann auch den Mund voller feiner Stacheln. Es brannte und wurde rot. Ich konnte reiben, wie ich wollte. Die Stacheln brannten weiterhin. Als ich Nici eingeholt hatte musste er mich zuerst verarzten. Aber da war gar nichts zu machen. Die Stacheln gingen erst mit der Zeit wieder weg. Das sollte mir aber eine Lehre sein!

In **Beer Sheba** angekommen stellten wir fest, dass es hier gar keinen Campingplatz gab. Aber eine Herberge fanden wir. Dort fühlte sich Nici gar nicht wohl und wir gingen in die Stadt, um eine Alternative zu überlegen.

Dann kam uns der mutige Gedanke, doch einfach weiter zu fahren. Ich wusste aus der Literatur, dass Beduinen sehr gastfreundlich seien und man im Notfalle bei ihnen übernachten könne. Irgendwie würde es schon gehen.

Nach etwa 30 km wurde es langsam Abend. Ich hatte die Behausungen der Beduinen in Straßennähe argwöhnisch beob-

achtet. Sie waren alle nicht gerade ver-
trauenerweckend! Alles nur Blechhütten

Beduinen in der Negev-Wüste

und unordentliche Anwesen. Da wollte ich
nicht übernachten. Die echten Beduinen
wohnten sicher nicht hier an der Straße,
sondern tief in der Wüste. Und da war mit
unseren Rädern leider kein Hinkommen.
Nach einiger Zeit kamen wir an ein kleines
Zeltlager mit etwa 20 Zelten abseits der
Straße. Ein junger Soldat lief mit einer
umgehängten MP herum.
„Nici, was meinst Du dazu?"
Er nickte.
„Ich bleibe mit den Fahrrädern hier auf
der Straße stehen und du gehst langsam
näher und fragst."

Nach ein paar Minuten winkte Nici, ich
solle kommen.

Wir durften unser Zelt zu den übrigen stel-
len und dort übernachten. Es war eine
Gruppe Soldaten, die gerade hier in den
Bergen ein Manöver machten. So gegen
Mitternacht kehrten die Soldaten zurück.
Ich erwachte und hörte, wie einer nach
dem anderen fragte:

„Was ist das für ein Zelt?"

„Das sind deutsche Touristen mit Fahrrad."

„Ach so."

Das hörten wir mehrmals, dann war Ruhe
und wir schliefen bis zum Morgen durch.
Gegen 6.00 Uhr war die Nacht zu Ende,
wir standen mit den Soldaten auf, bauten
ab und fuhren weiter. Nach etwa 15 km
kam ein großer Gebäudekomplex, es sah
aus wie ein riesiges Gefängnis.

„Hier hätten wir auch fragen können", sagte ich grinsend.

48.08 Mispe Ramon

Die nächste Etappe führte uns bis **Mispe Ramon**. Ein verträumtes Industrie-Städtchen mit vielen russischen Einwanderern. Es ist aber bekannt durch seine Lage direkt an einem riesigen Krater von 35 km Länge und 8 km Breite, der unter Landschaftsschutz steht. Hier gibt es viele unterschiedliche Mineralien die, trotz Verbot, abgebaut werden. Sie geben der Landschaft ein buntes Bild.

Aussichtspunkt in Mispe Ramon

Am Kraterrand steht ein neues Observatorium, in dem es viele Informationen über die Umgebung gibt. Der deutschsprechende Student, der dort gerade Dienst tat, zeigte uns sogar einen Film und versorgte

uns mit allen notwendigen Informationen.
Von oben betrachtet sieht die Gegend aus,
als hätte ein Riese im Tal lauter verschie-
denfarbige Häufchen hingeschüttet.

Auch hier suchten wir den verzeichneten
Campinglatz vergebens. Dann sagte man
uns in der Stadt, dass es einen Pick-
nick-Park vor der Stadt gäbe, in dem Wasser und Toiletten seien. Dort dürften wir
kostenlos unser Zelt aufstellen.

Was mir damals schon eigenartig vorkam
war, dass es in den Picknick-Parks oft
Pflanzen und Trockenmauern gab, die hier
eigentlich fremd waren. Erst durch das
Studium einschlägiger Literatur erfuhr ich
viel später, dass hier jeweils früher arabische Dörfer gestanden hatten. Man hatte
die Einwohner vertrieben, das Dorf mit riesigen Bulldozern eben gemacht und diese
Picknickparks angelegt. Hierhin fuhren die
Israelis an Wochenenden zum Grillen.

Am nächsten Morgen radelten wir wieder
weiter, jeder beladen mit je 5 Liter Wasser
im Gepäck, denn Richtung Süden käme
auf absehbarer Entfernung keine Tankstelle, hatte uns der junge Student im Observatorium gestern gesagt. Den Berg hinunter ins Tal lief es ausgezeichnet, doch
dann wurde die Straße schlechter. Wenn

ein Auto kam sah man das schon immer von weitem an der riesigen Staubwolke. Da hieß es jedes Mal weit rechts ran, besser noch absteigen! Ein Auto schoss an uns vorbei, bremste hart nach 50 Metern und kam im Rückwärtsgang wieder auf uns zu. Neben mir hielt es an und der Fahrer streckte den Kopf heraus:

„Wir kennen uns, Sie waren doch vor 10 Tagen mit uns im gleichen Flugzeug Stuttgart-Tel Aviv."

Tatsächlich, jetzt erinnerte ich mich auch an das junge Pärchen. Natürlich war ich Ihnen mehr aufgefallen mit meinem ausgefallenen Gepäck auf dem Kofferband am Flughafen.

Schnell wurden die bisherigen Erlebnisse ausgetauscht und dann mussten sie weiter, denn ihr Urlaub ging bald zu Ende. Wir hatte aber noch fast 3 Wochen vor uns, worum sie uns beneideten. Und schon brausten sie wieder weiter!

Wir traten heute kräftig in die Pedalen in der Hoffnung noch bis Elat zu kommen. Doch langsam ging es schon wieder dem Abend entgegen und Elat war noch mindestens 70 km entfernt. Schon mussten wir wieder an die Übernachtung denken. Wir überlegten, einfach am Abend wenn es

dunkel würde, in die Büsche zu gehen, die
hier und da am Straßenrand zu finden waren. Allerdings hatten wir dabei ein etwas
mulmiges Gefühl, denn ständig waren militärische Kontroll-Fahrzeuge unterwegs,
die uns auch gelegentlich ansprachen.
Wenn wir an den nächsten Kontrollposten
kamen standen die Soldaten oft gar nicht
auf. Sie grüßten nur lässig und machten
ein Handbewegung zum Weiterfahren.
Aha, hatte uns das letzte Kontroll-Fahr-
zeug hier schon angekündigt?
Außerdem sahen wir die Antennen oben
auf den Bergen, die uns unmissverständ-
lich verrieten, dass dort sicher Beobach-
tungsposten sitzen würden, die uns genau
im Visier hatten. Also war Vorsicht angesagt, denn mit dem Militär wollten wir
möglichst nicht in den Konflikt kommen.

48.09 Kibbuz Shisafon

Dann endlich an einer Straßengabelung
stand ein kleines Restaurant. Dort machten wir uns auf der Toilette etwas frisch
und tranken jeder eine ganze Flasche Li-
monade. Dann fragten wir den Wirt ganz
naiv wo man hier zelten könne, in der
Hoffnung wir könnten unser Zelt hier hinter sein Haus stellen. Stattdessen erklärte
er uns, dass es hier nicht ginge und wir
keineswegs ins Gelände gehen sollten,
dann gäbe es sicher Ärger mit der Militär-
Polizei. Aber wenn wir von hier nicht Richtung Elat, sondern die andere Straße Richtung Jordantal fahren würden, käme nach
etwa 3 km ein Kibbuz. Dort sollten wir einfach fragen. Was wir zu dem Zeitpunkt
nicht wussten war, dass dieses Lokal vom
Kibbuz betrieben wurde und die Bedie-
nung gar nicht hier wohnte.
Folglich fuhren wir also in anderer Richtung weiter, obwohl weit und breit noch
kein Kibbuz zu sehen war. Er hatte aber
doch Recht, nachdem wir um den Berg herum waren kam ein Kibbuz zum Vorschein.
Auf dem Wegweiser stand *Kibbuz Shisafon*. Wir fuhren auf den Hof, gingen ins
Büro und fragten höflich ob wir hier eine

Nacht mit unserem Zelt übernachten dürften.

Zum Kibbuz Shisafon

Wir seien auf dem Wege nach Elat.
Wir sollten warten.
Wir warteten und warteten. Immer wieder
ging jemand lächelnd an uns vorbei, aber
es gab keine Antwort. So langsam lief uns
die Zeit weg, denn wir wussten genau, dass
es in etwa einer halben Stunde dunkel sein
würde. Was tun, wenn sie uns wegschicken
würden?
Dann endlich kam eine nette Frau so Mitte
40 und sagte, dass wir bleiben dürften. Sie
würde uns auch gleich eine geeignete Stelle zeigen, wo wir unser Zelt aufschlagen
könnten. Vorsichtshalber fragte ich aber
jetzt schon, was es kosten würde, denn ich

hatte ja am Mittelmeer für 2 Quadratmeter Wiese pro Nacht bis zu 20 $ bezahlt.

Sie antwortete auf englisch so ungefähr: „....dass wir alles benutzen müssten."

Ich fragte Nici, ob er die Antwort verstanden hätte.

„Nein, aber teuer kann das wohl nicht werden," meinte er.

Sie hatte uns einen Platz zugewiesen direkt am Zaun, hinter dem ein Swimmingpool war. Den dürften wir benutzen.

Klasse.

Zelt im Zelt!

Schnell das Zelt aufgebaut, Luftmatratzen und Schlafsäcke rein und ab ins Wasser. Das Gepäck, das wir nicht brauchten, ließen wir auf den Fahrrädern, denn wir waren hier ja unter Leuten. Dann wurde es dunkel und wir krochen ins Zelt und schliefen auch sofort ein.

Nach etwa einer halben Stunde wachte ich auf, weil draußen jemand mit einer Taschenlampe herum leuchtete. Ich weckte Nici und wir schauten hinaus.

„Da seid Ihr ja, es ist Zeit zum Abendbrot." Damit deutete er in Richtung Speisehaus. Wir standen auf und gingen so wir waren in T-Shirt und Turnhose mit.

Es war jetzt so gegen 19.30 Uhr und man saß noch beim Abendbrot. Wir sollten uns bedienen, auf dem Tisch stand noch gerade genug. Am besten schmeckten uns die frischen Vollkorn-Brötchen, von denen wir tatsächlich noch ein paar verdrückten, obwohl wir gar keinen richtigen Hunger hatten.

Dann wurde noch mindestens zwei Stunden diskutiert, denn die wollten doch vieles von uns und wir natürlich auch vieles von ihnen wissen.

Ich fand das Kibbuz-Leben interessant und mir kam dabei ein Gedanke. Wenn ich in Rente bin, möchte ich hier eine Zeit mitarbeiten.

48.10 Elat

Am nächsten Morgen waren wir wie immer früh wach, bauten ab, nahmen noch ein Bad im swimmingpool und schoben mit unseren Rädern Richtung Ausgang. Am ersten Haus stand eine Frau, die in Richtung Speisehaus zeigte und meinte:

„Erst essen, dann weiter fahren!"

Wir frühstückten und wollten uns auf den Weg machen, da rief uns ein Mann nach, wir hätten gestern doch das Brot so gut gefunden.

„Hier sind noch ein paar Sandwichse für unterwegs."

Als wir fragten, was wir schuldig seien, hieß es nur: *„Für Gotteslohn!"*

Wir bedankten uns freundlich und dann traten wir wieder in die Pedalen. Nach der fürstlichen Bewirtung lief es heute besonders gut.

Wieder vorbei an der Gaststätte und weiter in Richtung Elat. Auf dem Wegweiser stand 65 km bis Elat. Das war zwar keine große Tagesetappe, aber sie hatte es in sich, denn es ging durch die *Roten Berge* immer rauf und runter.

Wir waren froh, als wir die Berge hinter uns hatten. Endlich konnten wir im Dunst unterhalb der Berge einen Zipfel Wasser sehen .Dort war endlich Elat! Auf dem letzten Wegweiser stand: 12 km bis Elat - es war fast geschafft! In dem Moment hielt neben uns ein Jeep mit Soldaten und fragte, ob wir ein Problem hätten. „Nein, wir sehen endlich Wasser, das Rote Meer!"

15 % Gefälle und die mit vollem Gepäck!

Aber auch die letzten 12 km hielten noch eine Überraschung bereit, denn es ging mit über 15 % den Berg hinunter. Zuerst ließ ich es laufen, griff bei 65 km/h aber doch leicht in die Bremsen. Dabei wurde mir bewusst, dass es eigentlich egal ist ob man bei 50 oder 65 auf die Schnauze fällt!
Nach ein paar Kurven merkte ich, dass mein Hinterrad etwas weich wurde und ich sah nach. Tatsächlich hatte ich Luft verlo-

ren, pumpte nach und fuhr weiter. Aber nach einem Kilometer das gleiche Problem, wobei die Intervalle aber immer kürzer wurden und ich letztlich sogar schieben musste.

Dumm nur, das Nici einfach vorgefahren war. Ich hatte immer gesagt, dass wir mindestens in Sichtweite bleiben müssen, falls etwas passiert.

Und nun war es passiert!

Einem abwärtsfahrenden Autofahrer sagte ich, er solle doch einem unten wartenden Radfahrer sagen, dass ich eine Panne hätte. Nach geraumer Zeit kam mir Nici zu Fuß entgegen. Natürlich war er recht sauer.

In *Elat* angekommen, wo ich Wasser in einem Springbrunnen fand, setzte ich mich unter einen Baum und zog den Reifen herunter. Von der hohen Außentemperatur – der Asphalt hatte sicher über 60 Grad -, der Last des Gepäcks und der hohen Geschwindigkeit den Berg hinunter war der Reifen so warm geworden, dass sich der alte Flicken langsam gelöst hatte und die Luft konnte entweichen. Das war natürlich schnell behoben.

Der Campingplatz lag ganz am anderen Ende der Stadt, fast an der Ägyptischen

Grenze. Dafür war er aber nicht voll, so dass wir uns einen angenehmen Platz aussuchen konnten. Zu jedem Zeltplatz gehörte ein Tisch und zwei Bänke, so dass man wenigstens bequem sitzen konnte beim Essen und lesen. Nur fehlten hier leider die Schatten spendende Bäume. Aber tagsüber waren wir ohnehin nie im Zelt und abends war es egal, da war es überall gleich warm. Unterwegs machten wir bei jedem Halt unsere Mützen etwas nass, um wenigstens einen kühlen Kopf zu behalten. Nici aber hatte sich die Mütze nicht nur nass gemacht, sondern sogar voll Wasser gegossen und sich auf den Kopf gestülpt, um sich abzukühlen. Das war wohl zu heftig gewesen. Dadurch hatte er sich wohl eine leichte Erkältung zugezogen. Mir schien, dass er schon leicht angeschlagen hier angekommen war. Hier versuchte er nun etwas auszuruhen und sich zu erholen. Ich hatte zwar eine umfangreiche Apotheke dabei, aber kein Penicillin, was jetzt wohl gegen seine verschleppte Erkältung geholfen hätte.

Wir gingen baden, lagen im Schatten und besichtigten das Unterwasser-Observatorium, das ganz in der Nähe war. Im Wasser

sahen wir sogar ganz nahe bei uns ein paar
Delphine spielen.

48.11 Totes Meer

Nach zwei Tagen wurde es uns langweilig und wir fuhren weiter in Richtung Totes Meer. Aus dem Reiseführer wussten wir, dass es in **En Gedi** einen Campingplatz gab, den steuerten wir an.

Campingplatz En Gedi am Toten Meer

Für die Zelte waren kleine Beton-Plateaus betoniert, so dass der Unterboden schön glatt und sauber war. Kleine Bäume gab es auch, so dass man wenigstens den halben Tag etwas Schatten hatte.
Wir fanden wieder einen Platz mit Schatten und mit Tisch und Bänken.
Dort trafen wir verschiedene Touristen und erfuhren manchen Tipp. Zum Beispiel wäre es ratsam in Jerusalem in der Alt-

stadt zu wohnen, denn dort gäbe es die wenigsten Probleme zwischen den verschiedenen Religionsgruppen. Am besten würde
man bei Arabern wohnen, die seien sehr
gastfreundlich. Das wäre interessant und
auch billig.

Dann kamen zwei verwegene Gestalten in
kakifarbenen Anzügen mit recht großem
Gepäck zu Fuß und setzten sich direkt neben uns auf die Erde. Der Ältere trug seinen Fotoapparat wie eine Pistole am Ober-
schenkel, auch hatten sie an. Ich dachte
erst es wären zwei stramme Soldaten. Als
sie dann aber neben uns saßen und ihre
verwegenen Hüte abnahmen, waren es
zwei ganz normale „Bleichgesichter" - ein
Arzt und sein Sohn aus der Schweiz, die zu
Fuß unterwegs waren. Als sie gegen Abend
immer noch kein Zelt aufbauten fragte ich
nach.

„Nein, ein Zelt haben wir nicht dabei. Wir
gedachten immer unter freiem Himmel zu
schlafen."

Das gravierende Problem dabei aber war,
dass sie ständig all ihre Sachen frei herum
liegen hatten und auf sie aufpassen oder
mit sich herumschleppen müssten. Ich bot
ihnen an, ihre Sachen mit in unser Zelt zu
legen,das wir verschließen konnten. Dafür

würden wir mit ihnen auch im Freien schlafen. Das ging zwar gut, denn es war hier angenehm warm, aber gegen Morgen wurde man von den Fliegen fast aufgefressen. Dagegen musste man sich gegen Morgen ein Tuch über den Kopf legen.

Beiläufig kamen wir auf Nicis Erkältung zu sprechen. da meinte der Ältere, er würde sich Nici mal näher ansehen, denn er sei Tropenarzt von Beruf. Darauf empfahl er, ein kombiniertes Antibiotikum. Wo ich das aber bekäme, wäre mein Problem. Inzwischen hatte ich aber schon in Erfahrung gebracht, dass auf dem nahen Kibbuz ein Arzt sei, der auch für die Umgebung und den Campingplatz zuständig wäre. Ich nahm mein Fahrrad und fuhr mit seinem Zettel dort hin.

Der erste Kontakt an der Rezeption im Kibbuz war schwierig, denn der Arzt musste telefonisch gerufen werden. Der aber sprach nur Russisch, denn er war ein frisch eingewanderter russischer Jude. Die Frau an der Rezeption sprach aber kein Russisch und mein Russisch war auch nicht so gut, dass ich mich hätte fließend unterhalten können. Das hörte eine etwas ältere Frau, die in der Nähe stand, und sagte, dass sie vermitteln könne. Sie sei

Russin, sprach ein wenig Deutsch und Hebräisch und natürlich perfekt Russisch. So verabredete ich mich mit dem Arzt für eine Stunde später, denn er war noch irgendwo unterwegs.

Nach einer Stunde ging ich in seine Praxis und zeigte ihm meinen Zettel. Darauf ging er mit mir an seinen großen Medikamenten-Schrank. Nach längerem Suchen fand er ein Medikament, dass auf die Beschreibung des Schweizer Arztes etwa passte. Dafür nahm er mir gerade mal 5 Mark ab. Damit fuhr ich wieder den Berg hinunter zum Kibbuz. Doktor Ruland akzeptierte es und so konnte Nici es einnehmen.

Von unserem Problem erfuhr auch eine nette Krankenschwester aus Australien, die neben uns übers Wochenende zeltete. Als sie erfuhr, dass wir vor hatten in der nächsten Woche nach Jerusalem zu fahren, bot sie uns an in Ihr Hospiz zu kommen. Dort gäbe es auch deutsches und Schweizer Personal. Nun spannten wir hier doch erst Mal ein paar Tage richtig aus. Ich hatte vor etwas für die Gesundheit meiner Gelenke zu tun. Denn das *Tote Meer* ist besonders geeignet zur Heilung von Haut- und Gelenk- Krankheiten. Ausgiebig badeten wir mehrmals im angenehm

warmen Wasser. Nur etwas schwierig war
es heil über die Steine ins tiefe Wasser zu
kommen. Das Schwimmen machte dann
richtig Spaß. Man muss aber auf dem Rücken bleiben, weil sonst der Kopf leicht unter Wasser gerät und das ist sehr unangenehm, denn das Salzwasser brennt in den
Augen.

Schwimmen im Toten Meer

Dafür gäbe es hier einen schwarzen
Schlamm, mit dem man sich einreiben
müsse. Wo ich aber den Schlamm herbe-
kommen würde, wusste ich nicht. Als ich
am nächsten Tag aus dem Wasser kam bat
mich ein alter Russe, ihm den Rücken mit
besagtem schwarzen Schlamm einzurei-

ben. Gerne tat ich das. Als ich fertig war rieb er mich ungefragt auch ein.

„Jetzt hast du den Dreck," sagte Nici zu mir.

Kein Problem, denn den Schlamm habe ich eigentlich ja gesucht. Nur auf die Frage, wo ich ihn finden könne war der Russe taub. Das war eben sein Geheimnis.

Ich hatte nämlich ein Problem zu lösen. Meinem Chef zu Hause war zu Ohren gekommen, dass wir eine große Fahrradtour machen wollten. Halb scherzhaft, halb ernst sagte er zu mir, dass der Urlaub eigentlich zur Erholung da sei. „Das habe ich auch vor, lassen Sie sich überraschen," antwortete ich ihm vielsagend, ohne aber zu wissen, ob ich das schaffen würde.

Zur Weihnachtsfeier sollten ein paar Bilder gezeigt werden und ich erklärte mich bereit. Als dann die Bilder mit dem Heilschlamm an der Reihe waren sagte ich: „Chef da ist der Beweis für meine Heilkur!"

Ich wusste aus der Literatur, dass dieser stark nach Schwefel riechende Schlamm eine schichtartige Ablagerung am Toten Meer ist. Wenn der den gefunden hat, würde ich ihn auch finden. Darauf ging ich ein ganzes Stück am Strand entlang und

schaute unter viele Steine. Doch ich fand
nichts.Doch dann kam eine kleine Steilwand, in der ich eine schwarze Schicht ent-
decken konnte. Tatsächlich, das war der
Schlamm. Ich suchte mir eine Plastiktüte
am Strand und tat eine gute Portion hinein. Nun konnte ich am nächsten Tag

Heilschlamm am Toten Meer

mich und auch Nachbarn damit versorgen. Den Fundort behielt ich natürlich ebenfalls geheim.

Dann sprach uns eines Tages ein Mann an, der etwas zurückgezogen ganz am Zaun zeltete. Alle hielten den Schweizer für einen Eigenbrötler, weil er jeden Kontakt zu Nachbarn vermied. Der wollte wissen, wo wir unsere Fahrräder her hätten. Er machte im nahen Sanatorium eine Kur und müsste jeden Tag den Weg laufen, da wäre ein Fahrrad doch viel bequemer. Dann fing er ganz von alleine an zu erzählen. Er käme schon mehrere Jahre hierher. Er sei auch schon sehr krank gewesen. Anfangs hatte er sich von dem „Heilwasser" jeden Morgen einen Tee gekocht, bis es ihm so schlecht ging, dass er einen Arzt brauchte. Der sagte ihm dann, dass das Wasser giftig sei. Ein Liter getrunken bedeute den sicheren Tod!"

Er kam gerade noch einmal davon.

Auch hier lagen wir nicht nur auf der faulen Haut, obwohl Gespräche mit den Nachbarn immer interessant waren. Nicht weit von hier ist die ehemalige Festung **Massada.** Hierhin hatten sich 73 nach Chriti die letzten jüdischen Krieger zurückgezogen. Die Römer hatten ringsum 8 Lager errichtet, aber sie konnten die Verteidiger nicht aushungern. Nach 3-jähriger Belagerung durch Kaiser Titus wurde Massada durch einen Trick eingenommen. Sie hatten auf der Rückseite durch Gefangene eine lange Rampe aufschütten lassen und gelangten so nach oben. Die Verteidiger nahmen sich aber vorher alle das Leben, weil sie nicht in römische Gefangenschaft gehen wollten. Nur einer Frau soll überlebt haben. So endete der jüdische Krieg gegen die Römer.

Massada ist deshalb heute noch für die Juden sehr bedeutend. Dort finden z. B. oft Fahnenweihen und Rekruten-Vergatterungen statt.

Die *En Gedi- Schlucht* war auch ein interessantes Ausflugsziel. Sie liegt gegenüber dem Toten Meer und steht unter Landschaftsschutz. Wenn man sie ganz früh durchwandert sieht man einige seltene Tiere, wie Steinböcke und Erdmännchen. Auch baden kann man an einem der kühlen Wasserfälle. Nur wird es im Laufe des Tages sehr voll und unangenehm laut.

Nachdem wir ausgiebig im Toten Meer gebadet hatten und Nici auch wieder einigermaßen fit war, wurde es Zeit wieder aufzubrechen.

Baustelle Kulturhaus

Im Wegfahren brachte uns nocjh Joram zwei Lunchpaketemit der Bemerkung, Dass uns das Brot gestern so gut geschmeckt hatte.

48.12 Wieder Jerusalem

Unsere nächste Station sollte Jerusalem sein. Da ich die Plage den Berg hinauf zu strampeln von der ersten Woche noch gut in Erinnerung hatte, wollte ich dies Nici jetzt ersparen, denn von hier aus war der Höhenunterschied noch größer. Das Tote Meer liegt etwa bei Minus 405 m unter und Jerusalem etwa bei 950 m über dem Meeresspiegel. Das sind 1355 Meter Höhenunterschied und das auf einer Distanz von knapp 30 km. Da ist es mit dem Fahrrad ganz schön anstrengend. Wir beschlossen mit dem Bus hoch zu fahren. Denn unsere Strecke, die wir noch vor uns hatten, würde noch beschwerlich genug werden. Der Busfahrer verstaute unsere Fahrräder mit viel Umsicht im Kofferraum im unteren Teil des Busses.

Der hebräische Name *Yerushalayim* bedeutet Stadt des Friedens. In der Geschichte der Stadt **Jerusalem** hat es aber selten Frieden gegeben.Über dreißig Mal wurde sie in den 3.500 Jahren seit ihrer Gründung erobert und ganz bzw. teilweise zerstört. Jerusalem ist zwar alt und arm, es hat aber viele Heilige Stätten aller drei monotheistischen Religionen, wie keine andere Stadt der Welt. Juden, Christen und Moslems verfügen hier über 5.000 Synagogen, Kirchen und Moscheen, die von 1 Million Pilger jährlich besucht werden.

In Jerusalem fuhren wir sofort Richtung Altstadt.

Altstadt von Jerusalem

Am Java-Tor war eine Touristen-Information. Aber von denen bekamen wir keine arabischen Adressen, weil es Israelis waren.

Das löste bei uns schon leichte Verwunderung aus. So zog Nici alleine los und suchte selbst, während ich bei den Rädern blieb. Wir konnten nämlich bald feststellen, dass es viele Angebote gab, man müsste nur die richtigen Leute fragen. Schon nach ein

paar Minuten kam Nici wieder, denn er
hatte eine Herberge gefunden.

Es war jedoch nicht einfach mit den Fahrrädern dort hinzukommen, denn zuerst
mussten wir eine steile Treppe hinauf, die
mit lauter Verkaufsgegenständen vollge-
stellt war. Danach begann eine schmale
Gasse und schon standen wir vor unserem
„Hotel", es hieß *„Zitadel"* und wurde von
einer arabischen Familie geführt. Es war
einfach, aber recht sauber und nicht teuer.
Die Herbergsmutter war sogar so nett,
dass sie für uns kochte, wenn wir es wollten. Wir bekamen ein Einzelzimmer und
durften unsere Räder sogar mit ins Zimmer nehmen. Der größte Vorteil war aber,
dass wir direkt mitten in der Altstadt
wohnten, denn hier wollten wir uns die
meiste Zeit aufhalten. Am nächsten Tag
suchten wir das Hospiz auf, in dem die
Krankenschwester Brigit vom Toten Meer
arbeitete. Wir wurden von einer ganzen
Gruppe junger Helfer aus Deutschland und
der Schweiz begrüßt und mussten zuerst
im Schwesternzimmer ausgiebig frühstü-
cken. Auch eine Schwester aus Balingen in
Württemberg war dabei.

Dann wurde Nici von einem Schweizer
Arzt untersucht. Er stellte aber nur eine

verschleppte Erkältung fest und verschrieb ein paar Medikamente.

Wir lagen gut in der beabsichtigten Zeitplanung, so dass wir fast eine Woche in Jerusalem bleiben konnten. Besonders interessant ist natürlich die Altstadt mit ihrem geschäftigen Treiben von früh bis spät. Natürlich besuchten wir auch die vielen Sehenswürdigkeiten der Stadt, die *Klagemauer, den Felsendom, die Grabeskirche und den Garten Gethsemane.* An der Klagemauer war es natürlich besonders interessant, denn den ganzen Tag kamen Juden zum Beten. Zuerst fiel uns auf, dass Männer und Frauen getrennt waren. Geschlechtertrennung also ähnlich wie bei den Moslems! Wir aber durften sogar mit kurzen Hosen in diesen heiligen Bezirk. Freilich mussten wir eine Kopfbedechung tragen. Aber wir nahmen nicht die Pappedeckel, die am Eingang jedem angeboten wurden. Wir hatten echte Kipa dabei, die wir unterwegs am Straßenrand in verschiedenen Ausführungen gefunden hatten.

An dieser Stelle hatte Salomon 951 v. Chr. den erste jüdischen Tempel gebaut, der aber 586 v. Chr. von den Babyloniern zerstört wurde. Nach der babylonischen Gefangenschaft wurde hier der zweite jüdische Tempel von Herodos 515 v. Chr. errichtet und 70 n. Chr. von den Römern wieder zerstört. Gläubigen Juden ist deshalb der Zugang zum ganzen Tempelbezirk untersagt, damit sie nicht aus Versehen jene Stelle des ehemaligen Tempels betreten, der nur dem Hohenpriester vorbehalten ist.

Interessant ist die Klagemauer. Es sind die Überreste des 2.Tempels, der vom römischen Kaiser Titus im Jahre 70 n. Chr. zerstört worden war. Der Name Klagemauer entstand während der Byzantinischen Herrschaft. In die Ritzen zwischen den riesigen Steinquadern stecken religiöse Juden beim Beten kleine gefaltete Zettelchen, sogenannte *Kvittelchen,* mit ihren Wünschen, Danksagungen und Gebeten. Die sind alleine für das Auge Gottes bestimmt! Ich zerbrach mir den Kopf, was passiert, wenn die Ritzen voll sind? Dazu las ich im Reiseführer, dass von Zeit zu Zeit alle Fugen geleert werden. Die Kvittelchen werden anschließend verbrannt. So gelangt mit dem Rauch der Wunsch in den Himmel!

Sogar die unterirdischen Räume durften wir betreten, wo orthodoxe Juden leidenschaftlich predigten, beteten und die *Thora* lasen. Zwar verstanden wir sie nicht,

An der Klagemauer in Jerusalem

Aber die Gesten waren bezeichnend. Fast alle orthodoxe Juden tragen Brillen. Man sagt es kommt davon, dass sie beim Lesen immer mit dem Kopf nicken. Dabei verändert sich ständig der Abstand zur Thora und schädigt die Augen.

Grundlage des jüdischen Glaubens ist eine Zusammenstellung religiöser Gesetze, die nach tausendjähriger Überlieferung im 6. Jahrhundert im *Talmud* zusammen gestellt wurden. Der Talmud besteht wiederum aus zwei Teilen:

1. **Die *Mischna*,** zu der die Thora gehört. Die Thora ist der hebräische Begriff für die 5 Bücher Mose, in denen u. A. die biblische

Geschichte des Volkes Israel, die 248 Ge-
bots- und 365 Verbotsregeln (10 Gebote)
niedergeschrieben sind.

2. **Die *Gemara*,** sie enthält Lebensweis-
heiten, Sprichwörter, Anregungen und In-
terpretationen zur Mischna.

Selbstverständlich gingen wir auch auf den
Tempelberg, um den Felsendom und die *Al
Aqusa- Moschee* zu besichtigen. Der Felsendom ist das drittwichtigste Heiligtum
der Moslems, nach Mekka und Medina. Er
ist heute das Wahrzeichen Jerusalems.

Kalif Omar ließ nach der Eroberung Jerusalems 638 n. Chr. nahe dem Felsen, auf
dem Abraham seinen Sohn Isaak opfern
sollte und von dem nach der Überlieferung
der Prophet Mohammed auf seiner Stute
Al Burak gen Himmel geritten sein soll
(Sure 18 und 53), ein Gebetshaus errichten.

691 n.Chr., also etwa 50 Jahre später, erbaute sein Nachfolger Kalif Abdul Malik
Ibn Marwin an der Stelle um den Felsen
herum die prunkvolle achteckige Moschee.
Der *Felsendom* hat einen Durchmesser
von 26 und eine Höhe von 36 Metern.

Wir sahen dort aber sogar ein paar israelische Soldaten in Uniform, jedoch ohne

Waffen, die hatten sie vorher an einem israelischen Posten abgegeben.
Natürlich besuchten wir auch die **Grabeskirche** – das ist ein Muss jedes Jerusalem
- Touristen. Dementsprechend voll ist es
dort auch. Eine Chance alles zu sehen gibt
es nur ganz früh morgens.
Sie ist für Christen die heiligste Stätte.
Nach der Überlieferung vollzogen sich hier
**Kreuzigung, Grablegung und Auferste-
hung Jesu**. Es ist die 14.Station der *Via
Dolorosa*. Sie enthält über 30 Kapellen in
mehreren Stockwerken. Das Bauwerk geht
in seiner derzeitigen Form auf die Kreuz-
fahrer zurück, obwohl es im Laufe der
Jahrhunderte immer wieder erweitert und
verändert wurde. Seit 800 Jahren streiten
sich hier Katholiken, **Grichisch-Orthodo-
xe, Armenier, Syrische Jacobiten, Äthi-
opier und Kopten** um die Reliquien. Der
Streit veranlasste Sultan Saladin schon im
12. Jh. zwei moslemischen Bürgern Jerusalems die Schlüsselgewalt über diese
Stätte zu übertragen. Nur so konnte verhindert werden, dass die verschiedenen
Christengruppen am Grab Christi übereinander herfielen oder sich nachts gegenseitig die Reliquien stahlen.

Noch heute öffnen zwei Nachkommen dieser moslemischen Familie jeden Morgen die Kirche und schließen sie am Abend wieder ab. Seither durfte an der Kirche auch nichts verändert werden. Kurioserweise stand zu dem Zeitpunkt oberhalb des Einganges gerade eine etwa 2 Meter lange Leiter auf einem Vorsprung. Diese steht auch heute noch an gleicher Stelle und darf nicht verändert werden!

Wer sich auskennt findet auch das **Äthiopische Priesterdorf,** das **auf** der Grabeskirche steht. Das sind 20 weißgetünchte Lehmhütten genau über der St.-Helena-Kapelle. Hier wohnen 20 äthiopische Mönche in einfachsten Verhältnissen. Sogar Bäume stehen dort. Das ist kein Witz!

Auf den Dächern von Jerusalem

Denn in Jerusalem gibt es die sogenannten *Luftrechte.* Das heißt, dass es Wege und Häuser auf den Häusern der Altstadt gibt. Wenn man den Aufgang dazu findet – das ist allerdings nicht leicht - ist es interes sant *über den Basar* zu gehen und durch die Entlüftungsschächte dem Treiben dort unten zuzuschauen. Ich saß oft abends dort oben in der Abendsonne und machte meine Tagesnotizen oder las

Auf den Dächern von Jerusalem

Aber auch das *Gartengrab* besuchten wir, wo Jesus nach einer anderen Theorie begraben sein soll, statt in der Grabeskirche. Hier war natürlich wesentlich weniger Betrieb als in der Grabeskirche. Auch wenn sich schlagende Beweise für die Richtigkeit dieses Grabes finden sollten, wird man die Geschichte nie umschreiben, dazu ist der

Rummel um die Grabeskirche inzwischen
schon viel zu groß!

Auch machten wir einen Rundgang auf der
Stadtmauer, von wo aus man einen guten
Überblick über die Altstadt bekommt.

Sehr interessant auch das Jüdische Viertel
Mea Shearim nahe der Altstadt, das so
viel heißt wie *Hundert Tore.*

1870 wurde es von orthodoxen Juden erbaut. Hier wohnen jene Juden, die ihr Leben besonders gottesfürchtig und gesetzes-
treu gestalten.

Es wirkt auf den Besucher aber wie ein
Getto! Die Männer tragen lange schwarze
Rockmäntel, breitrandige Hüte oder Pelz-
kappen, Vollbart und Schläfenlocken. Bei
den Frauen sind Arme und Knie immer be-
deckt. Die Füße stecken meist in Wollst-
rümpfen. Um den oft kahlgeschorenen
Kopf ist ein Kopftuch gebunden. Sie haben
viele Kinder, denn je größer der Kinderse-
gen, desto religiöser ist das Paar. Natürlich durften wir hier nicht in kurzen Hosen
gehen. An einer Ampel stand ein junger
Jude in typischer Aufmachung neben uns
und wir nahmen uns vor ihn auszufragen.
Zuerst baten wir ihn um eine nebensächli-
che Auskunft. Dann fragten wir ihn, was

er von Beruf mache. Er sagte, dass er Handwerker sei.

„In der Aufmachung?"

„Ja, dazu würde er dann den Mantel ausziehen."

Das hörte sich aber gar nicht glaubwürdig an. Außerdem sahen seine Hände nicht danach aus, dass er körperliche Arbeit leisten, sondern eher nur die Thora studieren würde.

Natürlich fuhren wir auch in die Umgebung, wobei wir die Neustadt eher mieden, denn dort fanden immer wieder Attentate statt.

Mit dem Fahrrad war es aber kein Problem auch etwas weiter zu fahren. Wir besuchten und besichtigten ausgiebig das *Holocaust-Museum* und das *neue Buchmuseum*, in dem auch die Qum-Ran-Rollen gezeigt werden. Und auch die *Knesset* mit dem siebenarmigen Leuchter davor, besuchten wir.

48.13 See Genezareth

Nach ein paar Tagen hieß es dann auch wieder Abschied nehmen, denn unsere Runde durch das Land war noch längst nicht zu Ende.

Schon um 7.00 Uhr brachen wir auf. Von Jerusalem fuhren wir an einem Tage durch bis zum See Genezareth. Das waren 163 km, wobei allerdings die ersten 30 km von Jerusalem ab fast nur bergab gingen, denn wir fuhren ja wieder zurück ins Jordantal. Bei Jericho hielten wir, um etwas zu trinken. Interessant ein Gespräch mit einem Palästinenser, der an unseren Tisch kam. Es war ein kleiner Bauunternehmer, der von uns wissen wollte wie wir die politische Lage beurteilten. Dringend riet er uns zu einem Besuch von Jericho.

Am Nachmittag wurde langsam unser Wasser knapp. Nach unserem Plan müsste längst eine Tankstelle kommen, an der wir eine Essenpause einlegen und unsere Wasservorräte auffüllen wollten. Die Autofahrer sagten:

„Nur ein paar Minuten".

Sie meinten aber Autominuten, wie sich herausstellte. Doch mit dem Fahrrad war das eine Ewigkeit.

Obwohl noch ein paar Tropfen in der Flasche waren, hatte ich plötzlich das Gefühl, ich müsste jetzt verdursten! So ungefähr ist einem sicher in der Wüste zu Mute, wenn keine Hilfe in Sicht ist.

Dann kamen wir an ein etwas abgelegenes Dorf, das wie verlassen aussah. Bei genauer Betrachtung konnten wir vor einem Haus einen bewaffneten Soldaten sitzen sehen. Ich sagte zu Nici ,er solle mit der leeren Flasche auf den Wachmann zugehen, während ich wieder mit den beiden Fahrrädern am Straßenrand stehen bleiben würde. Nach kurzem Kontakt winkte Nici und wir konnten uns richtig satt trinken und unsere Wasserflaschen füllen. Die Flaschen wickelten wir immer in unsere nassen Handtücher ein, dabei wurden die Handtücher langsam wieder trocken und das Wasser blieb sehr lange kühl.

Kurz vor Sonnenuntergang erreichten wir den See Genezareth. Der angepeilte Campingplatz lag am Südufer noch etwa 25 km weiter. Wir wunderten uns, dass wir von so vielen Autos mit Matratzen auf dem Dach überholt wurden.

Am Campingplatz in **Ha On** lüftete sich dann das Geheimnis. Die waren alle auch zum Campingplatz unterwegs. Sie haben

hier keine Luftmatratzen wie wir, sondern
nehmen ihre Matratze aus dem Bett einfach mit zum Picknick.

Es wurde auf dem Platz wieder recht voll
und laut, weil alle ausgiebig grillten, tranken und laut bis spät in die Nacht diskutierten. Das sollte uns eine Warnung sein.

Am Wochenende sollte man große Campingplatz meiden!

48.14 Nach Akko

Nach ein paar Tagen fuhren wir auf der Ostseite weiter um den See herum, über den Jordan hinweg Richtung Norden. Vorbei an **Kapernaum** ging es nun in Richtung Akko am Mittelmeer. Diese Etappe war zwar kürzer als die vorherige, aber sie hatte es auch in sich, denn der See liegt auf etwa 200 Meter unter dem Meeresspiegel und Akko auf Meereshöhe, dazwischen war aber das Karmiel-Gebirge zu überwinden, das auch etwa eine Höhe von 300 m hat.

An einer ewig langen Steigung ging uns fast die Puste aus und wir suchten ein wenig Schatten hinter einem Busch auf einem Parkstreifen.

Wir staunten nicht schlecht, als wir unmittelbar vor uns eine 5-l-Kanne mit Eiswürfeln stehen sahen. Aber weit und breit war kein Mensch. Hatte wohl jemand gerade vor uns hier gehalten und vergessen die Kanne wieder einzuladen – oder war es Hilfe von „oben"?

Im Heiligen Land weiß man es nie!!

Nachdem niemand kam, um sie zu holen, sahen wir dies als „Zeichen des Himmels" und nahmen sie mit. Zwar tranken wir das

Wasser nicht, aber als Kühlung reichte es bis wir über den Berg waren. Das war eine große Erleichterung. Zu trinken hatten wir genügend Wasser dabei, nur schmeckte es mit der Zeit etwas schal. Da sah ich am Straßenrand immer wieder wilde Zitronenbäume stehen, auf denen noch spärlich ein paar Früchte hingen. Ich schüttelte sie herunter und presste den Saft aus, um damit unser Wasser zu verfeinern. Das tat vor allem Nici gut. Besonders interessant die Olivenhaine aus uralten Olivenbäumen. Man erzählte uns, das manche schon zu Christi Geburt gepflanzt seien.

Gegen Abend kamen wir in *Akko* an. Suchten eine Herberge und quartierten uns ein.

Katakomben in Akko

Akko ist eine sehr interessante Stadt, mit einer sehr wechselnden Geschichte und einer riesigen Stadtmauer. Hier haben sich vor allen Dingen die Kreuzritter verewigt, die nicht nur in friedlicher Absicht herkamen. Davon zeugen noch heute die umfangreichen **Katakomben**. Später nutzten die Engländer die Katakomben als Gefängnis. Auch das kein Ruhmesblatt.

Bewohnt wird die Stadt jetzt vorwiegend von Moslems, es gibt aber auch dazwischen einige israelische Familien und Läden, denn die Israelis haben diese Gegend besetzt. Auf die Frage, wie das Leben hier so funktioniere, sagte ein israelischer Ladenbesitzer:

„Wir leben und arbeiten hier alle friedlich nebeneinander".

Im Nachhinein bin ich mir nicht mehr so sicher, ob mir auf meine Frage ein Moslem die gleiche Antwort gegeben hätte. Ich glaube, dass die Juden bereits damals sehr beherrschend aufgetreten sind.

48.15 Haifa

Nun ging es am Meer entlang, Richtung Süden. Wir hatten aber keine Eile, denn bis zum Abflug waren es noch 3 Tage. Es war also noch genug Zeit, um einen ausgiebigen Stadtbummel zu machen. Haifa ist deshalb so interessant, weil es aus einer Unter- und einer Oberstadt besteht. So hat man bereits in einer Stadt zwei Klimazonen, denn die Unterstadt hat Meeresklima und die Oberstadt bekommt bereits das Wüstenklima ab.

Sehr interessant auch die Bevölkerung. Denn hier landeten die Einwanderer zuerst. Bauten Häuser und wurden sesshaft. Das kann man noch heute an verschiedenen Fassaden ablesen.

Auch viele deutsche Einwanderer landeten hier. Davon zeugen noch heute die Sprüche über den Eingangtüren. Allerdings sind die Deutschen inzwischen längst in besser Gegenden gezogen und haben ihre Häuser weiter veräußert. An einer Haustüre fand ich meinen Konfirmationsspruch:

Befehl dem Herren Deine Wege
und hoffe auf ihn,
er wirds wohl machen.

Davor stand eine Äthiopierin, die jetzt das Haus bewohnt. Sie war sogar bereit uns

Dieses Haus wurde von deutschen Einwanderern erbaut

das Haus zu zeigen, nachdem sie merkte , dass wir Deutsche seien.

Nach einer Erholungspause fuhren wir dann wieder weiter Richtung Süden.

48.16 Zurück zum Flughafen

Nun waren es nur noch zwei Tage bis zu unserem Rückflug. Die Strecke am Mittelmeer entlang war leicht zu fahren und auch nicht mehr sehr lang. Auf dem Campingplatz in **Kefar Vikim** übernachteten wir, bevor wir bis *Tel Aviv* weiterfuhren. Hier konnten wir sogar von Fischern frische Fische erwerben, die wir auf einem provisorischen Grill gebraten haben.

In Jaffo machten wir mittags Halt. Die Neustadt schenkten wir uns, besuchten dafür aber die Ausgrabungen in **Jaffo** und entspannten uns im Freizeitpark bis zum Abend.

Gegen Abend fuhren wir dann bis zum Flughafen, aßen und tranken dort etwas und wuschen uns. Um dann als es dunkel wurde, wieder auf unsere Wiese hinter dem Wäldchen zu fahren und uns schlafen zu legen. Wir schliefen zwar ungestört, aber etwas unruhig, denn schon recht früh ging unser Flug nach Stuttgart.

48.17 *Heimflug*

Gespannt war ich, wie nun die Kontrollen beim Rückflug sein würden. Wieder wurden wir getrennt , dieses Mal von zwei jungen Frauen, befragt. Danach flüsterten sich sich etwas zu und befragten uns noch einmal gemeinsam. Es war aber nicht so streng, wie beim Hinflug. Auch unser Gepäck wurde nur sporadisch kontrolliert. Offensichtlich waren unsere Antworten glaubwürdig und harmlos. Schließlich waren wir ja auch nur einfache Touristen, wenn auch besonderer Art. Denn keiner war mit dem Fahrrad unterwegs! Das hat unsere jungen Kontrolleure besonders interessiert. Dann durften wir weiter zum Check in Schalter

Gegen 14.00 Uhr landeten wir in Stuttgart. Es war Ehrensache, dass wir auch mit dem Fahrrad vom Flughafen bis nach Reutlingen fahren wollten.

Müde, aber braun gebrannt und voller interessanter Erlebnisse trafen wir nach 35 Tagen gegen 17.00 Uhr wieder zu Hause ein.

Ja, diese Reise war interessant und erlebnisreich verlaufen. Und sie hat unser Interesse für Israel geweckt.

Vielleicht fahre ich da noch einmal hin!

Wieder heil zu Hause angekommen.

49.00 Pommern-Reise

Im Juli 1992 war es dann endlich so weit, auch mal in die alte Heimat Pommern zu reisen. Zu DDR-Zeit hatte ich mich nicht getraut. Jetzt drei Jahre nach dem Mauerfall hatte ich keine Bedenken mehr.
Nici hatte keine Zeit, aber Götz interessierte sich für meine Heimat. Gerade hatte er seine Lehre am Bodensee beendet und sich in Kassel zum Studium angemeldet. Der Studienort für die ökologische Landwirtschaft war aber in Witzenhausen, so dass er sich dort in der Nähe ein Zimmer suchen wollte.Wir machten in Witzenhausen Halt und organisierten für Götz ein Studentenbude. Dann fuhren wir weiter über Berlin, Köslin, Stolp bis nach Mackensen, meinem Geburtsort.
Ich erlebte nochmals so richtig meine Kindheit, wenn auch jetzt alles viel trister und unordentlicher aussah, als ich es in Erinnerung hatte.
Es war für mich *eine Reise in die Vergangenheit.*
So habe ich es in meinem ersten Teil auch genannt und beschrieben.

50.00 Treffen nach 50 Jahren

Schon bei unserem ersten Treffen 1990 mit Jochen war uns der Gedanke gekommen, dass doch ein Hochschultreffen nach 50 Jahren recht interessant werden könnte. Jochen hatte ohnehin Kontakt zu einigen ehemaligen Mitstudenten und so war ein Ring recht schnell aufgebaut. Bernhard Kadzioch, Uschi Dobbrick (Leonhard) und Wolfgang Söckel, der in Weimar geblieben ist erklärten sich bereit, ein Treffen zu organisieren. Es wurde terminiert auf den 24.9. bis 26.9.04 in der Hochschule, das war fast genau 50 Jahre nach Studienbeginn. Eingeladen waren alle Ehemaligen mit Anhang.

Man hatte das Treffen sehr gut vorbereitet. Im Vorraum des neuen Hochschulgebäudes war ein Tisch aufgestellt, auf dem alle Namensschildchen lagen. Jeder der kam steckte sich sein Schildchen an. Viele Gesichter waren mir noch deutlich in Erinnerung. Aber einige waren völlig verblast oder sie hatten sich total geändert. Da half wirklich nur das Namensschild weiter. Aber im Grunde ging es allen etwa gleich.

Nach der Begrüßung gab es zuerst einen Vortrag über die heutige Hochschule mit

1954 - 1960 Architekturstudium an der HAB - 50jähriges Treffen an der Bauhaus-Uni vom 24. - 26. Sept. 2004

1 Willi Peters	19 Harry Stürmer
2 Ingeborg Both / Pallaske	20 Rolf Krecek
3 Hanny Grantner / Peschke	21 Werner Pfohl
4 Gerhard Hertel	22 Edeltraud Franz
5 Hanfried Sachse	23 Witlof Stange
6 Gerhard Mertsching	24 Gertraude Fuchs
7 Nikolaus Griebel	25 Gernot Günther
8 Christel Ungewitter / Naumann	26 Heinz Köhler
9 Siegmar Seidel	27 Frank Wilhelm
10 Ingeborg Zabel / Raue	28 Karl Fuchs
11 Siegfried Heik	29 Helmut Ritterer
12 Paul Völker	30 Horst Engelskircher
13 Kriemhild Sérane / Pietrucha	31 Frank Schwabe
14 Dagmar Klein / Petkov	32 Wolfgang Sökel
15 Joachim Dobbrick	33 Erhard Schmidt
16 Helmut Rautengarten	34 Dr. Winkler / Laudator
17 Hajo Kölling	35 Joachim Schulze
18 Horst Hutnagel	

36 Gerhard Wohlthat
37 Georg Papke
38 Isolde Andrä / Köppel
39 Karl-Heinz Lander
40 Bernhard Kadzioch
41 Ursula Dobbrick / Leonhard
42 Traude Kadzioch / Groschopp
43 Ursula Bochow / Krahl
44 Christine Seehaus / Peschel
45 Gisela Hönig / Kießling
46 Klaus Zechendorf
47 Horst Letzel
48 Renate Szallis / Böttcher
49 Dietrich Krüger
50 Günter Richter
51 Heinz Schneeweiß
52 Günther Hartzsch
53 Anselm Wolter

Hochschultreffen 24.09. bis 26.09.2004

vielen Fotos und Daten. Dann war in der
Mensa der Hochschule für uns ein gemeinsames Abendessen organisiert. Dabei war
viel Zeit, um sich mit allen zu unterhalten.

Wir gingen erst so etwa gegen 1.00 Uhr nach Hause. Am nächsten Tag war ein Rundgang durch Weimar angesetzt, um alle neuen Bauvorhaben zu besichtigen. Wir waren in der neuen Bibliothek, im Haus am Horn in Oberweimar, in der neuen Bauhaus-Siedlung in Oberweimar, in der neuen Stadthalle und in der Hochschule selbst. Dort vor der Türe machten wir ein Foto von allen Anwesenden. Aber das beste Foto machte ein Fotograf. Da waren dann wirklich auch alle drauf. Und um die Namen richtig zuzuordnen, gab es ein Deckblatt mit Nummern und einer Namensliste. Der dritte Tag war für private Unternehmungen, Unterhaltungen und die Heimfahrt vorgesehen.

Das Treffen war so gelungen, dass spontan der Vorschlag aufkam, zum 50-jährigen Hochschulabschluss 1960 erneut ein 50-er Treffen zu machen, obwohl schon Stimmen laut wurden, wer da wohl in 6 Jahren noch leben würde. Sicher werden wir alle nicht jünger. Aber so pessimistisch darf man doch nicht sein!

51.00 2. Weimar-Treffen 2009

Es gab tatsächlich ein zweites Weimar-Treffen und zwar 2009. Aber es begann recht holperig. Die alten Organisatoren wollten nicht mehr aktiv werden, weil zu alt oder zu krank. Da machte ich Jochen den Vorschlag ein kleines Treffen zu organisieren. *Wir rufen einfach nur die an, die wir gerne noch einmal sehen möchten.* Natürlich dürften die dann auch noch andere mitbringen. Diese Idee fand dann auch gleich rege Zustimmung.

Ich nahm die Organisation von Reutlingen aus in die Hand. Es fanden sich immerhin insgesamt 20 Interessenten.

Zuerst besorgte ich ein gemeinsames Quartier für alle. Dazu hatte ich mir das „Köstritzer Schwarzbierhaus" in der Altstadt ausgesucht. Es klappte, weil ich uns schon rechtzeitig angemeldet hatte und ich konnte für alle dort ein Zimmer reservieren lassen. Außerdem wurde uns ein Gast-Raum kostenlos zur Verfügung gestellt, wo wir gemeinsam nach Karte Abendessen und danach uns ungestört unterhalten könnten.

Dieses Mal war der Kreis überschaubar. Außerdem hatten wir wenigstens genug Zeit, um uns untereinander ausgiebig zu unterhalten und auch Dinge zu hinterfragen, die beim ersten Treffen etwas zu kurz gekommen waren. Stundenlang saßen wir beieinander und diskutierten, denn jeder wusste etwas Interessantes zu erzählen.
Sowohl in der Frauenrunde, wo Sophia unter vorgehaltener Hand gerade etwas zum Besten gibt.

spirituelle Frauenrunde

Wie auch in der Männerrunde, wo gerade Professor Witsch etwas zu erzählen hat.

Männerrunde: Jochen Manne und Witsch

Z.B. hatte mir „Zicke" am Telefon eine interessante Geschichte angedeutet. Zicke, so nannten wir Eckehard Schmidt, der inzwischen aber in Berlin als Professor tätig gewesen war. Dort hatte er gelegentlich auch Hannes Schattel getroffen, der in der Bauakademie beschäftigt war. Mit Hannes war er auch mal auf mich zu sprechen gekommen. Und dabei hatte ihm Hannes etwas entrüstet erzählt, dass bei meinen beschlagnahmten Fotos auch FKK-Bilder waren. Das war für Zicke nichts Neues, denn wir hatten mehrmals in Prerow sogar gemeinsam Urlaub gemacht und waren auch gemeinsam am FKK gewesen. Interessant war hier nur die Frage, woher Hannes von meinen Bildern wusste, denn der war dort nie dabei gewesen. Die waren doch von der Stasi beschlagnahmt worden. Von der Stasi habe ich schriftlich, dass die Bilder angeblich vernichtet worden waren. *Oder aber hatte Hannes zur Stasi einen so guten Draht, dass er sie dort „abgestaubt" hat*, statt sie zu vernichten?! Um meine Bilder ging es mir inzwischen nicht mehr. Die hatte ich längst „abgeschrieben", auch wenn sie mir immer wieder mal gut dazu gedient hätten, um bestimmte Dinge oder Zeitabschnitte zu rekonstruieren. Aber die Tatsache, wie Hannes in den Besitz der Bilder gekommen sein könnte, hätte mich schon brennend interessiert. Komisch auch für mich, dass keiner der ehemaligen Studienkollegen etwas mit Hannes zu tun haben wollte. Alle hatten zu ihm etwas Abstand gehalten, hörte ich zwischen den Zeilen heraus.

Obwohl ich seit Jahren im Internet suchte, ist es mir bisher leider nicht gelungen, Hannes irgendwo ausfindig zu machen. In Architektur-Beiträgen von vor der Maueröffnung wird er oft als Verfasser erwähnt. Aber ab 1989 gibt es keinerlei Hinweise mehr, als wenn er verstorben oder ausgewandert wäre!

Unser Treffen setzten wir am nächsten Tag mit einer Führung durch die inzwischen renovierte Hochschule fort.

Ich hatte uns dazu angemeldet und so bekamen wir sogar eine Führung.

Führung durch die Hochschule

Eine nette jetzige Studentin der Hochschule führte uns durch alle Gebäude und gab Erläuterungen. Auch das Direktorzimmer von de Velde ist komplett zu besichtigen.

Direktorzimmer

Danach war wieder Freizeit für gemeinsame Gespräche und Spaziergänge durch die Stadt.

Natürlich besuchten wir das inzwischen neu erbaute Bauhaus-Museum. Es steht nahe des alten Karl-Marx-Platzes, wo unser Studentenheim steht.

Da gab es viel zu sehen. Eine Menge alter Möbel und Gebrauchsgegenstände aus der Bauhauszeit hatte man zusammen getragen. Zu sehen sind z.B. Stühle, Lampen, Geschirr, Bilder, Skulpturen, und jede Menge Studien. Auch die Originalpläne

vom Haus am Horn. Praktisch ist die ganze Entwicklungsgeschichte seit Gründung
1919 dargestellt.

Daneben war noch Zeit, einen ausgiebigen
Stadtbummel zu machen. Zusammen mit
Jochen, Manne und Witsch jeweils mit
Frauen zogen wir los.

Im Residenz

Im Residenz kehrten wir ein zu einem Kaffee mit Gespräch. Denn zu erzählen gab es
viel. Jetzt konnten wir nach holen, was bei
unserem ersten Treffen zu kurz gekommen
war.

Dann ging es weiter durch die Stadt. Fast
an jeder Ecke blieben wir stehen, weil es
dazu eine Geschichte zu erzählen gab.

In der Altweimarischen Bierstube kehrten wir ein zu einem Bier. Da war es immer sehr gemütlich. Außerdem gibt es dort eine Menge Sprüche an Wand und Decke zu bewundern. Da wird es gar nicht langweilig. Hier nur ein kleiner Auszug. Dafür schmeckte das Bier hier besonders gut. Schließlich kam es aus der Weimarer Brauerei.

Ein Spruch in der Altweimarischen Bierstube

Weiter ging es durch die Stadt. Vorbei am Nationaltheater. Da hatten wir Studenten fast alle ein Abo, das heißt wir waren mindestens ein mal im Monat dort zu einer Vorstellung. Natürlich ging man damals noch im Anzug mit Krawatte. Ich glaube sonst wäre man dort gar nicht hinein gelassen worden.

Vorbei am Scharfen Eck, einer total verrauchten kleinen Kneipe,wo immer unser Volleyball - Training endete.

Neue Bibliothek

Auch ein Besuch der nun eingerichteten neuen Bibliothek war dabei, sowie die Be-

sichtigung der, nach dem Brand, wieder
aufgebauten Anna-Amalia-Bibliothek.

Auch ein persönlicher Abstecher nach
Oberweimar war noch drin. In der Arno-Holz-Straße bei Krämers habe ich immerhin einige Jahre gewohnt.

Jetzt wohnen da aber fremde Leute, die ich
nicht kenne.

Arno-Holz-Straße 20

Es war ein harmonisches „Familientreffen"
und eine interessante Erinnerung an unsere Studentenzeit hier in Weimar.

Am dritten Tag fuhren wir dann wieder
alle heim.

Mit der Geschichte möchte ich nun den
3.Teil meines Lebens abschließen.
Das Rentnerleben wird im 4.Teil folgen.

52.00 Anhang

Meine bisherigen geistigen Ergüsse,die alle im Handel unter den angegebenen ISBN-Nummern erhältlich sind:

1. Mein Leben

ERINNERUNGEN I
"Eine Reise in die Vergangenheit"I v. 22.06.24
4.Auflage
ISBN:9783732291724

ERINNERUNGEN II
"Freitag der Dreizehnte"   v.5.7.24
ISBN: 978-3-732-28324-8

ERINNERUNGEN III
"Ein Neuanfang"   v. 10.04.147 /7.24
ISBN: 978-3-7357-1943-0

ERINNERUNGEN IV
"Endlich Rentner"   v.02.06.14/ 24
ISBN: 978-3-7357-3954-4

2. Kurzgeschichten

"60 KURZGESCHICHTEN"   v. 27.05.21
ISBN: 978-3-7534-5410-8

"WAHRE LÜGENGESCHICHTEN"   25.02.21
ISBN: 978-3-7534-2594-8

"INTERESSANTE BEGEGNUNGEN" v. 12.10.22
ISBN: 9783756236022

"INTERESSANTE KURZGESCHICHTEN"   v. 04.08.23
ISBN: 9 783756 881857

VERSE AUS UND ÜBER MEIN LEBEN"
ISBN: 9783759714268   v. 23.04.24

3. Romane

"EIN NEUANFANG"   v. 12.05.22
ISBN: 9783756214785

"WAHRE FREUNDSCHAFT" v. 19.02.21
ISBN: 978-3-7534-0661-9

"WENDEJAHRE"   v.18.02.21
ISBN: 978-3-7534-2011-0

"EIN MYSTERIÖSER FUSSABDRUCK"
ISBN-Nr.: 9783757860127   v. 06.08.23